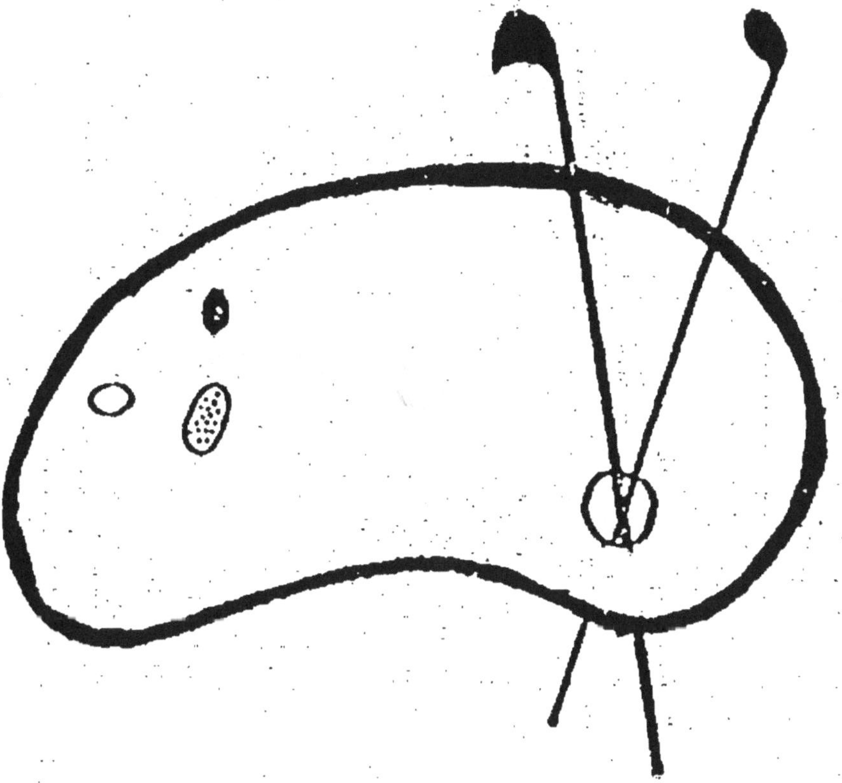

DEBUT D'UNE SERIE DE DOCUMENTS
EN COULEUR

PHILOSOPHIE

DE

L'ORGANISATION

ET DE

SES PRINCIPES

Par D.-F. CLÉMENT

LONS-LE-SAUNIER
IMPRIMERIE ET LITHOGRAPHIE DE J. MAYET ET Cie
20, rue St-Désiré, 20

1878

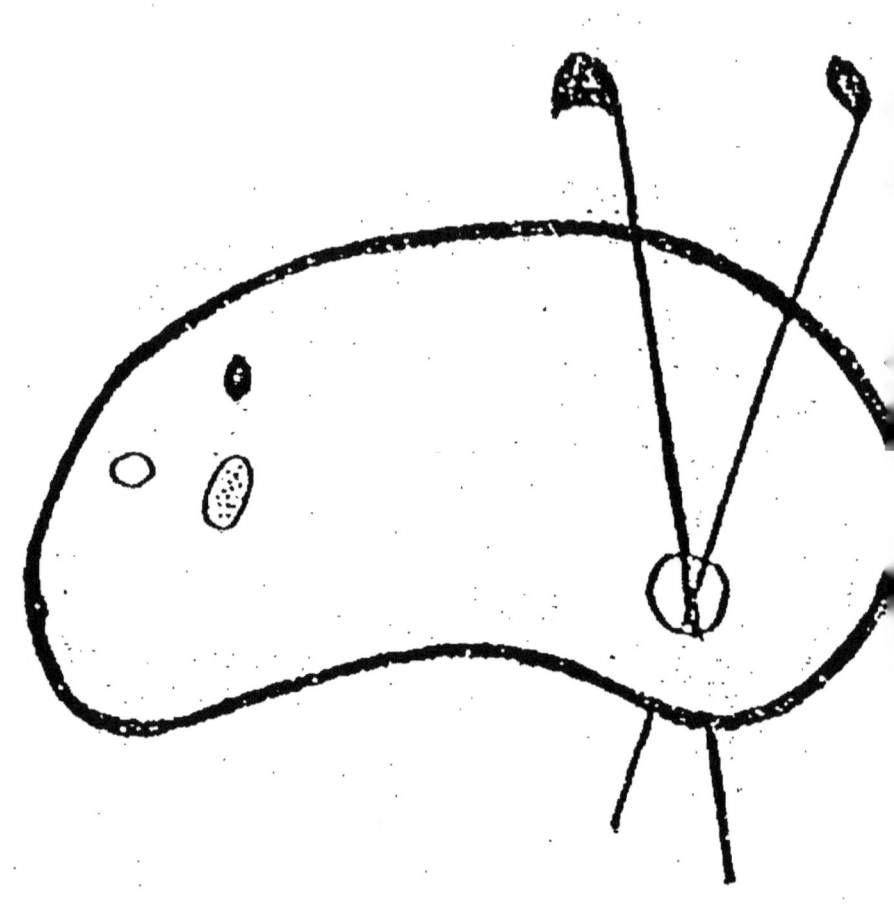

FIN D'UNE SERIE DE DOCUMENTS
EN COULEUR

DE
L'ORGANISATION
ET DE
SES PRINCIPES

PHILOSOPHIE

DE

L'ORGANISATION

ET DE

SES PRINCIPES

Par D.-F. CLÉMENT

LONS-LE-SAUNIER
IMPRIMERIE ET LITHOGRAPHIE DE J. MAYET ET Cie
20, rue St-Désiré, 20

1878

ERRATA

Page 6, ligne 6, au lieu de connaître, lisez : connaît.
— 6, — 12, au lieu de difficile, lisez : difficiles.
— 6, — 20, au lieu de Liéces, lisez : Lycées.
— 6, — 9, au lieu de l'idée que, lisez : l'idée ou.
— 34, — 8, au lieu de impressionnées, lisez : impressionnés.
— 90, — 7, au de lieu de liens, lisez : lieux.
— 78, — 20, au lieu de infimies, lisez : infimes.
— 101, — (1), au lieu de sens, lisez : sucs.
— 157, — 11, au lieu de germe animal, lisez : germe, soit végétal, soit animal.
— 175, — 17, au lieu de intentions, lisez : intuitions.
— 179, — 4, au lieu de les intuitions, lisez : des intuitions.
— 196, — 20, au lieu de l'expérence, lisez : expérience.
— 204, — 9, au lieu de ce peu de mot, lisez : ce peu de mots.
— 237, — 24, au lieu de nacuntur, lisez : nascuntur.
— 237, — 28, au lieu de n'ait, lisez : naît.
— 245, — 9, au lieu de celui-ci qui, lisez : celui qui.
— 252, — 18, au lieu de ses intérêt, lisez : ses intérêts.
— 271, — 20, au lieu de tribuis, lisez : tribus.

AVERTISSEMENT

Je dois un mot d'avertissement sur les motifs qui m'ont déterminé à publier le contenu de ce petit livre.

On s'est plaint, à diverses époques, de l'indifférence du public à l'égard des œuvres de métaphysique. *Pascal, Diderot,* et autres grands penseurs, la constatait de leur temps. Cette indifférence, a, comme toutes choses, sa raison d'être. Je crois même qu'elle a une double raison. D'abord, les connaissances philosophiques ne sont pas nécessaires à la plupart des hommes, qui n'ont pas le loisir de s'en occuper; qui ne vivent et ne peuvent vivre que dans et par l'action, action dont ils n'ont nul besoin pour s'y livrer, de connaître le pourquoi; je veux dire : les causes primitives. En second lieu, à l'exception de *Voltaire*, dans son dictionnaire soi-disant philosophique, tous les auteurs qui ont traité ce sujet, se sont cru obligés d'employer les mêmes formules et termes scientifiques, sans aucune explication de leur sens; de sorte que le vulgaire, pour les comprendre, devrait avoir, à ses côtés, un dictionnaire, où souvent même il ne trouverait pas la signification de certains mots, créés arbitrairement par ces auteurs. Bref, on a l'habitude de n'écrire sur cette matière que pour les savants, et l'on n'a pas cherché, que je sache, à exposer ce que l'on en connaître de manière à le mettre à la portée de tous les esprits un peu cultivés. Que l'on en agisse ainsi à l'égard des sciences, telles, par exemple, que la physique, la chimie, l'astronomie, dont l'enseignement, pour être fructueux, exige des laboratoires et des instruments plus ou moins coûteux ou difficile à se procurer, il n'y a rien à objecter. Evidemment, c'est dans les Ecoles spéciales qu'il faut aller chercher l'enseignement de sciences semblables. Mais quand à celui de la philosophie, qui ne demande que de l'intelligence et du raisonnement, il peut être répandu et compris sans qu'il soit besoin d'accessoire matériel, et cependant on n'a rien tenté de sérieux pour le propager ailleurs que dans les licées où du reste, son enseignement est borné à ce qu'on nomme la philosophie scholastique. On ne saurait dès lors s'étonner qu'on n'en fasse généralement pas plus de cas que des choses dont on ne sait que le nom, et qu'on regarde conséquemment comme inutiles.

C'est bien, en effet, une chose inutile que la philosophie, surtout la philosophie morale, quand on a une religion qui la résume toute entière, et nous l'enseigne aussi sûrement et plus simplement que ne pourraient le faire les plus gros livres de science. Mais la religion exige la foi, et cette foi manque à bien des gens qui cherchent à suppléer à son absence par le raisonnement, et voudraient être convaincus de ses vérités par des démonstrations et des preuves!

Ces preuves, la religion ne peut ni ne doit les donner autrement qu'elle ne le fait. Ce serait provoquer des discussions, et pour elle les discussions, au moins sur les points fondamentaux, sont closes depuis longtemps. Une institution en vigueur ne discute pas; elle applique ses dogmes, ses règles. D'ailleurs, la foi exclue tout doute et toute discussion.

Cette tâche de fournir des démonstrations me semble incomber à la philosophie, qui, elle, au contraire recherche l'examen et la discussion. C'est sous ce rapport qu'elle peut avoir de l'utilité, en s'adressant principalement à ceux qui, ne voyant pas, n'apercevant pas, d'eux-mêmes, les raisons des choses, restent dans le doute ou la dénégation, et n'admettent ni principes ni règles, quand toutefois ils ne cherchent pas encore à les ruiner chez les autres.

Préoccupé du désir de savoir si, parmi les différents systèmes philosophiques, il ne se trouverait pas quelques vérités hors de conteste, je me suis livré, dans ce but, à diverses recherches et réflexions, prenant successivement notes de leurs résultats. Je n'avais d'abord entrepris ce travail que pour ma satisfaction personnelle. Plus tard, en considérant que sa publication pourrait peut-être contribuer à la diffusion de certaines notions utiles à connaître, et trop laissées dans l'ombre jusqu'à présent, ou même obscurcies, je me suis appliqué à coordonner ces notes et à en exposer le contenu, avec des développements suffisants pour en rendre la compréhension facile. Je suis même entré à cet effet dans des détails qui pourront paraître minutieux, parfois même naïfs; mais qui, je l'espère, auront du moins l'avantage de ne laisser subsister ni doute ni équivoque sur le sens de ce qu'ils expriment. J'ai en outre fait suivre les chapitres les plus étendus de l'ouvrage d'un court résumé de ce qu'ils contiennent d'important, désirant être compris, et ne voulant pas poser des énigmes, comme cela se voit trop souvent en pareille matière.

On remarquera dans plusieurs parties de ce livre, la critique de théories ou doctrines qui m'ont paru soulever des objections sérieuses. J'en ai donné les raisons, prenant celles-ci un peu partout.

En dehors de ces critiques, j'ai émis mon opinion personnelle sur différents points, notamment sur l'origine, la nature et la valeur de nos idées, en l'appuyant sur des considérations et des faits que chacun pourra apprécier. Dire que je crois mes conclusions et leurs bases justes, c'est tout naturel, n'ayant pas écrit en vue de soutenir tel ou tel système ; mais espérer qu'elles seront jugées et admises comme telles, c'est autre chose.

Le rôle de la philosophie ne saurait être de découvrir et de faire connaître la nature des causes primitives, ce qui est hors de la portée de la raison humaine. Son utilité me paraît être de mettre autant que possible en évidence l'*existence* de causes semblables, sans vouloir en pénétrer l'essence ; et à cet effet, d'éclairer les esprits sur les rapports que les choses ont entre elles et avec le sujet pensant. A supposer qu'elle pût parvenir à découvrir la cause première et sa nature, une telle découverte ne rencontrerait que l'incrédulité.

Je regarde en effet comme certain que si, par impossible, quelque puissant génie philosophique venait à exposer, avec toute l'évidence et la clarté désirables, les vrais principes, la vraie cause de toutes choses, dévoilant même sûrement l'origine et l'avenir de l'humanité, on ne se tiendrait pas pour satisfait. On n'en continuerait, ni plus ni moins, à espérer et rechercher d'autres principes, d'autres causes, un autre origine et un autre avenir pour les sociétés humaines. L'homme est ainsi fait : Entraîné par l'action et essentiellement oublieux. La fiction lui plaît bien plus que la vérité certaine, à laquelle, quand même il la reconnaîtrait telle, il n'aurait ni la force ni le courage de s'arrêter et de conformer sa conduite. Il faut donc seulement lui faire pressentir les vrais rapports et la dépendance des choses de ce monde, comme ne pouvant résulter que de l'unité de ce même monde, c'est-à-dire d'un principe, d'une cause unique et souveraine.

C'est là ce que j'ai essayé de faire entrevoir ; tout en donnant sur les facultés humaines, des définitions dont quelques-unes s'éloignent des idées généralement reçues, et pour cette raison, pourront paraître à plusieurs ou fausses ou aventureuses. A cet égard, chacun jugera comme il l'entendra. L'essentiel c'est qu'on ne trouve dans ce livre rien qui puisse servir à appuyer des doctrines subversives, ce qui ne pourrait arriver qu'au cas où l'on interpréterait mal le sens de ma pensée.

CHAPITRE PREMIER

DE LA RÉALITÉ DES FORMES

ET DE

L'EXISTENCE DES PHÉNOMÈNES ET DE LEURS QUALITÉS

Comme il importe de savoir qu'une chose existe, avant de chercher à connaître ce qu'elle est, je commencerai par examiner deux questions importantes concernant la réalité soit des formes, soit de l'existence et des qualités des phénomènes, réalité qui a été, et est encore contestée.

On sait que l'on entend par phénomènes, les objets et leurs qualités, perceptibles par les sens, autrement dit, ce qui est hors de nous, et cause ou peut causer des sensations. Ces objets nous apparaissent sous des aspects variés notamment avec des durées, des distances et des dimensions diverses dans le temps et dans l'espace. Quelques philosophes ont mis en doute, et même ont nié que ces objets, ainsi que leurs formes, existent réellement hors de nous. D'autres ont pensé qu'ils ne sont réels que relativement à notre nature intuitive. Je me propose, dans ce chapitre, de résoudre, dans le sens de la réalité absolue des objets, ces deux questions qui se posent de la manière suivante :

1° *Les formes des objets* ou phénomènes sont-elles propres aux objets, en dehors de nous, ou ne sont-elles pas autres que celles que nous donnons à ces objets, et qu'ils n'auraient pas par eux-mêmes ? Ne sont-elles que la forme même de notre intuition (1) c'est-à-dire de notre sensibilité ?

2° En second lieu, *ces mêmes objets et leurs qualités* existent-ils réellement, ou ne sont-ils réels que par rapport à nous, à notre manière d'apercevoir, c'est-à-dire à la nature et à la forme de notre sensibilité et de notre entendement ?

Avant d'entrer dans le vif de ces questions, je crois utile de préciser la signification de ce qu'on nomme *idéalité* et *réalité*, et pourquoi on les distingue l'une de l'autre.

---

(1) *Intuition;* — ce qui est perçu par le sens de la vue ou par les autres sens, ensemble ou séparément.

IDÉALITÉ & RÉALITÉ

Quelle est le vrai sens des mots *idéalité* et *réalité*. Si je ne me trompe, l'idéalité est ce qui n'est qu'idée ou pensée, en dehors de tout objet sensible, ce qui n'est que dans l'esprit, en un mot, ce qui n'est pas perceptible par les sens. La réalité, au contraire, est ce qui est matière ; ce qui est objet, *rès ;* ce qui affecte ou peut affecter les sens ; en un mot, ce qui est sensible, perceptible. Avons-nous l'idée que la pensée ? Avons-nous les sens ou la matière ? Il est certain que nous avons tous les deux, que nous sommes corps et esprit, matière et pensée. Il y a donc à la fois en nous, idéalité et réalité, du moins d'après notre manière de percevoir, de sentir et de juger, la seule que nous connaissions.

D'où vient que l'on fait une telle distinction dans ce qui existe ? La cause ne peut en être que dans *l'action ;* car sans l'action de l'extérieur, c'est-à-dire des objets sur nous et de nous sur les objets ou sur nous-mêmes, on ne pourrait faire cette distinction. Il n'y aurait qu'une seule manière d'être ; l'idéal et le réel ne feraient qu'un. Tout serait ou idéal ou réel. C'est donc à l'action, à l'application, qu'il faut l'attribuer.

Considérée isolément et en elle-même, la pensée est une idéalité, une forme logique sans objet correspondant ; mais dès qu'une sensation est éprouvée, l'intuition qu'elle produit, est convertie par l'entendement en une idée ou pensée qui a la même valeur que la sensation et l'objet qui l'a causée.

Il en est ainsi des sens. Sans les objets, c'est-à-dire envisagés isolément et en eux-mêmes, ils ne sont que des instruments, extérieurement perceptibles il est vrai, mais dont l'aptitude à sentir n'apparaît pas plus que l'aptitude du cerveau à penser. Cette aptitude ne se révèle que lorsqu'ils sont en relation avec les objets. Ce n'est qu'alors qu'ils acquièrent une signification réelle par les sensations que ces objets font éprouver au sujet.

C'est donc l'action qui fait que nous établissons une distinction entre la pensée et les sens ou la matière, entre l'idéal et le réel.

La pensée ne peut naître directement des objets, le cerveau qui la produit, n'étant pas en relation immédiate avec eux. Les sens, au contraire, ont besoin d'en éprouver la sensation pour entrer en activité et faire produire la pensée. La pensée repose donc, en premier lieu, sur la réalité, sur la matière, sur des objets réels. Sans cela, elle ne se révèlerait pas ; Elle ne serait qu'une idée vide, une forme logique, sans contenu réel.

Lors même que l'entendement pourrait se représenter les objets sans les sensations, tout, dans ce cas, ne serait pas idéal. Il y aurait entre l'entendement et les objets le même rapport que celui qui existe, de fait, entre l'entendement et les sens. Idéalité d'un côté et matière de l'autre. De même, si la sensation tenait lieu de l'idée, tout ne serait pas réel. Il y aurait toujours de l'idéalité et de la réalité, puisque l'aptitude réceptive des sens n'est pas plus perceptible que l'aptitude de l'entendement, c'est-à-dire l'essence de l'idée et la manière dont celle-ci se forme. Le même rapport qui subsiste actuellement entre les sensations et l'entendement existerait entre les objets et les sensations.

Pour éprouver des sensations, il est nécessaire que les sens soient impressionnés par des objets réels. Les objets sont donc réels ; car s'ils étaient idéaux, c'est-à-dire entièrement identiques avec l'idée, il ne pourrait y avoir impression, sensation venant de l'extérieur. L'idée ne peut agir *directement* que sur l'être animé lui-même, hors de cet être, elle ne peut avoir d'action direct que par les sens, agissant sur d'autres êtres animés ou inanimés. Si, par exemple, deux personnes se communiquent leurs idées, cette communication n'a lieu que par les sens, et non pas d'idées à idées *directement*. Si ces personnes voulaient communiquer leurs idées à des objets inanimés, il est évident qu'elles ne le pourraient pas, l'idée ne pouvant communiquer directement avec ce qui est dépourvu de sens. Il faut donc, pour la sensation, que les objets diffèrent de la forme de l'entendement, soit de l'idée, sans toutefois différer autant de celle des sens qui sont en rapport direct avec eux; et il faut aussi que la différence ne soit pas telle qu'il n'y ait aucune homogénéité entre les objets et les sens, d'une part, et entre les sens et l'idée, d'autre part. Autrement, il n'y aurait pas action des uns sur les autres. Si les objets agissent sur nos sens, les sens sont également affectés par ce qui est en nous. L'imagination, l'entendement, entre autres, agit incontestablement sur la sensibilité. Or, pour qu'il puisse y avoir action sur les sens, soit par les objets, soit par l'imagination, il faut qu'il y ait entre eux une certaine homogénéité, car les objets n'ont d'influence les uns sur les autres qu'autant qu'ils sont homogènes au moins en partie. Donc, les objets, les sens et la pensée ont entre eux une certaine homogénéité. Donc la matière des objets et des sens est de même nature que celle de l'imagination et de l'entendement, et par conséquent la distinction de l'idéalité et de la réalité ne repose que sur une différence d'intensité.

L'idéalité et la réalité ne sont, au fond, que des mots servant à exprimer : le premier, ce qui est en nous, ce qui est produit par le cerveau, ce qui n'est que pensée ; et le second, ce qui est hors de nous, ce qui est tangible, palpable, sensible. Qu'on nomme cette dernière chose : matière ou poussière atomique, peu importe, c'est ce qui n'est pas au dedans de nous.

On objectera que l'on entend par phénomène les qualités des objets *perceptibles* par les sens, et que la pensée n'étant pas *perceptible* n'a pas le caractère d'un phénomène ; que par conséquent sa formation et son action peuvent avoir lieu, bien qu'elle ne soit pas homogène avec les sens et les objets, qu'enfin elle est libre et indépendante.

La pensée n'est pas, il est vrai perceptible. Néanmoins, elle cause comme les objets des impressions sur les sens. Que les impressions viennent du dedans ou du dehors, elles n'en produisent pas moins leur effet. Quand, par exemple, la pensée a conçu, a projeté une action, comment s'exécute cette action? ne faut-il pas que la pensée agisse sur les sens et les oblige à l'exécution? C'est incontestable. Elle a donc sur les sens la même force d'action que ceux-ci sur les objets, et cette égalité d'action suppose nécessairement de l'homogénéité entre la sensation et la pensée, c'est-à-dire des qualités de même nature, ne différant que par le degré d'intensité. Dans le principe, lorsque l'être humain n'a que des aptitudes, le cerveau ne peut agir avant que les sensations ne lui aient fourni la matière des idées, et même il ne peut que *recevoir* les premières idées. Plus tard, il est vrai, lorsque le sujet a acquis un certain nombre d'idées ou connaissances, l'entendement exerce par leur moyen une action réelle sur les sens et par suite sur les objets, sans avoir besoin des sensations venant de l'extérieur. Ce n'est toutefois pas une raison suffisante pour en conclure que la pensée est libre et indépendante. Cette indépendance qu'elle a acquise ou peut acquérir, n'est qu'apparente : Elle ne consiste, pour le sujet, qu'à pouvoir agir avec les seules connaissances qu'il a acquises, tant sur lui-même que sur l'extérieur; mais ce sont toujours les idées et connaissances obtenues au moyen de sensations antérieures qui le déterminent à l'action. Il peut comparer, combiner entre elles ces idées, mais elles reposent essentiellement sur les sensations qui y ont donné lieu dans le temps, et par conséquent son action dépend des objets qui ont causé ces sensations. Où trouverait-il d'autres motifs, d'autres idées à moins de les tirer de nouvelles sensations. La pensée n'est donc ni libre, ni indépendante des sens. Elle ne paraît l'être que parce que les sensations qui l'ont produite sont plus ou moins éloignées et oubliées. D'un autre côté, le cerveau n'est-il pas phénomène ? La pensée n'est qu'une propriété de cet organe, une faculté qui lui est propre, comme la digestion, la nutrition, la respiration, sont des propriétés de nos différents organes internes. Ces dernières propriétés ne sont pas en elles-mêmes plus perceptibles que celle du cerveau, c'est-à-dire que la pensée, et cependant on ne peut les regarder que comme des phénomènes. Pourquoi n'en serait-il pas de même du cerveau et de sa propriété consistant à former des pensées ? Il n'y a que le principe de la vie qui ne soit pas phénomène. Il est hors de la portée de l'intelligence humaine.

Concluons donc qu'il n'y a entre les objets, les sensations ou intuitions et les idées que des différences plus ou moins grandes d'intensité. On verra d'ailleurs plus loin d'autres raisons à l'appui de cette conclusion.

Je ferai remarquer, à cette occasion, que la solution de la question de l'idéalité ou de la réalité des choses ne peut être d'aucune utilité pour l'établissement d'une doctrine philosophique. Qu'importe, en effet, que tout soit idéal ou que tout soit réel ? Cela ne peut rien changer aux rapports actuels des objets entre eux et avec le sujet pensant. Il sera toujours nécessaire, à raison de notre manière d'apercevoir, de la nature de notre sensibilité et de la forme de notre entendement, de les considérer comme existant tous les deux, et de les distinguer l'un de l'autre. Avec l'idéalité : c'est l'idée, c'est la forme seule ; avec la réalité : c'est le fond, c'est la matière. Mais si, avec la supposition de l'idéalité, tout subsiste, tout agit, tout se passe comme avec celle de la réalité, on ne voit pas l'intérêt que l'une des solutions présenterait sur l'autre.

Dira-t-on que l'idéalité prouverait le *spiritualisme* et que la réalité ou matérialité serait un argument favorable au *matérialisme;* mais on peut faire à l'égard de ces doctrines le même raisonnement que pour l'idéalisme et le réalisme. Qu'importe l'un ou l'autre, si cela ne change rien à l'état de toutes choses? Avec le spiritualisme, on n'en a pas moins le corps dont le cerveau dépend, c'est-à-dire l'idée, et la nécessité d'aliments matériels pour l'entretenir. Cela n'est pas contestable. Avec le matérialisme, la pensée n'en subsiste pas moins, telle qu'elle est. On ne peut la nier. Le matérialiste, tout en la regardant comme matière, ne peut pas la détruire ni changer son mode d'action. Les idées sur l'esprit, sur l'âme, subsistent toujours, soit que l'on regarde ces derniers comme matière éminemment subtile, soit qu'on les considère comme purement spirituels. Cela ne modifie en rien leur manière d'être ainsi que leur valeur. Qu'on admette le spiritualisme ou le matérialisme, l'une ou l'autre doctrine ne peut avoir aucune utilité, aucune conséquence.

Prétendrait-on que l'idéalisme plutôt que le réalisme, prouverait l'existence de Dieu et l'immortalité de l'âme? Le résultat serait encore ici le même. Que le monde soit idéal ou qu'il soit réel, cela ne peut rien décider pour la question de l'existence d'un être suprême. Tout peut être idéalité comme tout peut être matière, avec ou sans un être souverain. Il n'y a pas plus de nécessité pour son existence ou sa non existence dans un cas que dans l'autre. Lequel de ces deux mondes aurait offert le plus de difficulté à créer et exigé le plus de sagesse et de puissance ? On serait bien embarrassé de le dire. Si l'on veut supposer que le monde s'est formé de lui-même, qu'il ne consiste qu'en des assemblages divers d'atômes, quel est celui des deux, de l'idéal ou du réel qui serait le meilleur argument en faveur de cette thèse ? L'un pourrait aussi bien servir que l'autre. Il y a dans la nature assez de fluide, assez d'impondérable, de forces invisibles pour faire admettre la possibilité que tout ce qui le constitue n'est qu'idéal. Il n'est pas moins permis de supposer que tout est matière, car il est facile de prouver, ne fusse que par notre propre corps, qu'il y a de la matière, c'est-à-dire des objets plus ou moins sensibles, perceptibles, qui, au fond, peuvent bien n'être que d'une seule nature matérielle ne différant entre eux que par leur degré d'intensité.

Quant à l'immortalité de l'âme, du moment que l'idéalité totale, comme la réalité totale, ne peuvent être que des suppositions, attendu l'impossibilité d'établir par l'expérience, le fait de l'existence de l'une ou de l'autre, nos idées sur l'âme ne laisseraient pas dans les deux cas d'être ce qu'elles sont, quel que soit le sens de la solution. Que l'âme soit spirituelle ou matérielle, on ne voit pas en quoi cela pourrait empêcher son existence et son avenir d'être les mêmes dans l'une ou dans l'autre supposition.

La solution de cette question d'un monde en totalité idéal, ou en totalité réel ou matériel, ne peut donc rien prouver, et l'on ne saurait en tirer aucune conséquence pour établir à l'égard des phénomènes et du sujet pensant, des rapports différents de ceux qui existent en fait. Nous sommes obligés de considérer les choses comme participant tout à la fois de l'idéal et du réel. Il faut en toutes choses l'action réciproque de ces deux sortes de facteurs. Ce dualisme est surtout nécessaire pour l'existence des êtres organisés, existence qui, à part le principe vital et le principe de l'organisme, n'est rien autre que l'effet de l'action de ces deux éléments, action entretenue par la matière nutritive, ainsi qu'on le verra dans le chapitre suivant.

En s'appuyant sur les données de la science expérimentale, on a énoncé touchant la réalité des phénomènes, des propositions qui ne peuvent être acceptées sans restricition. Ainsi, on a dit que ce qui fait toute la *réalité* des choses matérielles, c'est la forme, et l'on a ajouté que la forme, telle qu'elle nous apparaît dans le monde, est à la fois un principe de différentiation et d'harmonie, c'est-à-dire l'ouvrage d'une intelligence.

La forme pourrait bien être le *principe*, le *fond* des choses ; mais elle ne peut pas en être la *réalité*, les faire paraître réelles, pas plus que le cadre n'est le tableau, ou le moule la statue. S'il n'y avait que la forme, comme il n'y aurait point de matière, rien ne serait animé. Il n'y aurait point de vie. La forme n'aurait rien à différencier qu'elle-même. Il faut pour la vie pour la réalité, non-seulement la forme, soit la pensée, mais encore la matière ou un élément autre que la forme ; deux choses que la vie, c'est-à-dire l'action nous fait nettement distinguer. La forme seule ne peut d'ailleurs être à la fois un principe de différentiation et un principe d'harmonie. Cela se comprend de la forme unie à la matière, mais non pas de la forme seule. Pour l'application d'un principe, il faut deux choses : le principe et l'objet auquel il s'applique. Si un principe est sans objectif, sans application, il est comme s'il n'existait pas. De même, si un objet est sans principe il n'a ni règle ni direction ; il manque de vie, c'est-à-dire d'action, et il n'y a plus alors de différentiation et d'harmonie possibles. Le monde tel qu'il est, ne peut donc se concevoir qu'avec la matière unie à la forme.

Sans l'existence animée, sans la vie, la forme et la matière seraient une seule et même chose. C'est la vie, c'est l'action qui les fait apparaître et nous les fait distinguer. Pour qu'il y ait action, il faut nécessairement deux choses non de diverses natures, mais d'intensités différentes. Avec une seule de même intensité, comme la forme seule ou la matière seule, il n'y aurait pas d'organisme animé. Il pourrait bien y avoir mouvement ; mais le mouvement d'une chose identique dans toutes ses parties, ne pourrait entretenir la vie dans un être. En outre, ces deux choses, pour que leur action soit quelque peu durable, doivent agir réciproquement. Si elles étaient constamment l'une active, l'autre passive, l'action aurait nécessairement une prompte fin, celle active ne pouvant se soutenir longtemps sans être alimentée, et celle passive recevoir incessamment sans jamais réagir. Il est donc nécessaire qu'il y ait entre les deux éléments comme un échange d'action, une action et une réaction qui entretienne l'organisme vivant, et le rende plus ou moins durable. Il suit delà qu'il ne peut y avoir dans le monde, tel qu'il nous apparaît, aucun être animé, sans corps, sans matière, et n'ayant que l'esprit, la pensée; en d'autres termes, il ne peut y avoir de purs esprits, de pures formes dans la nature.

Pour avoir un point de départ certain, *Descartes* a posé comme premier principe de l'existence réelle, l'enthymême : *Cogito, ergo sum ;* Je pense, donc je suis. Malgré le respect dû à ce grand nom, j'ose dire que ce principe n'est que relatif, et n'est pas d'une vérité absolue, en ce sens qu'il prend, pour preuve de l'existence, ce qui n'en est que la partie la moins nécessaire. En effet, la matière, les objets, une multitude d'êtres organiques peuvent exister et existent, sans avoir la pensée, tandis que la pensée ne peut exister se révéler sans être unie à de la matière, à un organisme vivant. On ne peut donc pas conclure l'existence, à un point de vue général, du fait de la pensée. La pensée n'est pas la condition nécessaire de l'existence. Elle est la condition *de la connaissance* du fait de cette existence. Elle prouve la conscience que l'on en a. L'enthymême devrait plutôt dire : *Je pense, donc je sais que je suis*. La pensée seule, n'est rien ; je veux dire qu'isolée elle est comme si elle n'existait pas. En cet état, elle ne pourrait se révéler. En outre, on pourrait induire du principe de Descartes, que l'enfant qui vient de naître, n'existe pas, puisque l'observation montre qu'il n'a à ce moment aucune pensée, cependant il existe, comme l'atteste le soufle de vie qui l'anime. Si Descartes a entendu par le mot pensée, l'âme, ce qui est probable, car, dans son discours, c'est une seule et même chose, son principe ne peut pas davantage être regardé comme absolu. L'enfant à sa naissance, et même assez longtemps après, ignore entièrement ce qu'il est, et par conséquent s'il a une âme. C'est la pensée qui plus tard lui fera concevoir l'idée de l'âme. Puis, ni la pensée, ni l'âme ne sont toute la vie. Elles la supposent, il est vrai, mais ne comportent pas, par elles-mêmes, l'élement physique aussi nécessaire pour la vie humaine, pour l'existence phénoménale, que la pensée.

Pour établir le fait de l'existence en général, la sensation est une base plus large, plus nécessaire, que la pensée. On peut dire que tout ce qui cause, comme tout ce qui est susceptible d'éprouver une sensation, existe réellement.

RÉALITÉ DES FORMES DES PHÉNOMÈNES

Il ne paraît pas que l'on soit bien fixé sur le point de savoir si les formes des objets ou phénomènes existent réellement en dehors de nous, ou si elles ne sont que le résultat de la forme de notre intuition.

D'après la théorie d'Emmanuel *Kant*, c'est l'être pensant qui donne aux objets les formes de l'espace et du temps qu'ils n'ont pas par eux-mêmes. Ces formes ne sont réelles que pour nous, que relativement à notre sensibilité subjective. C'est nous qui transportons dans les objets le rapport, l'ordre, l'ensemble que nous y apercevons; par conséquent, ces formes, de même que l'espace et le temps, n'ont de réalité que par rapport à notre nature intuitive, à notre manière d'apercevoir.

Cette théorie, vraie à certains égards, me paraît erronée sur un point essentiel. Je vais le démontrer au moyen d'une simple supposition.

Je suppose que j'ai devant moi un arbre que mon intuition me représente comme ayant trois branches, et, à côté, un autre arbre n'en ayant que deux. Je dis que ces objets et les parties d'espace qu'ils laissent libres ou vides entre eux, seront les mêmes pour toute intuition, en ce sens qu'il ne peut exister de formes d'intuition pour lesquelles il y aurait deux branches seulement au premier de ces arbres, au lieu de trois, et trois à celui qui n'en a que deux, ou deux à chacun de ces arbres. Or, ce n'est pas moi qui crée une branche, un objet de plus, à l'un de ces arbres. Pour cela il me faudrait pouvoir créer aussi les objets, les deux arbres et leurs branches, et, en outre, les disposer comme ils sont dans l'espace. L'imagination et l'entendement, avec l'aide de l'intuition, peuvent bien réunir, comparer entre eux les objets et leurs parties ; mais ils ne sauraient en placer là où il n'y en a pas. Il faut donc que les branches de ces arbres, notamment celle que l'un a de plus que l'autre, soient causées par quelque chose de réel hors de moi, et qui ne dépende nullement de ma sensibilité.

Dira-t-on qu'il n'y a là que de la matière à laquelle je donne arbitrairement des formes ? Mais en admettant que ce ne soit que matière, il faudrait bien reconnaître qu'elle est divisée, puisqu'il y a plusieurs parties, arbres et branches, et que ce n'est pas moi qui opère cette division de matière dans l'espace. D'ailleurs, ce qui est divisible est étendu, et, à plus forte raison, ce qui est divisé. Par suite, chaque objet ou branche occupe une partie de l'espace, puisqu'il est étendu ; autrement, il n'apparaîtrait pas, il ne serait pas perceptible. Du moment donc où la matière est divisée, et on ne peut le contester, il y a autant de parties d'espace occupées, remplies, qu'il y a de parties de matière, et chacune de celles-ci trace, dessine sa quantité extensive ou étendue, par ses limites mêmes touchant l'espace restée libre, limites d'où résulte sa forme. Donc chaque objet comporte avec lui sa forme dans l'espace, indépendamment de notre manière d'apercevoir.

Si c'était le sujet pensant qui transporte dans les objets les formes que nous y percevons par la *simple* intuition, pourquoi ne verrions-nous pas partout les mêmes objets avec les mêmes formes ? Pourquoi, par exemple, voyons-nous, au lieu d'un espace libre, une montagne qui nous le masque, nous le cache en partie, et qu'à côté nous voyons des espaces libres ? Peut-on admettre que c'est notre sensibilité, c'est-à-dire la forme de notre intuition, qui crée cette montagne et sa forme sur un point de l'espace, et s'abstient d'en créer sur d'autres points, ? N'est-il pas certain que les parties de l'espace que nous ne pouvons percevoir, quoiqu'à notre portée, sont remplies par de la matière, par des objets réels hors de nous, par quelque chose enfin qui diffère de l'étendue abstraite ou du vide apparent de l'espace, et que, par suite, ces objets ont nécessairement par eux-mêmes, des formes dans cet espace, c'est-à-dire occupent une partie d'espace égale à leur étendue. C'est l'évidence même :

Les objets ou phénomènes, ainsi que le mouvement, ou n'existent pas, ou ils existent. S'ils n'existent pas, comme l'a soutenu *Berkley*, il faut aussi nier notre propre existence, car il est évident qu'elle serait impossible sans des objets, et qu'elle n'a pas plus de réalité qu'eux; or, le fait de notre existence est attestée par nos sensations, que l'on ne saurait mettre en doute, lesquelles ne seraient pas possibles sans les objets.

Les objets existent donc, et puisqu'ils existent, ils ont, par le fait même de cette existence, des quantités d'espace et de temps, c'est-à-dire les formes de l'espace et du temps (soit une durée de temps et une étendue), ces formes sont également du côté du sujet pensant, puisqu'il est phénomène, et que l'espace et le temps sont la forme de son intuition. Il y a ainsi identité parfaite, sous ce rapport, entre l'espace et le temps, et notre faculté intuitive. Celle-ci, en s'appliquant, fait une sorte de confrontation ou de superposition, laquelle reste parfaitement identique et sans formes, quand aucun objet ne s'interpose entre eux, mais reçoit, comme l'espace et le temps, les formes des objets, quand ceux-ci se produisent dans l'espace.

Ce qui est vrai, dans cette théorie de *Kant*, c'est que le sujet pensant ajoute à ces formes primitives des objets. C'est lui qui perçoit le rapport, l'ordre, l'ensemble de leurs parties, qui réunit, compare les objets, soit partiellement, soit dans leur ensemble, en forme diverses figures etc., cela est bien du ressort de ses facultés, et les objets n'y contribuent qu'en fournissant à son intuition de la matière divisée, disposée de certaines manières. C'est en cela que cette théorie paraît vraie. Mais si c'est nous qui créons en quelque sorte ces diverses formes et leurs rapport et ensemble, elles supposent des objets existants hors de nous, et que nous n'avons pas créés. Autrement, ou nous opérerions dans le vide, ou il faudrait admettre que c'est nous qui créons ces objets, ce qui est absurde.

La simple distinction des parties libres de l'espace d'avec celles occupées par des objets, ne peut pas dépendre uniquement de notre intuition. Les formes de ces objets sont données par eux-mêmes, autant que par nous. Elles nous sont imposées autant par ces objets que par la forme de notre intuition, l'espace et le temps leur étant communs comme à nous. Tous les phénomènes ont, par eux-mêmes, les formes primitives de l'espace et du temps, indépendamment de celles que nous leur donnons.

Il y a lieu de s'étonner qu'un philosophe comme Emmanuel Kant, qui a montré tant de sagacité, en élucidant nombre de points les plus obscurs de la métaphysique, n'ait pas remarqué la contradiction qu'il y a à admettre l'existence de la matière hors de nous (et il l'admet), et à avancer que l'espace et le temps ne sont qu'en nous. Mais s'il y a hors de nous quelque chose de réel, de matériel, ayant du mouvement, quoi que ce soit en un mot, ce quelque chose ne peut être, sans le temps et l'espace. Autrement, il ne serait rien. En effet, il est impossible, non pas seulement de percevoir, mais de *concevoir* un objet, sans cette condition.

En ce qui regarde l'espace, il faut que cet objet soit distant, soit séparé de nous, c'est-à-dire soit autre que notre esprit et nos sens ; ce qui suppose *l'espace*, car s'il ne faisait qu'un avec nous, nous ne saurions ni le percevoir ni le concevoir comme objet différent de nous.

Quant au temps, la perception ou seulement la conception de l'existence de cet objet, nécessite l'emploi d'un certain temps, tant court soit-il, ce qui suppose le *temps*. Autrement, l'objet ne serait pas, il serait égal à zéro, car il faut qu'il dure un temps au moins égal à celui de ma conception pour que celle-ci soit possible, ou bien l'objet n'existe pas.

L'espace et le temps sont donc la condition absolument nécessaire tant de nos conception et perception des formes des objets que de l'existence des objets eux-mêmes et de leurs formes.

Or, une chose qui est la condition absolue de la possibilité d'être d'une autre chose, doit exister réellement, car si elle n'existait pas, il en serait évidemment de même de cette dernière chose, c'est-à-dire des objets eux-mêmes et de nos conception et perception ; en d'autres termes, il n'y aurait rien.

Il en est ainsi du mouvement. Ou il existe en nous et hors de nous, ou il n'y a ni temps ni espace. Or, le mouvement ne peut pas plus être nié que l'existence des objets et de leurs formes, à moins de nier notre propre existence. C'est la *mesure* du mouvement qui seule nous appartient, de même qu'il nous appartient de percevoir, de déterminer le rapport, l'ordre, l'ensemble des formes des objets. Mais le mouvement lui-même est réellement hors de nous, comme en nous, aussi bien que les objets sont dans l'espace et le temps, et en ont les formes.

Il est évident que si on nie l'existence des objets ou de la matière hors de nous, (et on nie par là même notre propre existence), il n'y a plus alors ni espace, ni temps, ni mouvement. Sans objets réels, on ne saurait se les représenter, et notre existence est impossible, ou du moins est absolument idéale, ainsi que tout ce qui est hors de nous.

Mais nous avons une preuve certaine du contraire. Nos sensations, nos douleurs, nos souffrances, nos plaisirs, nous attestent notre existence réelle et celle des objets, à tel point qu'il est impossible d'en douter sérieusement. Je sais bien que l'on peut objecter que les idées peuvent, à elles seules, produire de semblables effets, car parfois ce qui cause de la peine ou de la joie, n'est que dans les idées que nous nous faisons des choses. Mais toutes nos idées, dans ce qu'elles expriment, ayant pour base les sensations, sans les sensations nous n'aurions aucune idée réelle. Il ne nous resterait que leur forme, forme qui est innée (comme on le verra plus loin), mais qui ne peut rien produire d'elle seule, et qui ne sert qu'à convertir les sensations, soit les intuitions, en idées ayant une signification réelle. L'objection n'a donc aucune valeur, et il faut reconnaître que les objets et leurs formes existent bien réellement hors de nous.

A propos de cette question, je dirai que je ne puis admettre avec *Pascal*, que, soit le mouvement, soit l'espace, soit le temps etc., puisse être augmenté ou diminué à l'infini, c'est-à-dire sans que l'on puisse jamais arriver à un dernier terme de vitesse et de grandeur, ni à un dernier terme de repos et de petitesse. N'y aurait-il pas là un simple artifice de numération ? Les quantités de mouvement, d'espace, de temps etc., ne peuvent être évaluées et appréciées que par des nombres, et comme le nombre peut-être augmenté ou diminué à l'infini, on en conclut qu'il doit en être de même du mouvement, de l'espace et du temps.

Mais il faut remarquer que pour exprimer des quantités nous n'avons en réalité que dix chiffres, et que chaque fois qu'on arrive au dixième, il faut, pour continuer, reprendre une nouvelle série des dix mêmes chiffres, et qu'il en est de même pour chaque série de dix, de cent, de mille et des fractions, dixième, centième, etc., ce qui fait qu'on tourne toujours dans le même cercle de un à dix, de dix à cent etc. Or, de même qu'en faisant le tour d'un cercle et recommençant ce tour, sans jamais s'arrêter, on peut tourner ainsi à l'infini, de même aussi en mesurant le mouvement, l'espace et le temps par les nombres, on tourne dans un cercle de dix chiffres ou degrés que l'on recommence sans cesse à compter sans pouvoir jamais arriver à un dernier qui soit le plus grand de tous, ni à un dernier qui soit le plus petit de tous. L'assertion de Pascal n'est donc vraie que dans la compréhension de la mesure par la numération, et non pas dans la réalité. Nous sommes obligés de procéder par moments, soit pour l'espace, soit pour le temps et le mouvement. Par conséquent, nous ne pouvons que compter ces moments au moyen des chiffres, chiffres revenant les mêmes, après chaque dizaine comptée. Il n'y a, par suite, de dernier terme, soit en grandeur et en petitesse, soit en vitesse et en lenteur que dans notre idée. Ne pouvant suivre le temps dans sa marche incessante et uniforme, (laquelle équivaut à l'immuabilité absolue), nous sommes forcés de tout ramener à des chiffres, et comme le nombre de ces chiffres est limité, il est évident que pour continuer l'opération, il nous faut tourner comme dans un cercle, et par conséquent que le nombre des tours possibles est infini. Mais il ne s'ensuit pas qu'il en soit ainsi, en réalité, du mouvement, de l'espace et du temps. Il est difficile notamment d'admettre que la vitesse du mouvement puisse être augmentée, sans jamais arriver à un dernier terme, et que cette même vitesse puisse être diminuée sans jamais arriver au repos absolu. A supposer que cela soit, il est évident que cela est au-dessus de l'intelligence humaine.

Ce qui est jusqu'à un certain point compréhensible, c'est que le mouvement dans le monde ne peut jamais éprouver le moindre temps d'arrêt; que, par conséquent, l'uniformité de sa marche est, comme celle du temps, fixe et invariable, de même que l'espace ou l'étendue est toujours le même, sans variation possible de quantité ou de grandeur :

RÉALITÉ DE L'EXISTENCE DES PHÉNOMÈNES
ET DE LEURS QUALITÉS

Descartes, qui ne voyait dans les animaux que des machines, des formes géométriques, a mis en doute la réalité des phénomènes et de leurs qualités. *Kant* lui-même, ne l'a admise que relativement à notre sensibilité et à la forme de notre entendement.

Selon la théorie de l'entendement, que le traducteur ou plutôt l'interprète de ses œuvres, prête à ce dernier philosophe, l'espace et le temps n'étant rien par eux-mêmes, et n'ayant de réalité que relativement à la nature de notre sensibilité, les objets et leurs qualités perçues dans ces conditions, n'ont aussi de réalité que par rapport à notre manière d'apercevoir, et nous ne sommes pas fondés à soutenir qu'ils sont absolument réels hors de nous. Ils ne sont que des *intuitions en nous*, appartenant au sujet pensant, quoiqu'ils paraissent en être détachés et exister hors de lui. La *qualité* que la matière nous paraît avoir, n'est pas hors de nous comme objet réel, mais seulement *en nous comme pensée*. Les objets dépendent de notre manière d'apercevoir, de la forme et de la synthèse que nous leur donnons. C'est nous qui transportons dans les phénomènes les conditions qui établissent la synthèse et l'ensemble de ces objets, c'est-à-dire la connaissance.

Ce réalisme relatif n'est pas plus admissible que l'idéalité absolue de l'espace et du temps. Il est plus probable, au contraire, que les phénomènes et leurs qualités ont une réalité et des effets absolus par eux-mêmes, indépendamment de la forme de notre sensibilité qui toutefois en est affectée, selon sa nature. J'espère le démontrer par ce qui va suivre.

Il est vrai que nous ne pouvons connaître les objets que comme phénomènes, c'est-à-dire comme des choses nous apparaissant dans l'espace et le temps, forme de notre intuition, et condition de leur possibilité. Nous ne pouvons pas savoir ce que ces choses sont *en elles-mêmes*, leur nature vraie, *leur essence*. Mais il ne s'ensuit pas que ces phénomènes n'existent pas réellement hors de nous, et qu'ils ne soient réels que relativement à notre sensibilité subjective.

L'espace et le temps, considérés isolément et, en eux-mêmes, sont bien en effet des idéalités. Nous ne saurions les percevoir dans cet état. Nous ne pouvons en avoir, soit la perception, soit même la conception seulement, que par des objets, qu'en admettant l'existence d'un objet, mais du moment qu'il y a des objets réels, ils apparaissent et participent alors nécessairement de leur réalité, puisque c'est cette réalité même qui les rend perceptibles. Par conséquent, l'espace et le temps, associés à des objets, sont aussi réels que ces derniers. On voit que pour contester la réalité de l'espace et du temps on est réduit à nier l'existence des objets même. Si ces objets ne sont réels que pour nous, il est clair que l'espace et le temps ne le sont pas davantage, et que tout est relatif à notre manière d'apercevoir. Mais la sensation est là pour attester l'existence d'objets hors de nous, et il n'est pas possible de la nier. D'ailleurs, la théorie kantienne admet la matière. Or, la matière ne peut être sans l'espace et le temps, ou bien il y aurait contradiction. Elle serait et elle ne serait pas, et puisque la matière est réelle, l'espace et le temps doivent l'être aussi. Ces deux facteurs, rendus apparents par des objets, existent bien réellement, et ne sont pas seulement en nous comme intuitions et pensées.

Si l'on entrevoyait, si l'on pouvait soupçonner la possibilité de connaître les objets d'une autre manière, ou par d'autres moyens que ceux dont nous nous servons, on pourrait peut-être douter de leur réalité hors de nous; mais on n'en connaît pas d'autres que l'espace, le temps et les sensations réfléchies et comparées par l'entendement, c'est-à-dire les intuitions et les idées. Nous ne pouvons les pénétrer autrement, et nous n'avons aucune idée de l'existence d'êtres aptes à les connaître d'une autre façon et par d'autres moyens. Il n'est pas probable, et je dirai même, pas possible qu'il existe un entendement différent du nôtre, en ce sens qu'il puisse connaître les objets autrement que nous, sous d'autres formes, et leur attribuer des qualités opposées, ou de nature différente ; car, si cela était, toutes les les règles, toutes les lois, toutes les formes que nous concevons, que nous appliquons à la nature et à nous-mêmes, n'auraient aucune certitude. La liaison, la dépendance des choses, leur harmonie, seraient détruites. Les sciences positives, telles que la géométrie, la mécanique et généralement tout ce qui est mathématique, n'auraient qu'une vérité relative, et l'on ne pourrait accorder à aucune d'elles le caractère de la *nécessité* et de *l'universalité* que *Kant* cependant leur reconnaît.

Sans doute, on peut supposer, comme l'a

fait *Leibnitz*, qu'il peut exister sur d'autres sphères que la nôtre, des êtres doués de facultés supérieures à celles que nous possédons, attribuant aux objets d'autres qualités encore, plus variées, plus étendues que celles que nous leur connaissons. Mais en admettant cette possibilité, ces êtres ne pourraient différer de nous que sous ce rapport de supériorité seulement, c'est-à-dire quant au degré d'extension, de perfection, et non pas quant à la connaissance en elle-même, laquelle n'en serait pas moins de même nature. Il en serait vraisemblablement de cette supériorité comme de celle que l'on remarque dans les sociétés humaines, où il existe parmi leurs membres, différents degrés d'intelligence et de connaissance sans, que, pour cela, la nature intellectuelle cesse d'être parfaitement identique.

Il y a d'ailleurs, à côté de nous, d'autres espèces d'êtres animés dont plusieurs nous prouvent que leur intelligence, bien qu'inférieure à la nôtre, est de même nature, et n'en diffère que par ses degrés moins élevés. Ainsi, par exemple, certaines espèces, sinon toutes, ont, comme l'homme, la notion des distances, et par conséquent celle de l'espace et du temps, au moins sous ce rapport, puisqu'on ne distingue un grand espace ou objet d'un plus petit que parce que le premier exige plus de temps pour son intuition que le second. Ainsi encore, les animaux domestiques et beaucoup d'autres, perçoivent les objets et leurs formes sous plusieurs rapports, comme nous le faisons nous-mêmes. Leurs sens ne diffèrent des nôtres que par la forme, et sont impressionnées par les objets comme le sont nos propres sens, à des degrés différents sans doute, mais qui ne tiennent qu'à la différence de conformation des organes, et non pas à la nature des sensations qui est la même. Or, si les objets causent sur d'autres espèces des sensations de même nature que sur nous, et déterminent, en elles, une forme analogue et même semblable d'intuition, on ne saurait être fondé à prétendre qu'ils ne sont réels que par rapport à notre sensibilité, et il faut reconnaître qu'ils le sont non-seulement pour nous, mais encore pour tous ou presque tous les êtres animés, et par conséquent qu'ils sont absolument réels par eux-mêmes.

Assurément, les impressions que nous recevons des objets ne représentent pas leurs qualités absolues. Chaque être animé, n'en étant affecté que selon sa sensibilité qui n'est pas dans tous au même degré, il est évident qu'aucun d'eux ne peut soutenir que la qualité qu'il a trouvé à un objet, est absolue et sera identique pour tous. Mais chaque sujet peut du moins déterminer sûrement la nature de la sensation éprouvée par lui, c'est-à-dire la nature, le genre de qualité de l'objet, qualité qui ne peut différer d'un sujet à un autre que par le degré d'intensité. Aucun d'eux par exemple ne confondra la couleur d'un objet avec l'odeur de cet objet. Ainsi, encore, une personne pourra trouver très-faible presque nulle, l'odeur d'une fleur, ou la saveur d'un fruit, qu'une autre personne trouvera au contraire très-forte. Mais ces deux personnes s'accorderont néanmoins pour reconnaître les qualités de la fleur et du fruit, quand à leur odeur et saveur particulières, distinctes d'autres odeurs et saveurs. Elles ne différeront d'apréciation que sur le degré de ces qualités, et non pas sur leur existence. La différence des appréciations ne porte donc que sur le degré d'intensité de la qualité de l'objet, degré qui peut être très-élevé comme il peut descendre à zéro. Elle n'empêche nullement de regarder cette qualité comme absolument propre à l'objet. Cette diversité de sensations atteste, au contraire, l'existence réelle, dans les objets, de ces qualités mêmes ; car, sans elles, les sujets ne pourraient en recevoir des impressions différentes, ni même aucune impression.

Nos aliments sont certainement des phénomènes. S'ils ne sont que des intuitions, des pensées en nous, comment se fait-il qu'ils entretiennent notre existence, et nous soient absolument nécessaires ? si ces aliments n'avaient de réalité qu'en apparence, il devrait en être de même de notre corps. Il nous paraîtrait réel et, au fond, ne serait qu'idéal ; il ne serait que pensée. Mais s'il n'est que pensée, pourquoi a-t-il besoin de matière pour l'entretenir, et comment peut-il se l'assimiler ? La matière de sa nutrition serait-elle de même nature que la pensée ? Dans ce cas, l'existence du monde extérieur lui est inutile. Tout n'est que pensées, et nous sommes, ainsi que ce monde, de pures idéalités. Il n'y a plus de sensation.

Mais, dit-on, les objets sont bien réels ; seulement ils ne le sont que pour nous ; que relativement à nos intuitions, à notre entendement. Le monde n'existe en nous que par son reflet, par l'image que nous en présente l'idée, la pensée. L'idée n'étant pas la réalité, nous ne pouvons pas soutenir que l'image soit exacte, c'est-à-dire que le monde soit réel comme nous le représente cette image.

Si les phénomènes ne sont réels que parce que l'idée nous les représente tels, pourquoi la *pensée,* ne se représente-t-elle pas, elle-même, à nous, comme un *objet réel* aussi? Pourquoi cette pensée nous fait-elle la considérer comme différente des objets? Cela ne devrait pas être. La pensée ne doit pas pouvoir rester telle, et se distinguer de ce qu'elle nous représente comme *réel,* et n'est, au fond, qu'idéal comme elle. Tout devrait alors nous paraître réel, et n'être au fond qu'idéal, et il ne devrait pas être possible de distinguer la réalité de l'idéalité, distinction que cependant nous sommes obligés de faire. Chacun, en effet, regarde son propre corps, ainsi que les objets extérieurs, comme des choses différentes de ses pensées. D'ailleurs, l'idée ne peut pas nous représenter le réel, sans que ce réel soit véritable, puisqu'il lui faut à elle-même l'intuition d'un objet, vraiment réel, pour qu'elle ait de la réalité dans ce qu'elle représente, c'est-à-dire pour qu'elle ait une signification. Sans cela, elle n'est qu'une idée vide, sans contenu.

Je ferai encore une supposition pour mieux démontrer la fausseté d'une théorie qui a encore ses partisans, car je crois qu'on ne doit négliger aucun moyen de démonstration quand il s'agit d'établir une vérité théorétique à laquelle se rattachent d'autres questions importantes de métaphysique.

Je suppose le cas d'une personne venant de recevoir une blessure d'une certaine gravité. Le sujet aura nécessairement, par la sensation, l'intuition et la pensée de sa blessure et même de sa cause, je veux dire de l'instrument qui a servi à la causer. Si tout cela n'existe pas réellement, et n'est en lui que comme *pensée*, il ne devra pas ressentir de douleur ; car, dans l'état douloureux, la pensée ne souffre pas ; elle n'est pas atteinte, ou si elle est quelque peu affectée, c'est par contre-coup, par faiblesse du sens moral ; mais puisque le sujet éprouve de la douleur, et je suppose que la blessure aura été assez grave pour en causer, il faut bien que l'instrument, et surtout la blessure, ne soient pas uniquement dans sa pensée, mais qu'ils aient une réalité hors d'elle.

Cette réalité, dira-t-on, n'est que relative au sujet pensant, à sa manière d'apercevoir et de sentir.

Il serait facile de le vérifier. Que l'on fasse une pareille blessure au corps d'un animal domestique ou autre. Pense-t-on que la douleur ne sera pas aussi réelle dans ce cas que dans le précédent ? Peut-on supposer que l'animal ne s'en inquiétera aucunement ? N'est-il pas certain, au contraire, qu'il la témoignera par son attitude ou ses cris ? On ne saurait le contester, et d'ailleurs l'expérience n'est plus à faire. Donc la blessure et la douleur qu'elle cause, n'existeront pas seulement dans son intuition, dans son instinct, mais seront aussi réelles, pour l'animal, que pour l'homme, et dès lors il est faux de prétendre que les objets et leurs effets ou qualités n'ont de réalité que pour ce dernier, et ne sont en lui que comme pensées.

Si je voyais les quadrupèdes marcher sur l'eau comme sur la terre ferme, délaisser les herbages pour brouter le sol durci ou d'autres minéraux. Si je voyais les chiens et les chats s'approcher du foyer quand il fait très chaud, et s'en éloigner quand il fait froid, ou d'autres contrastes semblables, je me dirais : Les qualités que j'avais cru jusqu'ici appartenir aux objets ne sont pas réelles, puisque voici, à côté de moi, des êtres animés ayant quelque peu de mon intelligence, dont l'organisme ne diffère du mien que par la forme, qui les considèrent tout autrement que je le fais. Mais si, au contraire, j'observe que ces objets et leurs qualités font sur eux les mêmes impressions que celles que j'en reçois moi-même, que ces êtres enfoncent dans l'eau comme mon propre corps, qu'ils ne touchent pas aux minéraux et les distinguent des plantes herbacées, en recherchant celles-ci comme je fais moi-même des légumes de mon jardin, que plusieurs d'entre eux sont mêmes très avides des aliments dont je me sers ; qu'ils ne recherchent la chaleur que lorsqu'il fait froid ; qu'en un mot, ils se conduisent à l'égard des phénomènes de la nature, comme les êtres de mon espèce, je me dis alors que des objets qui ont les mêmes qualités pour des animaux que pour moi, doivent être bien réels, et qu'il n'est pas possible que ces objets et leurs qualités ne soient que relatifs à ma manière d'apercevoir, et n'existent en moi que comme *pensées*.

Les objets, leurs qualités et effets sont réels et absolus par eux-mêmes. Ils ne diffèrent que selon la nature, l'organisation des êtres auxquels ils sont appliqués. La différence n'a lieu que pour le sujet, et non pas pour l'objet. Ainsi, par exemple, la lumière, la chaleur, l'électricité, la pesanteur, etc., ont toujours les mêmes effets, la même force d'action, dans des circonstances données ; mais appliquées à des êtres de nature, d'organisation et de formes dissemblables, cette force d'action produira sur eux des effets différents. Il est évident que ces sujets ne peuvent en être affectés au même degré ; bien que l'action soit de même force, s'ils diffèrent sous le rapport de la réceptivité ou sensibilité. Mais si l'organisation, la conformation, la sensibilité, si tout, dans les sujets, est semblable, est identique, les effets produits seront égaux et absolument réels pour tous.

Une dernière observation achèvera de le démontrer.

On a depuis longtemps acquis l'expérience que les végétaux transplantés sur un autre sol et sous un autre ciel que ceux de leur origine, ne conservent pas les caractères, les qualités qu'ils avaient. Ceux-ci ou s'améliorent, ou dégénèrent, ou enfin éprouvent certaines modifications. Il en est ainsi, même à l'égard des animaux ; car leur développement, comme celui des végétaux, dépend des matières alimentaires, matières provenant, par conversion, des propriétés du sol et du ciel. Pour que ces propriétés produisent de semblables effets, il faut qu'elles aient une action réelle sur les êtres organisés, et pour cela, qu'elles soient elles-mêmes réelles ; car si elles n'avaient pas d'action, si elles n'existaient pas, il en serait évidemment de même des propriétés des matières terrestres et solaires, qui alimentaient ces êtres avant leur changement de lieu, et conséquemment ces derniers ne devraient pas être modifiés par suite de ce changement. Chaque espèce conserverait intégralement son caractère primitif, malgré son déplacement. Or, puisque l'expérience prouve que c'est le contraire qui se produit, il faut bien reconnaître que ces modifications sont le résultat de l'action des objets et de leurs propriétés, qui, par conséquent, sont bien réelles, et que ce n'est pas la plante, ou l'animal, transporté sur un autre point, qui se modifie de lui-même.

Prétendrait-on que ces modifications proviennent de ce que le sujet éprouve des mouvements différents de ceux auxquels il était soumis précédemment ? Mais le mouvement n'est pas la matière, et les êtres organisés n'en vivent pas. Le produit que donne la plante, par exemple, n'est pas du mouvement, mais de la matière bien réelle, et pour la production de laquelle il a fallu autre chose que du mouvement.

Il est évident que, dans le fait du déplacement d'un être organisé, ce n'est pas le sujet qui, de lui-même, change de qualité. Il est bien toujours le même sujet. S'il était resté à la même place, il n'aurait pas éprouvé de modifications. Or, puisqu'après son déplacement, il devient, sous quelque rapport, autre qu'il était, la cause n'en est pas en lui, mais bien dans les nouvelles conditions ou qualités terrestres et atmosphériques, différentes de celles auxquelles il était précédemment soumis. Donc, ce sont bien ces qualités différentes qui l'ont modifié, et, pour exercer cette action sur lui, il a fallu que ces qualités fussent bien réelles.

Donc, les objets et leurs qualités sont réels, et opèrent des effets absolus par eux-mêmes.

Un autre point de la doctrine Kantienne, qui se rattache à la même question, n'est pas moins contestable. Selon cette doctrine, c'est l'entendement qui, par l'unité des intuitions de la sensibilité, donne la certitude ou la réalité à notre connaissance des objets et de leurs qualités, laquelle par conséquent n'est réelle et certaine que par rapport à nous, et par suite, il en est ainsi de la réalité des objets. Je parlerai plus loin de la valeur de la connaissance. Quant à la réalité prétendue relative des objets, je ne puis admettre cette restriction. C'est à peu près comme si l'on prétendait que nos aliments et leurs qualités ne sont pas réels, et que c'est l'estomac qui leur donne la réalité et les qualités que nous leur trouvons. L'entendement ne saurait, par le seul fait de leur réunion en une unité, donner de la réalité à des intuitions qui n'auraient rien de réel par elles-mêmes. La réunion, en une seule idée, d'objets, d'intuitions non réels, ne peut pas donner de la réalité à cette idée, même relativement au sujet pensant qui l'effectue ; la synthèse ne peut avoir une valeur que n'ont pas les éléments dont elle se compose. Pour que la théorie de *Kant* soit admissible, il faut que la variété des intuitions soumise à l'unité de l'entendement, soit regardée comme réelle en elle-même. De cette manière, l'unité de la synthèse et la connaissance qui en résulte, le seront également. Autrement, la connaissance manque de base et n'a pas de certitude, même pour le sujet pensant ; car il n'y a pas de raison de supposer que l'entendement qui n'est qu'une forme, un instrument, puisse donner de la réalité et des qualités à des intuitions reposant sur des objets qui n'en auraient que l'apparence. S'il en était ainsi, la nature, la vie, toutes les existences seraient idéales. Tout ne serait qu'une sorte de mirage.

C'est bien, il est vrai, l'entendement qui *forme* l'idée ; mais il n'en tire pas les éléments de lui-même, puisqu'il a besoin d'une intuition de l'objet. Son rôle se borne à transformer, à convertir cette intuition en idée, sans rien changer à sa signification, en la reproduisant exactement sous une autre forme, c'est-à-dire sous la forme idéale. Par conséquent, l'idée a la même valeur que l'intuition et celle-ci, la même réalité que l'objet qui y a donné lieu.

Il est indubitable que notre propre corps est formé (à part le double principe, vital et organique), des matières alimentaires dont il se nourrit, matières qui ont des qualités diverses que nous sentons, que nous savons apprécier. Si ces matières et leurs qualités n'existent pas en réalité, il doit en être de même de notre organisme. Nous n'existons pas, nous sommes de pures idéalités. Donc, ou la vie phénoménale est entièrement idéale, comme son principe, ou elle est partie idéale (les idées) et partie matérielle (les sens et le corps). C'est au bon sens à décider.

Il y a dans cette manière de considérer les phénomènes, la même erreur que dans la théorie de l'espace et du temps du même philosophe où, comme on l'a vu, il prétend que c'est nous qui transportons dans les objets les formes de l'espace et du temps, qu'ils n'auraient pas par eux-mêmes. Mais de même que nous ne pouvons créer ni objets, ni matière, en placer là où il n'y en a pas, et qu'il faut, puisqu'ils nous apparaissent, qu'ils soient, comme nous, dans l'espace et le temps, et conséquemment en aient les formes; de même, nous ne pouvons donner l'existence et des qualités à des objets qui ne les auraient pas par eux-mêmes. Il faut qu'ils existent bien réellement hors de nous pour que nous puissions, au moyen des sensations, des intuitions et de l'entendement, en former des synthèses d'où résulte leur connaissance. C'est bien au sujet pensant qu'il appartient de percevoir, de recueillir, grouper, réunir ces objets et leurs qualités. Ils dépendent bien, sous ce rapport, de nos facultés perceptives et intellectuelles ; mais, pour faire cela, il faut qu'il y ait en dehors de nous, des objets sinon déterminés, du moins déterminables, c'est-à-dire de la matière plus ou moins divisée, ayant plus ou moins d'intensité et d'action et, par suite, diverses qualités. On ne peut évidemment pas faire des rapports, des comparaisons, opérer des réunions, des ensembles là où il n'y a rien, ou seulement des apparences. C'est ainsi qu'il faut des phénomènes dans le temps et dans l'espace, conséquemment en ayant les formes (durée et étendue), en dehors de nous, pour que nous puissions y établir des rapports, un ordre, un ensemble. Autrement, il faudrait admettre que c'est nous qui créons ces phénomènes et leurs formes, ce qui est absurde. De même il faut que ces phénomènes, ces diverses fractions de la matière, aient des qualités par eux-mêmes, soit des différences d'ordre d'intensité, résultant de leur action les uns sur les autres, pour que nous puissions apprécier les effets du contact de ces qualités ou propriétés avec notre faculté sensorielle ou réceptive. Il nous serait impossible d'attribuer ces qualités arbitrairement et de notre seule volonté, si les phénomènes en étaient dépourvus.

Cependant une théorie émise par quelques philosophes, entre autres par *Descartes*, et que l'on prétend être généralement admise dans la science, attribue la cause de nos différentes sensations, comme, par exemple, celles des couleurs, des sons, des odeurs, de la dureté ou pesanteur, de la chaleur, etc., non point à des qualités réelles propres aux objets, mais à l'intensité et à la diversité des mouvements par lesquels ces objets agissent sur notre système nerveux et à son activité propre. On s'évertue ainsi à détruire, malgré son évidence, la réalité des qualités des phénomènes. On ne conteste pas du moins l'existence des objets, mais on les déclare sans qualité aucune, ce qui revient au même.

Prétendre que les objets ne contribuent à nos sensations que par la mise en jeu des fibres nerveuses des sens, c'est prendre le procédé, le moyen pour l'action, pour la chose elle-même. Autant vaudrait soutenir que la balance est la cause du poids de l'objet, au lieu de servir seulement à déterminer ce poids, ou que la mesure d'une chose est la chose même. Le sens est bien, il est vrai, affecté, mis en action, mais s'il n'était en contact avec aucune qualité de l'objet extérieur, il ne pourrait ni en recevoir ni en transmettre à l'esprit. Il ne transmettrait à celui-ci qu'un mouvement qui, seul, ne peut fournir la sensation d'une qualité réelle. S'il y a mouvement, ce mouvement ne se produit qu'à l'occasion et pour l'exercice, pour l'application de la faculté sensorielle. Ainsi, par exemple, lorsque la main veut saisir un objet, il faut que les nerfs se contractent, mais cette contraction, ce mouvement n'est pas le fait même de la compréhension de l'objet. Il n'en est que le moyen. C'est le mode d'action de l'organe pour arriver à l'effet que l'on a en vue d'obtenir, et non pas l'effet lui-même. Puis, pour que la compréhension ait lieu en réalité, il faut que l'objet à saisir existe. Autrement, la main agirait dans le vide. Il en est de même, de la qualité. Son existence réelle dans l'objet est nécessaire pour que le sens en soit affecté. Sans cela, il n'y a qu'un mouvement nerveux qui ne peut rien nous apprendre. Nier l'existence de qualités dans les objets, c'est nier l'existence des objets eux-mêmes.

Quand, après l'odeur d'une rose, on sent une forte odeur de marée, ce ne peut être les seuls mouvements du nerf olfactif qui nous donnent les sensations différentes de ces deux ordres d'odeurs. Ces mouvements pourraient, tout au plus, indiquer le degré d'intensité, mais non pas la diversité de ces odeurs. Ils ne pourraient nous faire éprouver des sensations de diverses natures, mais seulement de différents degrés. Or, ici, il y a deux odeurs différentes, non par le degré d'intensité, mais par l'ordre différent de leur intensité, par leur nature même, par leurs qualités distinctes. D'ailleurs, est-ce qu'un simple mouvement, imprimé au nerf olfactif ou à la langue et au palais, pourrait suffire pour nous faire apprécier une odeur ou une saveur ? Ne faut-il pas que la matière de cette odeur ou de cette saveur pénètre l'organe, et que celui-ci en soit imprégné de manière à se l'assimiler au moins en partie ?

On a dit aussi qu'en électrisant l'œil, la langue, le fond de l'oreille, les nerfs de l'odorat, on provoque respectivement dans ces organes une apparition lumineuse, une sensation gustative, l'effet d'un son, une sensation d'odeur. On a ajouté que le monde extérieur semble n'y contribuer que par la mise en jeu des fibres nerveuses ; que dans le sommeil même et dans la folie, on éprouve des sensations d'odeurs, sans l'action d'aucun agent extérieur. J'admets que ces résultats aient pu se produire. Mais ils ne prouvent nullement que les qualités des objets soient dues uniquement à la propriété des sens. Il n'y a, dans ces divers actes, que la reproduction vague de sensations éprouvées antérieurement, et dont les organes ont conservé l'impression, le souvenir. Je regarde comme impossible qu'on provoque par ce moyen la sensation, par exemple, d'une odeur ou d'une saveur *non encore éprouvée jusqu'alors*. Il n'y a dans ces faits qu'une conséquence tant de la disposition innée des organes sensoriels à être affectés chacun d'une manière en rapport avec sa forme et sa destination, que de l'usage fréquent qui a été fait de ces organes et qui les a rendus très sensibles.

Evidemment, il n'y a que la personne électrisée qui ait pu dire l'effet produit sur elle par ces expériences. Or, on a avancé, d'autre part, et je reviendrai plus loin là-dessus, que la pensée n'est pas un résultat des sensations, et que de tous les attributs de la matière, il n'en est pas un seul qui ne lui soit conféré par l'esprit. Dès lors, il a fallu, dans le cas particulier, un acte de l'esprit pour que la personne électrisée pût apprécier l'effet ressenti. Mais cet acte de l'esprit a dû être provoqué par quelque chose. Est-ce le fait de l'électrisation qui a mis en action l'esprit par le sens électrisé, ou s'y est-il mis de lui-même ? Dans le premier cas, ce serait la sensation ainsi reproduite qui, transmise à l'esprit, l'a fait agir, et alors il faudrait bien admettre que les sensations sont pour quelque chose dans les pensées. Dans le second cas, si l'acte de l'esprit a été spontané, indépendant du sens et de toutes choses extérieures, il s'ensuivrait que l'électrisation n'a, en réalité, produit aucun effet, et que c'est l'imagination seule du sujet qui lui a fait croire qu'il avait éprouvé successivement les sensations d'odeur, de saveur, etc.

Au surplus, une simple réflexion achèvera de démontrer la fausseté d'une théorie qui nie l'existence de qualités dans les objets. Sans parler de l'acte intellectuel, deux choses sont nécessaires pour la sensation. L'organe réceptif, c'est-à-dire le sens, et un objet. Si cet objet est sans qualité par lui-même, s'il n'opère sur le sens qu'un mouvement, tout est alors simple mécanisme, tant dans la nature morte que dans la nature vivante. Tous les objets étant semblables quant à la qualité, ou plutôt n'en ayant aucune, toutes les sensations sont de purs effets mécaniques. Conséquemment, il n'y en a plus d'agréables ni de désagréables. Elles ne sont pour chaque sens que d'une seule nature ou espèce, variant seulement de *degrés de force*, et non de qualité, en sorte qu'il serait aussi indifférent, par exemple, de se nourrir de fruits, ou d'herbages et d'eau, que de pain, de viande et de vin. La quantité suppléerait à la qualité. Il est évident, en effet, que si les qualités que l'on attribue aux objets, ne sont pas en eux, et résultent uniquement des mouvements que ces objets exercent sur nos sens, il doit en être de même de l'effet des aliments sur l'appareil digestif. Ils ne font alors qu'y exciter différents mouvements qui suffisent pour effectuer la nutrition du corps. L'absurdité de la conclusion saute trop aux yeux pour qu'il soit besoin d'insister davantage.

Les inductions que la science tire de certains faits ne sont donc pas toujours exemptes d'erreurs. M'écartant un moment du sujet de ce chapitre, j'ajouterai encore ici une observation touchant une autre de ses assertions, qui n'est pas plus admissible que la précédente. Quel homme de bon sens pourrait ajouter foi aux prétendus *aerolithes*, à ces pierres qu'elle fait tomber du ciel. Partant de la fausse idée que des corps célestes peuvent être brisés, fractionnés, et que leurs débris seraient projetés au loin, la science en induit qu'un petit bloc pierreux trouvé sur le sol, dans un lieu où il n'en existait pas précédemment, est un de ces débris, et, sans même s'arrêter à un doute prudent, elle assure que cette pierre est réellement tombée du ciel. Quant à moi, j'ose le nier positivement, et je prétends que cela est aussi impossible qu'à un de nos volcans ou à toute autre partie de notre globe de lancer des pierres dans la lune ou dans n'importe quelle planète. En admettant comme certain le fait de l'apparition de pierres sur certains points où l'on n'en avait jamais vu, n'est-il pas plutôt présumable qu'il n'y a là que des effets de la foudre qui, en frappant le sol, aura converti en un bloc pierreux une partie des matières de ce sol (minerai de fer ou autre par exemple). Cela serait d'autant plus vraisemblable qu'on affirme que les pierres ainsi trouvées, avaient produit une dépression de terrain, dépression ou enfoncement causé, dit-on, par la chûte et le poids de la pierre tombée, mais que j'attribuerais plutôt au fait de la condensation par le fluide électrique de la matière terrestre en un bloc plus dense, plus compacte, et ayant par suite causé un creux, un vide. Ce qui fortifierait cette conjecture, c'est la circonstance que dans la composition de ces morceaux pierreux se trouvait notamment des matières sulfureuses et minérales.

Quoiqu'il en soit de cette supposition, je ne crains pas de dire que la science est complètement dans l'erreur sur l'origine de ces pierres, et que jamais, au grand jamais, il n'en tombera du ciel. Aërolithe est un mot à rayer du dictionnaire ou à n'y maintenir que pour rappeler l'erreur qui a amené sa création.

Je crois avoir démontré par ce qui précède, que les objets et leurs qualités existent réellement hors de nous, et indépendamment de nous. La pensée, en tant qu'elle est basée sur l'intuition d'un objet, n'a pas moins de réalité dans ce qu'elle représente. En effet, si les objets et les sensations, conséquemment les intuitions, sont réels, pourquoi et comment ces intuitions cesseraient-elles de l'être par le fait de leur conversion en pensées par l'entendement? Il est impossible de voir, dans cette opération, rien qui soit de nature à leur faire perdre ce caractère de réalité, à empêcher qu'elles le transmettent à la pensée. Ce sont, au contraire, ces intuitions mêmes qui donnent de la réalité à ce que représente la pensée. *Kant*, d'ailleurs, l'entend ainsi quand il dit qu'il faut l'intuition d'un objet pour que la pensée soit réelle, et qu'une pensée sans intuition correspondante, est nulle et sans contenu. Cette réalité ne peut provenir de l'entendement seul, lequel, sans intuition, n'est qu'un organe, un instrument ayant vraisemblablement certaines formes et idées primitives, comme nous le verrons plus loin, mais qui, à elles seules, ne peuvent créer des idées, des pensées réelles.

C'est donc l'intuition de l'objet, qui, avec la forme que lui donne l'entendement, rendent la pensée réelle, et puisque l'objet sur lequel est basée cette intuition, est réel, l'intuition et la pensée doivent avoir le même caractère de réalité.

Les objets, les sensations et les pensées qui les représentent, n'ont donc pas seulement une réalité relative à notre manière d'apercevoir. Ils sont absolument réels, bien que la connaissance ne puisse avoir lieu que par des intuitions et des idées. A supposer qu'il puisse y avoir encore d'autres formes de connaissance, elles ne pourraient différer de la nature de la nôtre, qui est et doit être partout identique. Elles ne pourraient ou que la restreindre, la diminuer, ou que l'étendre, la rendre plus complète. Quant à nous, il est évident que nous ne pouvons pas pénétrer, ce que sont les objets et leurs qualités autrement que nous le faisons. Pour le faire d'une manière plus certaine, il faudrait en quelque sorte nous les incorporer, ne faire qu'un avec eux, ce qui serait la négation de notre existence.

Et puisque les intuitions et les pensées sont aussi réelles que les objets, il s'ensuit que nous pouvons bien connaître ces derniers, mais seulement comme *phénomènes*, et non pas comme *noumènes*, c'est-à-dire leur essence, ce qu'ils sont en eux-mêmes, attendu que notre connaissance des objets n'a lieu qu'au moyen de *l'espace* et du *temps*, forme de notre intuition et condition absolue de leur possibilité, condition à laquelle n'est pas soumise l'essence, la substance de ces objets.

La théorie Kantienne conduirait à cette conséquence que notre propre corps, notre personne, n'est réel que pour nous ; que chacun n'est certain que de sa propre existence, et encore relativement à sa manière d'apercevoir. Quant aux autres individus, ils n'existeraient en nous, de même que tout phénomène, que comme des intuitions et des pensées, et non pas des réalités. C'est là évidemment une conséquence inadmissible.

Kant, le philosophe allemand, et *Descartes* le philosophe français, semblent avoir considéré la nature : le premier, comme une réalité *subjective*, c'est-à-dire n'ayant d'existence que par rapport à nous seulement ; et le second comme n'étant qu'un *simple mécanisme*. Ils n'ont pas tenu compte de la partie matérielle, animale, de l'être humain, et ne se sont attachés qu'à la partie intellectuelle. Ils n'ont, l'un et l'autre, accordé à la nature vivante qu'un seul élément, tandis qu'en dehors même du principe vital (la substance), elle en comporte deux : l'un, (le corps et les sens) matériel, corporel, sensible ; l'autre (l'élément intellectuel ou instinctif) également matériel peut-être, mais de nature fluide, subtile, éthéré, psychique, éléments dont la réunion et l'action réciproque sont nécessaire pour la vie des êtres du règne animal.

Sans doute, il faut l'action, le concours de ces êtres, pour qu'ils s'assimilent la matière qui développe et entretient ces éléments, laquelle provient, en principe, de la double action terrestre et solaire ; mais, en se refusant à admettre la réalité de cette matière, comment ne voit-on pas que c'est nier que la vie existe sur notre globe ? Les êtres animés, l'être humain, entre autres, auraient beau avoir un principe de vie, une aptitude intellectuelle, ou instinctive ou réceptive, et une énergie nutritive, que, sans alimentation matérielle, cet ensemble de forces serait insuffisant pour leur donner l'existence phénoménale. Il faut nécessairement des matières alimentaires pour développer ces forces, les renouveler, entretenir leur activité, et les faire durer un certain temps, ce qui suppose une action et des qualités dans les matières extérieures. L'être humain, en ce qui le concerne, ne les crée pas ces matières. Elles doivent exister hors de lui et indépendamment de lui. Il ne peut qu'agir sur elles, les transformer, les façonner, mélanger, et se les assimiler par conversion, car c'est d'elles qu'il est formé entièrement, à l'exception de son principe de v et du principe de sa forme, comme je le mon... e dans le chapitre suivant. Les deux choses sont donc, je le répète, absolument nécessaires, savoir : la partie corporelle, matérielle, et la partie idéale, intellectuelle. Ce sont ces deux choses qui, alimentées par la matière et soutenues par le principe vital, constituent, par leur action réciproque, la vie, telle qu'elle apparaît.

Un autre point de la même théorie est aussi, à certain égard, contestable. Suivant elle, aucun objet ne peut faire connaître la *nécessité* de sa synthèse avec d'autres. La synthèse est un élément qui n'est point donné par les objets. Le sujet pensant seul la produit. Il est de la nature de l'entendement de synthétiser.

Sans doute, ce n'est pas l'objet qui fait connaître directement au sujet la nécessité de sa synthèse avec d'autres ; mais ce peut être parfois la sensation qu'il cause et l'intuition qui en est la suite. Elle peut commencer, dans bien des cas, à mettre l'entendement sur la voie de la synthèse à faire. Quant à la synthèse elle-même, il est très probable que c'est en effet, l'entendement qui l'effectue, avec l'aide de l'imagination. Mais est-ce bien l'entendement seul qui juge de sa *nécessité*. Cela est douteux. Autre chose est de faire un acte, et autre chose de décider quand il y a lieu de le faire.

L'entendement juge-t-il seul de la nécessité des synthèses et les sensations ou intuitions n'ont-elles aucune part à sa décision? ou bien celles-ci y concourent-elles sous quelque rapport? Dans le premier cas, les objets ne seraient pour rien dans la synthèse, et par suite leur *connaissance serait seulement relative à notre manière de les apercevoir, de les synthétiser. Elle ne serait réelle que pour nous.* Dans le second cas, au contraire, les *intuitions* c'est-à-dire les objets *étant pour quelque chose dans la nécessité des synthèses, la connaissance des objets aurait une réalité absolue.*

On peut admettre, avec *Kant*, que toute connaissance repose sur une synthèse, que nous ne pouvons rien apercevoir dans un objet, autrement que par une réunion, sans même avoir préalablement opéré cette réunion. Mais il ne dépend pas toujours de l'entendement et de la volonté d'avoir telle ou telle intuition d'objets à réunir à telle autre. La nature de la sensation qui précède, qui produit l'intuition, peut nous déterminer, nous obliger même à la synthétiser. Si, par exemple, mon oreille est frappé d'un bruit d'un son, je ne puis, pour le définir, pour le connaître, le synthétiser avec une odeur ou une saveur dont je viendrais d'avoir la sensation. Je suis bien obligé de réunir son intuition à d'autres de même espèce, c'est-à-dire à d'autres sons. Sans cette réunion, je n'éprouve alors qu'une sensation indéfinissable. Je pourrais sans doute la synthétiser avec toute autre d'espèce différente, mais une pareille synthèse, sans homogénéité avec mon intuition d'un son, ne me donnerait pas la connaissance particulière de l'objet de celle-ci ; elle m'apprendrait seulement ou qu'elle n'a pas de rapport ou qu'elle n'en a que de très éloignés avec l'intuition à laquelle je l'aurais réunie.

Supposons encore qu'un sujet dont l'entendement est occupé d'une synthèse quelconque, reçoive tout-à-coup une grave blessure. Est-ce que son entendement ne laisserait pas la synthèse qui l'occupait, pour en former d'autres ayant trait, soit à la douleur que ressentirait le sujet, soit à la cause de la blessure et à ses conséquences. Cela me semble incontestable, et, dans ce cas, ce n'est pas l'entendement qui aurait jugé seul de la nécessité de faire ces nouvelles synthèses, mais bien plutôt la nature de la sensation que l'intuition lui aurait transmise.

Il n'est donc pas exact de dire qu'aucun objet ne fait connaître la nécessité de sa synthèse avec d'autres. Cela serait vrai si les synthèses avait toujours lieu sans intuitions, si l'entendement, en outre de sa fonction propre, était *intuitif*. Mais, ainsi que Kant le déclare lui-même, nous n'avons aucune idée de l'existence d'un entendement semblable, et puisqu'il faut parfois à notre entendement les sensations, c'est-à-dire les intuitions de la sensibilité, pour bases de ses synthèses, ces intuitions doivent, selon leur nature, contribuer comme l'entendement, à établir la nécessité de ces réunions, et il ne dépend pas toujours de celui-ci de juger de cette nécessité.

Il suit encore de là que les objets et leurs qualités sont bien réels; que les sensations qu'ils produisent sur nous, ainsi que les intuitions et les pensées qui les représentent, le sont également; que notre connaissance des objets et de leurs rapports n'est pas donnée par l'entendement seul; que les intuitions y contribuent pour une certaine part; et que, par conséquent, cette connaissance n'est pas seulement relative à nous, mais qu'elle est aussi réelle que les objets le sont eux-mêmes.

Il y a donc lieu d'admettre que la nature des intuitions peut, aussi bien que l'entendement, déterminer la nécessité des synthèses, nécessité qui par suite, tantôt s'impose à nous, tantôt part de nous, suivant que le sens est affecté ou par un objet extérieur, ou par l'imagination, c'est-à-dire par un acte intérieur du sujet pensant.

De tout cela, l'on doit conclure, relativement aux deux questions posées au commencement du présent chapitre :

1° Que les formes primitives des objets ou phénomènes, c'est-à-dire l'espace et le temps, existent réellement hors de nous et sont propres aux objets, comme à nous ; mais que les rapports, l'ordre, l'ensemble que nous y apercevons, sont le fait de nos facultés perceptives et comparatives ;

2° Que ces objets et leurs qualités existent bien aussi en dehors de nous, et ne sont pas seulement des intuitions et des pensées en nous; mais qu'ils sont absolument réels, en ce sens qu'ils ont divers ordres et degrés d'intensité, différents de l'intensité de la pensée.

Résumant le contenu de ce chapitre, nous trouvons :

1° Que la distinction de l'idéalité et de la réalité, c'est-à-dire de l'idée et de la matière, est fondée uniquement sur l'action, sur la vie, sur la différence d'intensité des deux parties principales dont est formé l'être humain, en outre de son principe vital, savoir : les facultés intellectuelles d'une part, et d'autre part les sens et le corps ;

2° Que les objets ou phénomènes ont, par le fait de leur existence, les formes de l'espace et du temps, indépendamment de notre manière de les percevoir ; mais que les rapports, l'ordre, l'ensemble que nous y apercevons sont le fait propre du sujet pensant ;

3° Que ces objets, ainsi que leurs qualités, ne sont pas seulement réels pour nous, mais existent bien réellement hors de nous, et ont par eux-mêmes des effets absolus, indépendamment de la forme de notre sensibilité, qui toutefois en est affectée selon le degré de son intensité ;

4° Que la cause de nos sensations provient par conséquent tant des qualités réelles des objets qui sont absolues par elles-mêmes, que de la manière dont les sens en sont affectés ;

5° Que les intuitions et les pensées qui les représentent, sont aussi réelles que les objets sur lesquels elles reposent, tout en n'étant produites que par des sensations, et les synthèses formées par l'imagination et l'entendement, seuls moyens de connaissance que le sujet pensant ait à sa disposition ;

6° Que la *nécessité* des synthèses d'intuitions que nous opérons pour avoir la connaissance des objets et de leurs qualités, est déterminée tantôt par l'imagination et l'entendement, tantôt par l'initiative de la sensibilité affectée par un objet extérieur ;

7° Enfin, que la nature, l'espèce des intuitions produites par une cause hors de nous, ou venant de nous, fournit, en général, le fond, la matière de ces synthèses auxquelles l'entendement donne la forme, c'est-à-dire l'unité d'où résulte la connaissance ou l'expérience.

CHAPITRE DEUXIÈME

DES ESPÈCES ORGANISÉES

Selon *Diderot,* la question la plus embarrassante pour la philosophie serait celle-ci : Pourquoi y a-t-il quelque chose? Cela est vrai, et revient à dire pourquoi n'y a-t-il pas rien, ou aucune chose; pourquoi pas le néant absolu? La seule réponse à faire au célèbre encyclopédiste est que, s'il y a quelque chose, c'est parce qu'il ne peut pas ne pas y avoir quelque chose, parce que le néant est impossible. Nous ne saurions le concevoir sans contradiction avec notre existence. Le pourquoi y a-t-il quelque chose n'est pas plus susceptible d'explication que la contradiction, que l'on ne peut que constater.

D'autres savants ont avancé que ce quelque chose, ce monde, cet univers aurait pu se former de mille autres manières, ce qui est faux.

C'est comme si l'on prétendait que les êtres organisés et, en particulier, l'être humain, auraient pu être formés d'autres manières. Le monde existe tel qu'il nous apparaît, parce qu'il ne pourrait exister et apparaître autrement, ou bien il faudrait que l'espace et le temps, les propriétés de la grandeur, c'est-à-dire que les lois de la dynamique, de la statique, de la mathématique fussent autres qu'elles sont ou fussent douteuses, ce qui est impossible.

Si tout, dans le monde, était immobile, on pourrait peut-être supposer qu'il aurait pu être formé d'une autre manière; mais quand tout y est mouvement, changement, quand tout y est dépendant, cette supposition n'a pas de fondement. Aucune chose n'est absolument la même le lendemain que la veille, par l'effet du temps qui ne laisse rien dans le même état, pas même un seul instant, tant court qu'on le suppose. Par l'action du temps, le monde est formé de plus de mille manières différentes mais *toujours conséquentes*.

Tout, en effet, dans le monde phénoménal, tend incessamment, on le sait, à changer de manière d'être. C'est une succession, une suite continue de changements dont les effets sont plus ou moins sensibles, selon la nature ou l'intensité des objets. Les êtres inorganiques y tendent par la décomposition, la désagrégation de leurs molécules, et les êtres organisés par leur reproduction, ainsi que par leur croissance et décroissance sous l'action des éléments terrestres, solaires et atmosphériques. L'apparente régularité des mouvements des sphères célestes ne serait même pas une objection contre cette loi du changement, car cette régularité est aussi mouvement, changement continuel.

L'esprit humain est lui-même mouvement et changement, sans cesse porté à la recherche du nouveau, du mieux, d'une nouvelle manière d'être ou d'agir, il lui est impossible de rester en repos. Le besoin d'alimentation matérielle le force à l'action, et par suite au changement de son état. Tout obéit à cette loi universelle du mouvement.

Et d'où vient le mouvement ? *Au commencement était l'action, pensait Goëthe ;* c'est dire qu'il la supposait être l'origine, la cause de toutes choses. Mais pourquoi y a-t-il action, mouvement ? D'où est venue l'impulsion première et persistante ; car toute action a un commencement, une cause ?

Cette question n'est pas moins embarrassante que celle de savoir pourquoi il y a quelque chose. Aussi, ne peut-on y faire que la même réponse. Le mouvement, de même que le monde, existe parce qu'il ne peut pas ne pas exister. Du moment qu'il y a quelque chose, ce quelque chose ne peut pas rester en repos; autrement, il ne serait rien. C'est le mouvement dont la cause sera toujours ignorée, qui, avec la substance, constituent la vie et font apparaître toutes choses. Il est aussi nécessaire que ce quelque chose, c'est-à-dire que le monde phénoménal.

Il s'est trouvé des philosophes qui ont cherché à apprécier les choses et leurs causes, en dehors de notre manière d'apercevoir, et qui, par là, sont arrivés à tout mettre en doute. Une telle manière de procéder ne saurait être admissible. Nous sommes obligés de considérer les objets tels que nos facultés perceptives et intellectuelles nous les font percevoir et connaître. Il n'est d'ailleurs d'aucune utilité de rechercher s'ils ne seraient pas autres qu'ils apparaissent. Une philosophie qui parviendrait à le prouver, n'en serait pas moins inutile, puisqu'elle resterait forcément sans application. On peut adresser une observation, dans ce sens, à ceux qui prétendent que le principe : *Tout dans la nature a son but, rien n'est inutile,* n'est que *subjectif,* c'est-à-dire n'est qu'une règle du jugement réfléchissant, laquelle ne permet pas de décider que les choses que nous jugeons d'après elle, soient réellement des buts de la nature. Il est possible que le jugement téléologique, ou de la conformité du but, n'ait son fondement qu'en nous-mêmes. Mais puisque nous n'avons pas la possibilité d'en juger autrement, ni de nous abstenir, sans renoncer à toute idée d'objets de la nature ayant un but, on est bien fondé à regarder comme certain que tout a un but, et qu'aucune chose n'existe et ne peut exister inutilement, autrement dit être indépendante, isolée, sans aucun rapport avec autre chose. Un objet, dans cet état, devrait être absolument *simple*, et ne pourrait pas même se servir à lui-même ; car, pour cela, il faut un être composé, dont une partie sert à l'autre réciproquement, dans lequel toutes les parties servent à l'ensemble, et l'ensemble à ses parties. En un mot, cette chose simple, cet objet inutile, ne serait rien, n'aurait pas du moins l'existence telle qu'il nous est donné de la comprendre. La supposition d'un être semblable est contradictoire avec l'existence même.

On est obligé d'admettre comme un principe vrai, comme une vérité absolue, que rien dans la nature n'existe inutilement, et, par suite, que tout objet est ou actif ou passif, doit servir, avoir rapport à quelqu'autre, doit avoir quelque chose pour objectif ou être l'objectif de quelqu'autre chose. Il suit encore delà que rien de ce qui existe ne peut être anéanti entièrement. Je n'entends pas dire par là que tout a un but intentionnel, ce que nous ignorons, bien que cela soit probable, mais que tout est effet de causes quelconques et que tout effet est ou devient cause à son tour.

Soit qu'avec le dogmatisme, on regarde le monde comme un tout fini; soit qu'avec l'empirisme on le considère comme infini, toutes ses parties présentes ou à venir doivent être liées ensemble, dépendre plus ou moins les unes des autres; et du moment qu'il y a dépendance réciproque, il y a condition pour chaque existence, cause et effet, effet et cause.

Que serait, par exemple, le globe terrestre sans le soleil, sans rapport avec aucune autre sphère? Il ne pourrait exister, ou du moins être ce qu'il est; et que serait le soleil sans les planètes? absolument rien de ce qu'il nous apparaît. Ces corps sont non-seulement en rapport entre eux; mais leur action doit, à certain égard, être réciproque. Il est impossible qu'un phénomène quelconque agisse *continuellement* sur un autre, sans recevoir un équivalent de sa dépense d'action. Pour que l'action soit continue, il faut qu'il y ait réaction sous quelque rapport. S'il en est ainsi de l'ensemble des existences, il doit en être de même de leurs parties. Tous les phénomènes, depuis les plus grandes masses jusqu'aux plus petites doivent être soumis à ces conditions. Tous dépendent plus ou moins les uns des autres.

On doit regarder comme au moins présumable que les planètes sont aussi nécessaires à l'astre solaire que cet astre leur est à elles-mêmes nécessaire. L'existence de ces sphères doit être subordonnée à la condition d'une certaine action réciproque. Tout ce qui existe à leur surface ne peut être que des effets de cette action, effets qui sont comme la représentation, la reproduction des qualités ou propriétés de chacune de ces sphères. Toutes les espèces d'êtres organisés, notamment, tiennent leur existence phénoménale de la combinaison active de ces éléments, à l'exception de leurs principes.

On peut admettre, ainsi que l'a supposé *Fontenelle*, la possibilité que les planètes soient habitées. Dans ce cas, il doit s'y trouver, comme sur le globe terrestre, les trois règnes : minéral, végétal et animal ; car les éléments solaires ayant nécessairement, pour elles, des qualités de même nature que pour notre globe, les effets qu'y produit leur action, ne doivent pas différer sensiblement de ceux qu'elle produit sur notre terre. Ces effets peuvent seulement avoir des proportions ou plus faibles ou plus fortes, selon la distance de ces planètes à l'astre solaire, et le plus ou moins de rapidité de leur évolution autour de cet astre. Là où il peut encore y avoir une différence, c'est dans la composition de leur matière minérale. Rien n'autorise à penser qu'elle soit en tout semblable à celle de notre planète terrestre, et, si elle en diffère, la différence doit avoir des conséquences pour les êtres des règnes végétal et animal. Il peut y avoir des classes entières de végétaux et d'animaux, qui n'ont jamais paru sur notre globe : A part ces différences, il est à croire que tout s'y passe comme sur cette terre, ou du moins que les principes, le caractère fondamental et le développement des espèces organisées, y sont les mêmes.

On ne saurait en dire autant des sphères comprises dans les autres systèmes solaires et planétaires, que l'on suppose pouvoir aussi exister. Ici, toute conjecture est impossible. Ces autres systèmes ont-ils de l'influence sur le nôtre ? C'est probable, car rien dans le monde n'est absolument isolé, indépendant. Mais en quoi consiste cette influence ? c'est ce que nul ne saurait dire. La lumière y est-elle plus vive, plus éclatante que celle dont nous jouissons ?

S'y trouvent-ils des fluides autres que ceux dont nous ressentons les effets (aëriforme, électrique, magnétique)? ou ces fluides y ont-ils une force, une action plus grande ou moindre? A toutes ces questions on ne peut répondre que par le silence. Une seule réflexion me semble permise. Ces autres systèmes sont-ils de tous points semblables au nôtre? N'en sont-ils à tous égards, que l'exacte reproduction? Si cela est, on se demande à quoi bon cette suite de répétition des mêmes formes, fonctionnant de la même manière? On n'en aperçoit pas la raison, l'utilité. Ou bien y a-t-il entre tous ces systèmes une gradation, une progression continue, allant du plus simple au plus complexe, de l'imparfait au moins imparfait? Dans ce cas, on conçoit qu'il doit y avoir une raison à cette multiplicité de systèmes. Une telle progression concorde avec celle que présentent les espèces organisées et même la structure de notre globe. L'état de choses général ou plutôt universel se trouve être conséquent, et tendre vers un but, nonobstant la variété infinie de ses parties. L'esprit est disposé à admettre une semblable supposition qui le satisfait.

Il est dès lors permis de supposer que la vie commence par un point imperceptible et se continue en progressant jusqu'à animer des mondes multipliés à l'infini, et en tout semblables au premier point, mais avec une perfection croissante et de plus en plus sensible, de forme et de qualité.

Parmi les spectacles si variés que nous offre la nature terrestre, il n'en est peut-être pas de plus admirable et de plus difficile à expliquer que le phénomène, pourtant si commun, de la végétation. En voyant, dans toute plante, une partie s'enfoncer dans le sol, sous forme de racine, une autre partie s'élever, au contraire, vers le ciel, et enfin une troisième partie intermédiaire rester constamment près de la surface terrestre, tout en prenant sa part de l'accroissement que reçoit toute la plante, on se demande comment il se fait qu'un même sujet puisse se fractionner ainsi en deux parts prenant des directions opposées l'une à l'autre, sans rompre l'unité de ce sujet? Quelle est la force, quel est le lien qui maintient l'union intime de ces parties, malgré la double attraction en sens opposés dont elles sont l'objet? Est-ce une vertu, une force inhérente à la nature végétale? ou serait-ce un effet ou une conséquence de la force centripète du globe solaire et de la force centrifuge de la terre? On ne saurait l'affirmer. On sait que la sève a un double courant, ascendant et descendant;

mais ces mouvements suffisent-ils à expliquer l'union de ces parties, à empêcher leur séparation ? C'est peu probable. On sait aussi que deux forces, réunies dans un seul corps, et agissant en sens opposés, se détruisent entièrement. Il y a bien, dans le fait de la végétation de la plante, une double force paraissant agir de cette manière ; mais s'il n'y avait que ces seules forces, et qu'elles se détruisissent, toute végétation serait impossible. Il faudrait, dans ce cas, supposer ou que ces forces sont contrebalancées par d'autres, ou qu'elles se renouvellent sans cesse, à mesure de leur annulation, et que l'entretien de la vie de la plante, son développement, la végétation, en un mot, serait le produit de ce renouvellement incessant. Enfin, il y a peut-être là un phénomène d'électricité, qu'il serait, dans ce cas, bien difficile, sinon impossible de déterminer, tant son action est mystérieuse.

Quoiqu'il en soit de la vraie cause de ce fait, cause qui sera probablement toujours ignorée, ce qui ne paraît pas douteux, c'est que le développement d'aucun être du *règne végétal* ne s'opère dans d'autres conditions, et, en outre, qu'aucun de ces êtres n'a, dans toutes ses parties, le même degré d'intensité. Tous, par l'effet de l'expansion de leur principe ou base, apparaissent formés de trois parties principales, distinctes d'intensité et de formes, à savoir :

1° Le collet ou nœud vital, qui semble être le principe de la forme, le point de départ du développement ou accroissement de la plante ;

2° La racine, avec ses radicelles, qui plongent dans le sol ;

3° Le tronc ou la tige, avec ou sans ramifications, s'élevant vers le ciel.

D'où proviennent ces différences ?

Seraient-elles dues uniquement à une diversité analogue des actions qu'exercent sur les germes de ces êtres, en les développant, les éléments terrestres, solaires et atmosphériques, et par l'effet de laquelle une de leurs parties (la racine) participerait plus de la nature terrestre, l'autre (la tige), plus de la nature solaire, la partie intermédiaire (le nœud vital) participant à la fois de l'une et de l'autre ? Il serait peut-être téméraire de l'affirmer. Toutefois, cela semble d'autant plus probable que le développement de toute plante est plus ou moins soumis à l'action de ces éléments, action qui est d'ailleurs la seule condition nécessaire pour l'opérer.

Ce qui vient encore à l'appui de cette opinion, c'est que le développement du germe *animal* offre, sous ce rapport, une certaine analogie avec celui de la plante. Il n'y a, entre eux, qu'une différence consistant en ce que, dans l'animal, les trois parties principales obéissent, en se développant, aux actions terrestre et solaire, en sens inverse des végétaux. La partie de la plante qui s'enfonce dans le sol, et celle qui reste à la surface tendent, dans l'animal, à s'élever plus ou moins vers le ciel, tandis que la troisième partie, au lieu de s'élever au-dessus du sol, comme la tige du végétal, reste et se meut à la surface.

En effet, et comme je le développe plus loin, les êtres du règne *animal* présentent, dans leur structure, en dehors de la substance ou principe vital, universel, trois formes ou parties principales, savoir :

1° Le cerveau, ou centre plus ou moins nerveux, qui, comme le nœud vital, dans la plante, est le principe (matériel et idéal) et le point de départ du développement des deux autres parties de l'animal ;

2° La face (les maxillaires) encadrant les principaux sens ; ces derniers étant pour l'animal ce que la racine et ses radicelles sont pour le végétal, avec cette différence qu'ils sont plus ou moins élevés au-dessus du sol au lieu de s'y enfoncer ;

3° Le corps, qui est à l'animal ce que la tige

est à la plante, et qui comprend notamment les divers appareils respiratoire, digestif, circulatoire etc., ceux-ci fonctionnant en quelque sorte mécaniquement comme végète la tige ou le corps de la plante.

Le tout variant de formes et d'intensité, selon les espèces dont plusieurs n'ont que des parties de cet organisme, et rampant ou s'appuyant sur le sol ou s'en éloignant plus ou moins.

Ainsi, de même que le collet ou nœud vital paraît être la base, le point de départ du développement de la racine et de la tige de la plante, de même le cerveau ou centre nerveux serait la base, le point de départ du développement de la face et du corps de l'animal.

Dans les *végétaux*, le nœud vital est généralement situé entre la racine d'un côté, et de l'autre la tige. Sa situation est plus variable *dans les animaux*. Chez les espèces infimies, tenant une sorte de milieu entre le règne végétal et le règne animal, il paraît être d'autant plus près du centre du corps que l'animal se rapproche davantage de la nature de la plante. Dans les classes plus élevées, le centre nerveux tend, de plus en plus, à occuper l'extrémité supérieure de l'organisme, et il domine, d'autant plus, la face que l'espèce est plus intelligente. Il ne laisse pas, pour cela, de remplir dans l'animal, entre la face et le corps, un rôle intermédiaire, analogue à celui que le nœud vital remplit entre la racine et la tige de la plante.

D'un autre côté, il est à remarquer que la nutrition de toutes les espèces organisées, s'opère, au moyen des mêmes matières, à l'état brut pour les unes, et plus ou moins transformées ou converties pour les autres.

En effet, la vie des végétaux est, comme l'on sait, entretenue par les effets que produisent sur eux les actions combinées des éléments terrestres, solaires et atmosphériques.

Les animaux, autres que l'homme, se nourrissent les uns de végétaux, les autres de la chair d'autres animaux.

Et l'homme se nourrit des végétaux et céréales qu'il trouve ou fait produire, ainsi que de la chair des animaux dont il s'empare ou qu'il élève à cette fin, après avoir fait subir à tous ces produits diverses préparations.

De telle sorte que la nutrition des diverses espèces organisées a pour première et unique base les effets de l'action des éléments solo-terrestres et atmosphériques.

D'où il y a lieu d'induire :

1° Que la vie de tous les êtres organisés est

entretenue par les mêmes moyens ; que la seule différence consiste dans les conversions plus ou moins multipliées et variées que subit la matière de leur alimentation, matières dont les bases premières sont les mêmes pour tous ;

2° Que, par suite, ces êtres n'ont d'autres qualités que les qualités mêmes ou propriétés de cette matière, et qu'ils en sont formés entièrement, à l'exception de leur principe vital et du principe de leur organisme ;

3° Enfin, que la vie de chaque être organisé est comme le reflet ou l'image des lois qui régissent l'action qu'exercent entre elles les sphères terrestre et solaire, sous l'influence desquelles ces êtres sont placées, et qu'il n'y a, entre eux, que des différences de formes et d'intensité, qui ne peuvent provenir que de celles du principe de leur organisme.

D'après ce qui précède, le caractère fondamental du principe de l'organisme animé serait d'apparaître sous trois formes principales, c'est-à-dire de s'exprimer, de se manifester par trois termes ou facteurs.

Quelques philosophes ont considéré que la plante est résumé dans la graine qui, dans son développement, donne lieu aux trois facteurs : *Racine*, *tronc* et *fruit* ; mais le tronc n'a pas pour base immédiate la racine. Il en est séparé par le nœud vital, qui les unit l'un à l'autre ; et quant au fruit, il n'est pas un des caractères constitutifs de la plante ; le fruit n'est que l'effet résultant de l'application de la faculté de reproduction que possède cette plante. Les trois facteurs principaux constituant l'organisme, sont donc plutôt, je le répète, ceux-ci, savoir :

1° Le cerveau ou centre nerveux, pour l'animal, et le collet ou nœud vital, pour la plante ;

2° La face, avec les sens, autres que le toucher, pour l'animal, et la racine, avec ses radicelles, pour la plante ;

3° Le corps, proprement dit, pour l'animal, et la tige ou tronc pour la plante.

Le premier de ces termes ou facteurs (le cerveau ou le nœud vital), apparaît tout d'abord dans le développement de l'être organisé et doit être la source des deux autres. Autrement dit, le second et le troisième termes dérivent, procèdent du premier, en sont comme l'expansion le développement, ou mieux le détriplement, si l'on peut dire ainsi.

De telle sorte, qu'à l'origine, il y a *trois* dans *un* ; puis, par *l'action*, par l'extension ou développement du principe organique : *un* dans *trois*.

Il faut dès lors que cet *un* soit une sorte de *trinité* ou triple principe, susceptible d'être développé en trois parties distinctes, bien que restant toujours homogènes.

En effet, dans l'animal, le rôle du premier facteur (le cerveau) est idéalisation, unification, conception, impulsion ;

Le rôle du second (les sens) est aspiration, sensation, intuition ;

Et le rôle du troisième (le corps) est absorption, conversion, assimilation ou nutrition ;

Toutes qualités ou fonctions qui diffèrent, entre elles, par la forme et le mode d'action, mais, au fond, sont absolument identiques, les matières nutritives des sujets ayant, comme je viens de le dire, les mêmes bases primitives, et ceux-ci en étant formés entièrement, à part leurs principes.

Dans la plante, les trois facteurs doivent avoir des fonctions analogues, et ayant entre elles la même homogénéité que celles des parties correspondantes de l'animal ; mais ces facteurs y étant reliés plus étroitement, et comme fondus ensemble, il serait difficile de déterminer sûrement, pour chacun d'eux, le rôle spécial qu'il remplit, à moins de le leur assigner, par analogie avec l'être humain, comme j'ai essayé de le faire, ainsi qu'on le verra dans le cours de ce chapitre.

On est porté naturellement à se demander

pourquoi ce qui est *un* devient *trois* par l'action, plutôt que *deux* ou *quatre*. Cette question est encore une de celles qu'il ne nous est pas donné de résoudre. On peut seulement observer que toute action comporte trois conditions ou facteurs, savoir :

1° Le sujet ou substantif, l'être agissant, la cause, le moteur ;

2° Le verbe, c'est-à-dire l'action elle-même ;

3° Le régime, l'objectif, ce qui est affecté, modifié, gouverné par le sujet.

Toute action renferme en elle-même ces trois termes, faut-il n'y voir qu'une des manières d'être de la substance des choses ? Qui pourrait le dire ?

Ces trois conditions, constitutives de l'action, s'expliqueraient-t-elles comme étant la conséquence de l'action des éléments solaire, terrestre et atmosphérique ? Ce ne serait pas absolument invraisemblable. En effet, le soleil est bien le sujet actif, le moteur ; l'atmosphère est l'action elle-même, car, si c'est le soleil qui agit, c'est l'atmosphère qui transmet, qui produit l'action ; c'est par son intermédiaire que cet astre est en relation avec la terre. Enfin, la terre serait le régime, l'objectif. Sans le soleil, la terre serait glacée, inerte, sans mouvement. Sans la terre, le soleil serait sans action (il n'en recevrait que des autres planètes) ou bien il agirait dans le vide ou plutôt ils n'existeraient ni l'un ni l'autre, et il n'y aurait pas d'atmosphère. Tous trois ensemble sont nécessaires pour l'action, et c'est l'action qui les fait apparaître.

Mais, quelle que soit la valeur de cette explication, et de toute autre qu'on voudrait donner, elle ne peut rien nous apprendre. Elle nous laisse dans l'ignorance de la cause qui a commencé et continue l'action. On a beau remarquer des analogies, des similitudes, découvrir même des causes secondaires, cela n'avance guères la solution du problème de la cause primitive et persistante. Elle reste toujours le grand inconnu. Il faut donc se borner à constater les vrais rapports des phénomènes, entre eux et avec nous. S'ils ne font pas connaître la nature de la cause, ils peuvent du moins nous faire pressentir le fait de son existence, et peut-être mettre celle-ci hors de doute.

Bien que les diverses espèces d'êtres organisés offrent, comme je l'ai dit, des différences de formes et de qualités, il paraît cependant que leurs ovules (principe ou commencement de l'embryon), ont d'abord la même structure et la même substance. Tout ovule ne présenterait point de différence dans sa composition qui serait identique, tant que son développement n'a pas commencé à s'opérer. On assure, en effet, que la science expérimentale a constaté que tous les œufs ou ovules se ressemblent à l'origine, et qu'on ne peut apercevoir, dans leur configuration, trace des différences qui plus tard seulement se trouve visibles (1). En ce qui regarde particulièrement l'être humain, l'illustre *Bichat* avait déjà observé et mentionné dans ses ouvrages sur l'anatomie, qu'on ne pouvait apercevoir dans un fœtus qu'une *tête ;* ce qui donne lieu de penser qu'avant d'arriver à cet état, la matière des ovules est de tout point identique. J'ajoute qu'il ne peut en être autrement, d'après ce que je viens de dire des causes du développement du principe des êtres organisés. Il est évident, en effet, que puisque ce développement est produit par l'action, plus ou moins directe, des éléments terrestres, solaires et atmosphériques, il ne peut paraître en aucune façon dans l'ovule tant que celui-ci n'a pas commencé à être soumis à l'action de ces éléments. Si tout d'abord cet ovule était déjà en voie de se développer en dehors de cette action, il s'ensuivrait que son développement

---

(1) Voir l'ouvrage de M. Fernand Papillon : *La nature et la vie*, page 27.

serait dû à une autre cause qui rendrait inutile celle que j'ai énoncée, et qui est admise sans conteste, ou ferait avec celle-ci une sorte de double emploi ; ce qui est inadmissible.

Les différences que l'ovule présente plus tard dans sa structure et sa substance, proviendraient donc de l'action plus ou moins directe et intense, plus ou moins prolongée, qui opère son développement, c'est-à-dire des actions combinées des éléments terrestres et solaires. Nous verrons plus loin que cette action ne peut même s'exercer tout de suite directement, et que, dans le plus grand nombre des cas, pour ne pas dire dans tous, l'ovule ne peut d'abord la recevoir utilement, sans un intermédiaire. Je me propose d'examiner auparavant une autre question qui est celle-ci :

L'action des éléments terrestres et solaires (ce qui comprend toujours celle de l'atmosphère) a-t-elle un autre effet qu'un développement, une extension, une aggrégation de molécules ? a-t-elle le pouvoir de *créer*, de *communiquer la vie à la matière*, sans un principe préexistant dans cette matière ? Les ovules qu'ils développent n'ont-ils pas d'autre origine que l'action de ces éléments?

Il n'est pas possible de l'admettre.

A supposer que ces éléments aient la puissance de communiquer la vie, il leur faudrait au moins pour cela une matière condensée, préparée, définie, sur laquelle ils pûssent l'exercer, car s'ils pouvaient, sans cette condition, donner le principe vital, la vie apparaîtrait partout, et il ne devrait plus y avoir de matière inorganique. Tout serait organisé ; ce qui est contredit par les faits. La condition d'une matière circonscrite, condensée, d'une ovule, en un mot, est donc nécessaire. Mais cet ovule qui est soumis indirectement d'abord à leur action, a déjà en lui le principe vital, et n'a nul besoin qu'on le lui transmette. D'ailleurs, ce qui prouve l'impuissance de ces éléments à créer quoi que ce soit, c'est que lorsque des œufs ou ovules ont perdu leur principe de vie, ils ne peuvent les développer ; à plus forte raison n'ont-ils pas la puissance d'en créer.

Les végétaux que l'on voit actuellement, sont bien le produit de la double action terrestre et solaire ; car c'est à cette action que leurs ovules doivent d'avoir pu fleurir, se développer, fructifier et devenir germes capables de donner ultérieurement des produits de leur espèce, après avoir traversé les mêmes phases. Ce ne sont là toutefois que des ovules et des germes secondaires, succédant à d'autres qui les ont précédés ; et ceux-ci à d'autres encore. Mais en remontant ainsi, il faut bien arriver enfin à une première cause, à un premier principe. De même, les animaux existants sont bien le produit de l'action de ces mêmes éléments ; mais si l'animal ne produisait pas d'ovule, l'action solo-terrestre n'aurait rien à développer. Si cet ovule n'était pas nécessaire, pourquoi ne verrait-on pas des animaux de toutes formes apparaître sans cette condition ? Or, c'est là ce qu'on ne voit nulle part. Partout le développement soit végétal, soit animal, ne se fait qu'au moyen d'ovules c'est-à-dire par voie de génération.

D'où vient donc ce premier principe des ovules ou des êtres organisés puisqu'il ne provient pas de la nature, et comment s'est-il formé ?

Autant vaut se demander d'où vient la matière, d'où viennent la terre, le soleil, tous les astres, le monde entier ! A ces questions, la science répond que tout a été formé par l'attraction et par des agglomérations d'atômes. C'est déjà un commencement d'explication ; mais on demande ensuite d'où viennent les atômes ? Comment se sont-ils constitués ? Est-ce d'eux-mêmes ? On répond à cela que les atômes sont de la force en mouvement ; que la force se conçoit, mais ne s'imagine point ; qu'elle est une énergie analogue à la volonté, à l'âme, avec laquelle on peut seulement la comparer ; que le mouvement peut servir à mesurer, non à expliquer la force ; que la matière est tout à la fois force et forme ; que la force n'est que de la forme indéfinie, diffuse, et que la forme n'est que de la force circonscrite, condensée, etc. Quand, en dernière synthèse, on est obligé de s'arrêter à ces résultats de la science, on en vient à reconnaître la nécessité d'une cause intelligente, ordonnatrice de la force atomique et de ses mouvements. (1)

Ainsi, on est toujours amené à cette conclusion qu'il y a, au fond des choses, une cause inexplicable, un moteur d'une nature ou essence incompréhensible, à la puissance duquel il faut bien attribuer l'ordre de choses qui existe et par conséquent l'origine de toute organisation.

Puisque la science est, et sera peut-être toujours, impuissante à nous dire comment se sont formés les premiers ovules d'où les espèces organisées sont sorties, et pourquoi ces espèces ont le pouvoir de se reproduire et se conserver sans mélange, il faut reconnaître que leur origine première est due à cette même cause suprême qui a créé toutes les sphères

---

(1) Voir l'ouvrage déjà cité de M. Papillon.

terrestres et célestes, aux mêmes lois d'après lesquelles toutes choses ont été ordonnées. Il est difficile d'admettre que les espèces animées aient été formées par la seule action de la matière successivement transformée, et que leurs différentes formes proviennent de la différence suivant les liens, des propriétés du sol et du ciel, comme le suppose le *Darwinisme*. Ces propriétés n'ont que le pouvoir de développer, d'amplifier plus ou moins ; elles n'ont pas le pouvoir de créer. Le principe vital, la substance, ne provient pas d'elles, est au-dessus d'elles. La manière d'exister et de se reproduire des espèces soit végétales, soit animales, démontre l'impossibilité que des ovules aient pu se former spontanément sous la seule influence des éléments terrestres et solaires; et, sans ovules, il n'y a pas de développement organique possible. Lors même que l'on admettrait qu'au commencement, ces éléments ont eu plus de force d'action qu'aujourd'hui, cette plus grande force n'aurait pu être de nature différente, mais seulement aurait offert dans ses effets d'autres proportions, ce qui n'autoriserait pas à penser qu'elle avait alors une puissance créatrice.

J'ai déjà montré qu'à l'exception de la forme et de l'intensité, il existe une certaine analogie ou plutôt une similitude dans les principales conditions de structure des espèces organisées. On va voir qu'il y a également similitude soit dans les principales phases du développement de leur organisme, soit dans la manière dont cet organisme fonctionne pour entretenir leur existence et la propager. Cet exposé achèvera de démontrer que l'action de la nature seule n'a pas la puissance de créer des êtres animés, et qu'elle se borne à développer et continuer les forces contenues dans les espèces existantes.

Examinons d'abord comment se fait leur développement et leur reproduction.

Dans le règne *végétal* chaque plante produit des ovules de son espèce. L'ovule doit rester attaché à cette plante qui le nourrit jusqu'à ce qu'il ait parcouru successivement les phases de la floraison, de l'embryon, du noyau du fruit, de l'accroissement de ce fruit, enfin de sa maturité et de son détachement de la plante, sa mère, à l'état de fruit parfait ou nouveau germe de son espèce. Cette série de développements est effectuée par les éléments terrestres et atmosphériques agissant sur l'ovule, mais toujours par l'intermédiaire de la plante, sa mère.

Ce nouveau germe, tant qu'il est isolé de l'action de ces éléments, reste *inerte*, paraissant *inanimé*. Son contact avec ces éléments détermine sa *germination*, ou premier temps de croissance. C'est alors seulement qu'il devient triple par l'effet de son développement. La racine et la tige commencent à se séparer du nœud vital, et tendent à se développer en sens opposés, paraissant obéir : la première à l'action terrestre, l'autre à l'action solaire, lesquelles causent ce développement.

Il suit delà que c'est uniquement l'action du sol et du ciel qui met en activité les forces contenues dans le germe, comme c'est cette même action qui l'a fait naître d'une plante de son espèce, et non pas le germe lui-même, puisqu'il reste inerte tant qu'il est soustrait à cette double action. C'est donc la seule action solo-terrestre atmosphérique qui rend sensible la vie du germe, en mettant en mouvement et développant le principe qui est en lui.

Mais, après sa germination, ce germe concourt-il lui-même à sa vie, au lieu de continuer à recevoir ce qui l'entretient et la fait apparaître ? Est-ce une création, une organisation qu'opérerait l'action solo-terrestre ? N'est-ce pas plutôt une extension ou croissance qu'elle cause uniquement, et qui suppose une base, un principe préexistant dans le germe, à l'état latent, caché, principe auquel elle ne ferait qu'ajouter successivement certaines matières ayant la propriété de développer son aptitude nutritive ou réceptive naturelle ?

Cette dernière supposition semble la plus vraisemblable. Il ne doit y avoir là qu'un accroissement de l'aptitude du sujet à être développé, et non pas à se développer lui-même ; car cette aptitude, loin d'augmenter, diminue, au contraire, quand le sujet végétal se trouve placé dans des conditions défavorables d'alimentation.

Je reviendrai plus loin sur cette question.

Il y a ainsi, pour la *plante*, trois phases principales, savoir :

1° Production de l'ovule par une plante de son espèce, et par des causes extérieures à l'action desquelles il ne concourt en aucune façon ; nutrition de l'ovule par son auteur jusqu'à sa maturité et à son détachement à l'état de germe ;

2° Germination due à l'action solo-terrestre atmosphérique, plus ou moins *indirecte* ;

3° Développement ou croissance dû tant à la même action, alors *directe* qu'à l'aptitude réceptive du sujet.

Les êtres du règne *animal*, et en particulier, l'être humain, suivent dans leur reproduction et leur développement, une marche analogue à celle des végétaux, et par les mêmes causes.

Ici, le double principe du germe, je veux dire de l'ovule (car le germe pour les animaux, c'est le produit venant de naître), n'est pas réuni dans un même être, comme dans la plupart des plantes. Il est divisé et réparti entre deux individualités. A l'exception de quelques espèces formant une sorte de transition du règne végétal au règne animal, les deux sexes sont séparés, et offrent entre eux quelque différence partielle de formes. Il faut pour qu'ils se reproduisent qu'un couple de sexe différent s'unisse et qu'il résulte de leur union un produit, la conception de quelque chose, émané de leur être. C'est là ce qu'on nomme *l'ovule,* soit ce qui précède *l'embryon,* commencement qui me semble correspondre assez exactement à la fleur fécondée de la plante. Puis, de même qu'il faut que cette fleur reste attachée à la plante qui la porte et la nourrit jusqu'à ce qu'elle soit devenue fruit, c'est-à-dire germe, de même aussi il est nécessaire, du moins généralement, chez les espèces animales, que l'objet de la conception reste, pendant un temps plus ou moins long, inhérent ou adhérent à l'un de ses auteurs (la mère), avant d'arriver à l'état de germe. Ce temps expiré, c'est alors que s'opère la *naissance,* le *détachement* du germe du nouvel être, de même que s'effectuent dans le végétal, la *maturité* et la *chûte du fruit* renfermant le ou les nouveaux germes. Les espèces animales infimes ne feraient même exception à cette loi qu'en apparence. Le développement des ovules de ces espèces commence soit avec l'attache plus ou moins intime de la mère, soit sous l'action très-indirecte de la nature dont ils sont, comme le végétal, très rapprochés, action qu'ils n'auraient pas, tout d'abord, la force de supporter directement, et contre laquelle ils doivent être abrités d'une manière ou d'une autre.

J'ai dit que le germe *végétal*, isolé de l'action des éléments terrestres et solaires reste inerte, et que son développement a un besoin absolu de cette action qui d'abord doit être *indirecte*. Le premier temps de croissance du germe *animal* ne peut non plus se faire sans l'action des mêmes éléments; mais pour lui cette action doit être *plus indirecte encore*. Il lui faut un intermédiaire, c'est-à-dire qu'il ne peut la recevoir que par l'entremise ou l'aide de sa mère, qui fait alors le même office que l'élément terrestre pour le germe végétal.

Dans le règne végétal, le germe met, comme l'on sait, un temps très variable à traverser la phase de la germination. Pour les uns, l'opération commence presque aussitôt qu'il est en contact avec le sol. Pour les autres, elle se fait plus ou moins lentement.

Dans le règne *animal*, la durée de la *germination* ne varie pas moins selon les espèces. Elle consiste dans ce fait que la mère doit nourrir le germe pendant plus ou moins de temps, comme si elle le portait encore en elle, mais d'une autre façon. Pour l'être humain et d'autres espèces, cette sorte de germination dure tout le temps de l'allaitement, et même bien au delà. Pour d'autres espèces, elle consiste seulement dans l'indication, par la mère, des aliments propres à nourrir et faire développer le germe vivant, lequel peut tout de suite se les assimiler seul. Enfin, dans certaines espèces infimes, le développement du germe tarde peu à être abandonné aux soins de la nature. Nonobstant ces procédés différents (et l'on ne saurait les mentionner tous) il est à remarquer qu'en général le passage du nouvel être de l'état de germe à celui d'animal vivant, et se sentant vivre, ne se fait pas subitement, mais plus ou moins lentement selon les espèces. On voit, du reste, que c'est une opération analogue à la germination du germe végétal. Bref, il se fait là comme une préparation à la vie extérieure et comme une sorte d'apprentissage des moyens de l'entretenir.

On vient de voir que la germination de la semence végétale a pour effet de développer cette semence ou germe en trois parties distinctes : le nœud vital, la racine et la tige ou le corps de la plante. Un effet semblable se produit dans celle du germe animal. Elle donne lieu à la distinction qui apparaît alors entre la nature corporelle, et les parties sensorielles et intellectuelle ou instinctive de son être. Jusques-là, elles ne sont guère distinctes que matériellement. C'est à mesure que s'opère la germination qu'elles acquièrent par le fonctionnement, leur signification propre. Le corps, les sens et le cerveau commencent à agir spontanément, suivant la marche de la germination. C'est donc ce premier temps de croissance qui permet de reconnaître à ces trois parties des fonctions différentes, de même que la germination fait apparaître dans la plante : la tige, la racine et le nœud vital.

J'ai dit qu'après la phase de la germination, le germe végétal continue *à recevoir* ce qui entretient sa vie et le fait développer. A l'exception des espèces infimes, se rapprochant de la nature de la plante, il n'en est pas ainsi de l'animal, lequel est généralement doué d'instinct et de la faculté de locomotion. Ce dernier, au lieu de continuer à recevoir les matières de sa nutrition, se les procure lui-même par son activité propre. Du reste, c'est toujours la nature qui les lui fournit, comme à la plante, après, toutefois, leur transformation, conversion ou préparation, suivant l'instinct ou l'intelligence des espèces.

Il y a donc aussi, pour les animaux, trois principales phases d'existence analogues et même semblables à celles que parcourent les végétaux, savoir :

1° *Transmission et conception du principe* de l'ovule, acte auquel le produit n'a qu'une part *passive* ; nutrition ou développement, plus ou moins lent, de cet ovule par l'un de ses auteurs (la mère) auquel il reste inhérent ou adhérent jusqu'à son détachement à l'état de germe ;

2° *Germination* ou premier temps de croissance de ce germe, due à la mère, qui pourvoit à sa nutrition et le fait développer ;

3° Continuation pendant plus ou moins de temps, selon les espèces, du soin de développer le nouvel être jusqu'au moment où, sorti de la phase de la germination, il peut lui-même se nourrir et croître sous l'action directe des éléments terrestres et solaires, et par les substances plus ou moins transformées qu'elle fait produire.

On voit par ce qui précède que toutes les espèces organisées sont produites par les actions combinées que les matières et fluides terrestres, solaires et atmosphériques exercent sur un principe renfermé dans l'ovule, actions s'appliquant d'abord indirectement par l'intermédiaire de la mère de l'ovule. Puis, lorsque celui-ci devenu germe, a traversé la phase de la germination, et n'a plus besoin d'intermédiaire, c'est l'action alors directe des mêmes matières qui fait apparaître le principe sous trois formes distinctes. Par conséquent, la vie sur le globe terrestre représente les résultats des combinaisons diverses des propriétés de la matière, agissant sur un principe, et par suite les espèces organisées ont, dans des proportions, également diverses, les mêmes réalité et qualité que celles de cette matière, à laquelle elles doivent entièrement leur nature phénoménale.

Malgré leur diversité, ces modes de reproduction, de germination et de développement des êtres organisés, démontrent la similitude des conditions auxquelles ces êtres sont soumis, et l'identité de la matière dont ils sont formés avec les matières solo-terrestres. L'accroissement du germe soit végétal, soit animal, est bien l'effet de l'action de ces matières ; mais ce ne peut être cette même action qui donne aussi le principe, principe sans lequel le développement de l'organisme serait impossible. Si les éléments solaires et terrestres pouvaient transmettre la vie, il serait parfaitement inutile ou superflu que chaque classe, chaque espèce d'êtres organisés eût la faculté d'en opérer la transmission. L'action seule de ces éléments suffirait pour propager toutes les espèces, puisqu'ils disposeraient des conditions de leur reproduction comme de celles de leur développement. Il faut donc que le principe, que se communiquent les diverses espèces pour se reproduire, leur soit venu d'autre part, que son origine ait une autre cause, une cause supérieure à celle de l'existence phénoménale.

Après cet exposé des modes de développement et de reproduction des espèces animées, voyons maintenant comment ont lieu leur alimentation et leur nutrition. On y remarquera, nonobstant leur variété, la même analogie ou plutôt ressemblance. Je me bornerai à un énoncé sommaire, une description détaillée n'étant pas ici nécessaire.

La partie de la plante qui s'enfonce dans le sol est, comme l'on sait, la racine. A mesure qu'elle grossit et s'étend, elle donne naissance à des radicelles ou racines plus petites, qui pompent et aspirent les gaz au sucs de la terre propres à servir à l'entretien de la vie et à la croissance de la plante (1). Le collet ou nœud vital reçoit et concentre ces sucs, leur fait subir probablement une première élaboration, puis, les transmet à la partie destinée à végéter hors de terre. Cette troisième partie, reliée à la première par ce même collet, et qui forme la tige ou le tronc du végétal, concourt, de son côté, à l'élaboration de ces sucs, et en achève la conversion en sève qui se distribue entre toutes les parties de la plante. Il est évident que toutes ces opérations se font sous la triple action terrestre, solaire et atmosphérique, action à laquelle la plante est entièrement soumise. Telle est, en abrégé, la marche que suivent les végétaux pour leur nutrition, depuis le moment de la germination.

Le germe de l'être humain (je le prends ici pour terme de comparaison) présente égale-

---

(1) En disant que la racine aspire les sens terrestres, je ne fais qu'employer, pour plus de clarté, une locution habituelle et je n'entends pas par là que la plante agisse elle-même. Elle paraît n'être qu'un assemblage de canaux vecteurs, une sorte de creuset pour l'opération chimique qui produit le développement de son principe. La plante n'ayant pas par elle-même de chaleur, ne doit avoir qu'une faculté réceptive, absorbante et exhalante, comme le prouverait son inertie absolue tant qu'elle est soumise à une basse température.

ment, comme on l'a vu, trois parties principales. La différence de qualité de ces parties n'apparaît nettement qu'après la germination, c'està-dire lorsque le sujet fait usage de ses sens et montre son aptitude à penser. Elles offrent alors trois formes distinctes que je rappelle ci-après succintement :

1° Le cerveau, recouvert par le crâne ;

2° La face, siège des principaux sens qui sont comme des extensions ou prolongements du cerveau ;

3° Le corps dont les organes extérieurs sont aussi comme des prolongements et une reproduction en grand des formes du crâne et de la face, et les organes intérieurs une reproduction du cerveau sous une autre forme.

Le végétal, fixé au sol, est forcé de se développer sur place, au moyen des matières et fluides que la nature lui fournit directement, à l'état brut. Mais l'être humain, doué d'aptitudes différentes, doit trouver d'une autre manière ses aliments qui consistent en substances soit végétales, soit animales ; et, pour cela, il est obligé de faire produire la plupart de ces substances, de les recueillir, de les préparer, façonner, mélanger, et enfin de les introduire dans l'appareil digestif. Là, il leur faut encore subir une décomposition, une conversion pour que ses organes internes puissent se les assimiler, opération que la science attribue à la seule énergie nutritive du sujet, mais à laquelle la qualité des aliments doit nécessairement contribuer. En tout cas, l'opération, en elle-même, est encore un secret de la nature, comme l'est celle de la conversion en sève des sucs nourriciers de la plante. Nonobstant ces différences dans leur mode d'alimentation, c'est toujours la terre et l'atmosphère, soumises à l'action solaire, qui fournissent à l'être humain, comme aux végétaux, les matières qui les développent et entretiennent leur existence ; car, on se le rappelle, toutes les espèces animées ne sont, en dehors de leur principe, que des produits plus ou moins transformés de l'action de ces éléments. Seulement, on voit que les procédés qu'emploie le premier sont plus complexes. Au lieu de puiser directement sa nourriture dans la terre et l'atmosphère, comme le fait la plante, il faut que ses sens, dirigés par le cerveau, c'est-à-dire par la pensée, procèdent, de concert avec le corps, à la recherche, à la production et à la préparation des objets alimentaires. Les sens remplissent une double fonction. D'une part, ils sont agents d'exécution des pensées sous la direction de ces mêmes pensées, et d'autre part, ils sont des organes de transmission au cerveau des sensations qu'ils éprouvent tant de l'intérieur que de l'extérieur. C'est ainsi que, dans la plante, la racine joue un double rôle qui consiste à obéir à l'impulsion qu'elle reçoit du nœud vital, influencé lui-même par l'action des éléments extérieurs sur la tige; puis, à communiquer à celle-ci par l'entremise de ce même nœud vital, les sucs nourriciers de la terre.

D'après cela, on pourrait résumer de la manière suivante les principaux points de ressemblance de l'être humain avec la plante, en ce qui regarde le mode d'entretien de leur existence, après la phase de la germination, savoir :

Sous l'action, la pression des éléments atmosphériques (air, lumière, chaleur, électricité, etc., etc.)

1° L'appétence, le besoin de nutrition du corps humain, excite, par l'intermédiaire des sens, le cerveau et celui-ci réagit sur les sens.

De même, le besoin d'alimentation de la tige ou corps de la plante, excite à l'action le nœud vital et celui-ci la racine et ses radicelles;

2° Le cerveau, la pensée, excitée, agit sur les sens, leur donne l'impulsion, les dirige, et de concert cherchent, font produire, préparent et apportent les substances alimentaires à l'orifice du canal digestif.

De même, le nœud vital, excité, agit sur la racine et les radicelles et les force à prendre dans la terre ou à en recevoir les gaz et sucs nourriciers qui parviennent ensuite à la tige ;

3° Les organes de digestion et de nutrition qui ont reçu les matières alimentaires, les décomposent, en extraient la partie nutritive qu'ils convertissent en substances homogènes avec celles du corps humain, d'où résulte le renouvellement, la nutrition, l'entretien de toutes les parties de ce corps.

De même, le canal médullaire et la moëlle de la tige ou tronc du végétal, élaborent les matières qu'ils ont reçues de la racine et les convertissent en sève qui entretient la vie, et procure l'accroissement de toutes les parties de la plante.

On voit par là qu'il y a sinon similitude, du moins une analogie certaine dans le mode d'entretien de la vie végétative et de la vie animale, comme il y a la même analogie dans les conditions de reproduction et de développement des espèces. Elles sont réellement entretenues par les mêmes matières, à l'état brut pour les unes, et plus ou moins transformées ou converties pour les autres. Les êtres organisés ne diffèrent donc entre eux sous ce rapport, que par le nombre des conversions que doit subir la matière alimentaire, avant de servir à leur nutrition. Le fond, la base primitive de leur alimentation est identique.

En résumé, les conditions principales de *l'entretien* de la vie sont les mêmes dans les diverses espèces d'êtres organisés. Seules les formes sous lesquelles la vie se produit, sont diverses. Toutes les espèces ne sont en quelque sorte que des copies les unes des autres, variant seulement d'intensité et de forme à l'infini, c'est-à-dire, autant que peuvent varier les procédés au moyen desquels il est pourvu à leur nutrition.

Quand même on se refuserait à admettre l'entière exactitude des rapprochements et comparaisons qui précèdent, ils auraient encore assez de signification pour porter à reconnaître les vérités que j'ai cherché à montrer, à savoir :

1° Que les espèces organisées ont en elles, indépendamment de la substance ou principe vital universel, un principe spécial de leurs formes et aptitudes, autre que les éléments naturels qui développent ce principe ;

2° Que les formes et aptitudes de l'organisme de tout être animé, quelque simples ou complexes qu'elles paraissent, ne sont que des expansions, déductions ou dédoublements plus ou moins sensibles, du principe que renfermait en lui le germe de cet organisme ;

3° Que ces déductions ou dédoublements se font pour tous sous trois formes fondamentales, d'après les mêmes lois, au moyen de matières, dont les bases sont identiques, et qui servent à opérer ces dédoublements : les unes à l'état brut, les autres, après des transformations et conversions d'autant plus multipliées et variées que les espèces qui les emploient à leur nutrition, c'est-à-dire à ces mêmes dédoublements, ont un organisme plus complexe et plus doué d'instinct ou d'intelligence.

En présence de ces conditions analogues d'existence des espèces organisées, nonobstant leur infinie variété, peut-on supposer que le monde, que la nature vivante, notamment, aurait pu être formé d'une autre manière, c'est-à-dire d'après d'autres lois? N'est-on pas obligé de reconnaître que rien de ce qui existe n'est inutile; et que toute chose a son but? Tout se tient, tout est lié, toutes les parties de ce monde sont plus ou moins dépendantes les unes des autres, en un mot, tout est organisé, ou en voie d'organisation, ou matière à organisation, mais seulement pour les germes ou espèces existants et non pour en former de nouvelles au moyen de cette seule matière, laquelle toute puissante pour développer, ne peut *rien créer*, et n'est à proprement parler, qu'un *moyen* de faire apparaître l'existence phénoménale.

Maintenant la question se présente de savoir sur quoi porte en réalité l'action qui cause le développement ou dédoublement, car le germe n'est pas tout matière. Il y a, je le répète, sous son enveloppe matérielle, une substance, un principe de vie. Ce principe est-il unique, et est-il l'objet ou la cause du développement? Ou y en a-t-il encore un autre qui seul y serait soumis?

Cette question est trop importante pour que je ne l'examine pas avant d'aller plus loin.

La substance, le principe vital, ne doit pas être l'objet de l'agrégat moléculaire. En d'autres termes, ce qui, dans le germe, est développé par l'action des éléments solo-terrestres, ne peut pas être le principe même de la vie de l'être. Ce principe, qui doit être *immatériel*, ne peut en aucun cas apparaître, ni, par conséquent, être développé. Le développement doit porter sur une base, *partie matérielle, partie idéale*; c'est-à-dire homogène par quelque côté, avec la substance, et par quelqu'autre, avec la matière, et dont l'expansion rend le sujet perceptible. Il est dès-lors nécessaire, si l'on veut se faire quelque idée du monde phénoménal, et de sa manière d'être, de supposer, ou mieux d'admettre, l'existence d'un double principe : l'un *absolument immatériel, durable, invariable,* qui est comme le contenant, comme l'âme de tout ce qui existe, qui est la vraie et unique substance; l'autre en *partie matérielle,* en *partie idéale, variable,* propre à chaque espèce, et qui, seul, est soumis à la condition de croissance ou développement sous l'action solo-terrestre.

Je ne crois pas que l'on puisse expliquer autrement la présence, dans l'être organisé, d'un *principe vital permanent,* je veux dire *invariable,* pendant que toutes les parties de cet être parcourent diverses phases de développement, développement auquel ce principe ne peut être soumis, bien qu'il soit présent partout.

En effet, si l'on suppose qu'il n'y a qu'*un seul principe,* et qu'il soit *immatériel,* le développement du germe manque de base, n'a pas de point d'appui ou de départ. Autrement dit, les éléments naturels n'ont rien à accroître ou développer, à moins d'admettre qu'un principe *immatériel* puisse être développé, et cela par des causes *matérielles*; mais un semblable développement, s'il était possible, entraînerait le changement de nature du principe, lui ferait perdre son caractère invariable. Il faudrait supposer qu'il pût devenir matériel comme les autres parties de l'organisme qu'il animerait; puis, à la dissolution de cet organisme, qu'il reprît son caractère immatériel, qu'il redevînt invariable. En outre, ce principe immatériel devant être de même essence pour tous les êtres animés, on ne pourrait concevoir ce qui entretient et perpétue la différence des espèces qu'en admettant, dans le principe, des degrés de quantité ou d'intensité ce qui ne pourrait se concilier avec son immatérialité ou son invariabilité.

Si, au contraire, on prétend que ce *principe unique* est *matériel*, il doit alors éprouver les effets du développement, c'est-à-dire des changements successifs des parties matérielles du sujet, et, par suite, il n'y a dans celui-ci rien de durable et d'invariable. Tout change et se renouvelle en lui incessamment, son principe de vie comme ses autres parties. Par conséquent, cet être n'a plus de substance ou essence durable, et, s'il s'agit de l'être humain, ni conscience, ni volonté fixes, ce que contredit l'expérience. En outre, il ne peut plus se reproduire pour conserver son espèce, n'ayant rien de fixe à transmettre dans l'acte de reproduction.

Il y a donc lieu de regarder comme probable qu'il y a dans le germe de tout être organisé ;

1° Une parcelle ou étincelle de la substance universelle, c'est-à-dire du principe de vie qui est partout, qui soutient la nature entière, qui est *durable, invariable*, et conséquemment *immatériel* ;

2° Un autre principe ; celui-ci en *partie matériel*, en *partie idéal*, spécial à chaque espèce d'êtres, susceptible de variations (sans toutefois pouvoir être modifié au point de changer l'espèce), qui n'est visible que par son développement sous trois formes par l'action des éléments naturels. Ce principe *prendrait naissance dans l'acte même de reproduction de chaque espèce, ou serait continué par cet acte*, de génération en génération, avec l'aide du principe *immatériel*.

En d'autres termes, tout ce qui a vie comporte nécessairement le principe du réel et de l'idéal, c'est-à-dire du corps et de l'aptitude soit intellectuelle ou instinctive, soit réceptive et réagissante, soit enfin matière avec quelque chose distinct d'intensité de cette matière. Par conséquent, tout être animé doit, en se reproduisant, transmettre au nouvel être le principe de l'un et de l'autre, soit le principe de ses propres aptitudes, ou qualités, et cela, indépendamment du principe vital, qui n'est pas dans sa dépendance, qui accompagne et pénètre nécessairement toutes les existences, qui en est la condition première, persistante et absolue.

Voilà donc deux points que je considère sinon comme certains du moins comme très-probables. L'un, c'est que la nature, autrement dit, l'action des éléments terrestres et solaires est impuissante pour *créer* et ne fait que *développer*. L'autre, c'est que le germe, dans chaque espèce organisée renferme, en outre de la substance ou principe vital *immatériel*, un principe organique *idéo-matériel*, prenant naissance ou plutôt transmis dans l'acte reproducteur; propre à l'espèce, et qui sert de base à son développement phénoménal. On verra, par la suite de cet exposé, que ce dernier point ainsi compris, peut éclairer certaine question restée jusqu'à présent douteuse et controversée.

On a prétendu que la substance, l'âme, n'est *ni matérielle ni immatérielle*; que ces attributs n'ont pas plus de sens l'un que l'autre. L'âme, a-t-on dit, est une vertu, un phénomène, comme la pesanteur, la chaleur, la lumière, la vie, mais d'un degré très-supérieur.

Ces comparaisons ne me semblent pas pouvoir s'appliquer à l'âme.

1° L'âme ne peut être une vertu, quel que soit le degré supérieur qu'on veuille lui accorder. Toute vertu ou force est la propriété ou qualité d'un être, doué de raison, et dépend essentiellement de l'organisme de cet être, n'est propre qu'à lui. Ce serait donc faire dépendre, l'âme d'une condition que de la considérer comme une vertu. La vertu n'est qu'une faculté de l'être pensant, et non pas l'âme elle-même ;

2° On ne saurait pas davantage la comparer à un phénomène ; car on entend par phénomène tout ce qui apparaît, tout ce qui est perceptible par les sens. Or, l'âme, la substance ne peut jamais apparaître ;

4° La pesanteur, la chaleur, la lumière sont des propriétés des corps ou de la matière. Ce sont des effets qui peuvent bien devenir causes à leur tour, mais qui doivent commencer par être des effets pour se manifester. Ces propriétés dépendent donc de certaines conditions auxquelles l'âme ne saurait être soumise ;

4° La comparaison de l'âme avec la vie, n'est juste qu'en apparence. L'âme, la substance, est le principe par excellence, la source de la vie, mais non pas la vie elle-même, telle qu'il nous est donné de la concevoir. La vie se révèle, apparaît par le mouvement, le changement, par la nutrition, par l'expansion et l'action matérielle et intellectuelle ou instinctive, tandis que la substance, son principe absolu, reste constamment invisible, invariable. Conséquemment, l'âme ne peut qu'être *immatérielle*, ou si l'on veut plus psychique, plus subtile; plus idéale que tout ce qu'il est possible d'imaginer. Les termes manquent pour la mieux qualifier. Peut-on d'ailleurs se faire une autre idée de ce qu'on dit être d'un degré *très-supérieur* à la chaleur, à la lumière, à la vie?

D'un autre côté, la science expérimentale n'admet pas, paraît-il, le fait de la présence dans l'ovule d'un *principe vital*. Elle attribue les énergies de l'être vivant et la formation des tissus de ses organes à la seule action et direction propres à des éléments qu'elle nomme anatomiques, et qui seraient contenus dans l'ovule même; de sorte que la raison de la production des phénomènes vitaux, résiderait toute entière dans les propriétés même de la matière organisée. Toutefois, elle semble admettre que ces éléments anatomiques doivent obéir, dans leur action, à un principe, à une cause première; mais qu'on ne saurait, dit-elle, pénétrer. Elle reconnaît donc, en outre de l'action propre de la matière, l'existence d'une cause suprême, d'un principe métaphysique si l'on peut dire ainsi, dont la nature échappe à toutes les investigations. Dès lors, je crois que l'on est bien fondé à qualifier d'*immatériel*, un principe aussi mystérieux.

Tous les philosophes ont admis la substance comme principe durable et invariable dont les objets ne sont que la manière d'être et de paraître. Ils l'ont considérée comme l'unique base de tous les phénomènes, conséquemment, changeant d'état, les produisant, les accompagnant dans toutes leurs transformations ou conversions de formes, d'extension et de diminution de matière qu'ils affectent. Les êtres organisés ne feraient pas exception, et n'auraient d'autre base d'existence que cette même substance.

Mais s'il n'y avait que cet unique principe, les êtres organisés n'auraient aucune faculté propre, aucune impulsion venant d'eux-mêmes. L'entretien, le développement de leur organisme, et leur reproduction, seraient dûs uniquement à l'action de la substance et des éléments solaires et terrestres; ce qui n'est pas dans leur nature; car ce qui les distingue de la matière inorganique, c'est que tout en eux est à la fois moyen et but, et non pas seulement cause et effet mécaniques, comme dans la matière morte. L'être humain, en particulier, ne saurait prétendre à aucune liberté, soit dans ses pensées, soit dans ses actions. Toutes ses déterminations résulteraient de la seule impulsion de la substance dont il serait le docile instrument. Or, les faits, l'expérience, prouve qu'il n'en est pas ainsi.

Il y a dans tout être organisé, action et réaction intérieures, et, en outre, action de la nature sur lui et réaction de lui sur la nature. L'homme principalement, est un être *autonome*, en ce sens qu'il peut acquérir le pouvoir de se donner à lui-même des lois. Avec l'impulsion d'un seul principe, il ne pourrait y avoir que mouvement dans tel ou tel sens, et non pas mouvements réciproques. Pour cela, il faut la réunion dans un seul corps de matières ou de forces différentes d'intensité, et ayant cependant entre elles une certaine homogénéité. Mais il n'y a pas homogénéité entre une substance ou principe *durable* et *invariable* et ce qui est variable, ce qui est matière dans l'être organisé. Il y a, au contraire, entre cette matière et la substance, hétérogénéité presque absolue, hétérogénéité qui ne peut être modifiée qu'au moyen d'un intermédiaire, d'un *médium*, qui soit, par quelque côté, homogène avec la matière, et par quelqu'autre, homogène avec la substance. C'est ce médium qui doit être le moteur de l'action et de la réaction dans l'organisme vivant, moteur qui fait produire ce qu'on appelle esprit et instinct pour l'homme et les animaux, et ce qui donne aux végétaux, leur propriété à la fois réceptive, absorbante, exhalante et aspirante.

Si la substance était *l'unique* principe des êtres organisés, cette substance étant répandue dans toutes les parties de la nature, étant la base de tout ce qui existe, je demanderais alors pourquoi il y a des minéraux, soit de la matière inorganique, pourquoi tout n'est pas organisé ? Par quelle cause, pour quelle raison, la substance reste-t-elle inerte ici (au moins en apparence), et là, active dans des êtres dont l'organisme n'est également que matière ? Je ne crois pas qu'on puisse résoudre cette question autrement qu'en admettant que tout être organisé a en lui, en outre de la substance commune à toutes choses, un principe servant à la vie phénoménale de cet être, principe de sa forme différent de la substance, mais ayant la même origine et quelque point homogène avec elle, comme elle en a avec la matière.

La matière du globe terrestre doit différer, en quelque point, de celle de l'astre solaire, l'action que ces sphères exercent l'une sur l'autre n'étant pas identique. A quoi attribuer cette différence ? Elle doit être une conséquence de celle qui existe entre les conditions, les principes de la formation de ces sphères. Celles-ci sont bien, comme toutes choses, des manières d'être de la substance ; mais cela seul n'expliquerait pas leur différence de nature et d'action. Puisque leurs composition et action ne sont pas les mêmes, chacune d'elles doit avoir, en outre de la substance, un principe ou une condition qui diffère de celui de l'autre, au moins sous le rapport de l'intensité. Or, le développement des êtres organisés est produit uniquement par les effets des actions combinées de ces deux sphères ; conséquemment, ils doivent avoir, au moins en partie, leurs qualités respectives, c'est-à-dire offrir en eux, d'un côté, une matière lumineuse, subtile, idéale, analogue à celle du soleil, et de l'autre, une matière moins intense, moins condensée, obscure, comme celle du globe terrestre, soit une partie intellectuelle ou instinctive, et une partie corporelle, matérielle, ou, si l'on veut, un seul principe, mais participant tout à la fois de la nature et du mode d'action de l'une et de l'autre sphères.

Les êtres organisés ont donc en eux, en outre

de la substance, un principe homogène avec celui de chacune de ces sphères qui par leur action cause le développement de ce principe.

La comparaison ci-après fera mieux comprendre le rôle que j'attribue à la substance :

Je compare la substance à une mer immense, infinie, (supposée invisible, immatérielle), et la matière (notamment les êtres organisés), au contenu de cette mer, je veux dire aux êtres vivants qu'elle renferme, qu'elle pénètre et enveloppe de toute part. Cette mer serait bien la condition suprême, absolue de la vie de ces derniers. Tous sont imprégnés de sa nature ou forme fluide, et ne pourraient, sans périr, en être séparés ; et cependant ce n'est pas cet élément qui les nourrit, les développe et les fait agir et se reproduire. Les changements d'état de ces êtres ne sont pas dus à l'élément qui les entoure et les pénètre de toute part. Il n'en change pas avec eux. Il reste constamment invariable comme la substance. Il ne suffit pas seul à assurer leur nutrition et leur reproduction. Il faut que les habitants de cette mer cherchent, trouvent eux-mêmes leur subsistance, laquelle, si elle y existe, est cependant autre qu'elle, autre qu'un fluide. Ce n'est pas non plus ce fluide qui leur imprime l'impulsion. Elle part d'eux-mêmes, d'un principe actif qui est en eux, différent de l'élément qui les soutient, principe qui est, par quelque côté, homogène d'une part, avec cet élément, puisque celui-ci est la condition première de l'existence de ces êtres, et, d'autre part, avec la partie matérielle de leur organisme, puisque cette partie concourt avec ce principe à l'entretien de la vie de cet organisme.

On voit par cette comparaison que si la substance est bien la source, la base primitive, absolue, de la vie des êtres organisés, elle n'est pas le principe qui est développé et entretenu dans l'organisme de ces êtres. La cause directe, immédiate de cet entretien, c'est la matière, concurremment avec l'action du principe, à la fois matériel et idéal, que contient l'organisme. La substance accompagne bien cet organisme dans les changements d'état qu'il éprouve ; mais elle n'en est pas la cause immédiate. Elle ne concourt pas directement à les produire. Ils sont le fait de l'organisme, c'est-à-dire de l'action et de la réaction qui s'opère en lui, au moyen de l'influence solo-terrestre, entre son principe et sa matière (esprit ou instinct et corps et sens) principe différent et de cette matière et de la substance, mais ayant avec tous les deux une certaine homogénéité.

Ainsi, la substance ne serait ni l'objet ni la

cause immédiate du développement, de l'entretien et de la reproduction des êtres organisés. Elle est la source, le contenant de leur existence. Quant à la cause directe, immédiate, elle résiderait tant dans la nature (action des éléments terrestres et solaires) que dans ces êtres eux-mêmes, qui ont en eux le principe actif de leur organisme (matériel et idéal) depuis leur origine, c'est-à-dire depuis l'origine du monde.

Nous avons vu que la composition des ovules dans les espèces animées paraît, à l'origine, être identique de tous points. Il n'est pas sans intérêt de rechercher si les conditions dans lesquelles s'opère leur développement, ne fourniraient pas l'explication des différences de formes et de qualités qu'ils présentent ultérieurement.

La science, tout en affirmant le fait de cette identité dans les ovules, a pensé qu'il y a, sous cette première forme de l'être, « quelque chose que l'œil ne peut atteindre, et qui doit renfermer en soi la raison suffisante de toutes les différences que son développement révèle plus tard... »

Partant de ce point, je me demande quelle pourrait bien être cette chose invisible qui renferme la raison des formes et qualités qu'offre dans la suite l'ovule par l'effet de son développement. Cette cause est-elle cachée dans l'ovule même, comme on le donne à entendre? Est-elle due à une action organisatrice de la nature? ou plutôt ne proviendrait-elle pas des producteurs de cet ovule?

Je pose d'abord, en fait, que tout ovule ne commence à être développé qu'avec l'attache plus ou moins étroite, plus ou moins prolongée de son auteur, c'est-à-dire, pour le végétal, de la plante qui l'a produit, et, pour l'animal, de la mère qui l'a conçu. Dans cet état, l'ovule, la matière destinée à devenir un être organisé, ne doit avoir qu'une possibilité *réceptive*, c'est-à-dire qu'une disposition à recevoir et non à prendre la nourriture qui commence à le développer. Il n'est qu'effet. Il tient de seconde main sa nutrition. Ainsi, par exemple, la fleur du végétal ne tient la vie et ne commence son développement que par son attache étroite avec la plante qui la porte et la nourrit jusqu'à ce qu'elle soit devenu fruit renfermant un ou plusieurs nouveaux germes. De même l'ovule animal (je ne parle ici que des classes les plus apparentes), ne peut être développé que par son inhérence ou son adhérence temporaire avec sa mère jusqu'à ce qu'il soit parvenu à l'état de germe.

Dans ces conditions de la première phase de son existence, l'ovule doit revêtir la forme que lui imprime son attache. C'est sur les formes de sa mère que doit se mouler en quelque sorte les différentes parties de sa structure au fur et à mesure de la nutrition qu'elle lui fournit, ou qu'elle lui a fournie, en une seule fois, comme cela a lieu chez les espèces ovipares.

Lorsque cet ovule devenu germe, entre dans la phase de la germination, il ne peut même encore être développé par une alimentation provenant de l'action atmosphérique, ni être exposé directement aux effets de cette action. Il a plus ou moins besoin d'en être abrité ; il faut qu'il ne la reçoive qu'*indirectement,* c'est-à-dire principalement de l'élément tellurique ou terrestre pour le germe végétal, et de la mère pour le germe animal. Ce n'est qu'après avoir traversé cette phase plus ou moins longue de la germination qu'il acquiert une force et une énergie nutritive suffisantes pour être développé *directement* par l'action solo-terrestre et les substances qu'elle fait produire. De passif qu'il était, il semble devenir actif. De ce moment commence sa vie phénoménale propre. Les espèces inférieures dont les produits sont généralement abandonnés aux soins de la nature, ont même, fait remarquable, l'instinct de les déposer dans des lieux autres et plus favorables à leur développement que ceux de leur séjour habituel.

Il suit encore delà que l'action de la nature ne peut à elle seule créer aucun ovule, puisqu'il faut à celui-ci, même parvenu à l'état de germe, le secours d'un intermédiaire, c'est-à-dire l'aide d'un organisme vivant pour traverser la seconde phase de son développement (la germination.)

Ce n'est donc pas l'ovule qui, d'abord, contiendrait la raison suffisante, la cause des formes et qualités que présente plus tard le sujet, mais bien son attache, son auteur immédiat, sur lequel il est forcé de se modeler, en se développant, attendu que c'est presque uniquement par cette voie qu'il reçoit la nutrition qui cause son premier développement.

On assure cependant, d'après les faits observés par la science expérimentale, que l'ovule, bien que formé par son développement d'éléments anatomiques bien constitués, ne les a pas reçus de sa mère. Ce n'est, dit-on, que molécule à molécule que lui arriveraient les matériaux qui concourent à la production graduelle de ces éléments, d'où il suivrait que le développement de l'ovule se produit par une éclosion de molécules vivantes, qui serait une véritable *génération spontanée*. On déclare toutefois que le liquide, le milieu où s'opère cette éclosion de molécules, *dépend d'un organisme vivant*, c'est-à-dire dont les particules élémentaires sont elles-mêmes en voie de rénovation moléculaire. Enfin, on avoue que la *science n'a pu encore établir* que des êtres, même microscopiques, puissent se produire en dehors de cette condition.

Il est difficile de concilier l'assertion d'une *génération spontanée* de molécules vivantes et le fait de la *liaison* du milieu où se produisent ces molécules *avec un organisme vivant*. Au lieu de supposer que cet organisme vivant, (qui, s'il n'est pas la mère de l'ovule, doit du moins tenir de son espèce) n'a contribué en rien à cette agrégation moléculaire, n'y a-t-il pas plutôt lieu d'induire de cette liaison que la cause mystérieuse de l'éclosion de ces molécules est précisément dans l'action invisible mais au fond réelle que cet organisme vivant a exercé sur l'ovule qui se trouvait dans sa dépendance? On a de cette manière une explication satisfaisante de la cause de la continuité des espèces, tandis que si l'on admet que les éléments anatomiques de l'ovule (tous les ovules, on se le rappelle, paraissent être de structure et de substance identiques) sont développés en dehors de toute participation de la mère, ou de l'être vivant qui en tient lieu, on arrive forcément à cette conclusion que la permanence des espèces est due au hazard ou à la seule action, différente d'intensité suivant les lieux, des éléments terrestres et solaires ; ce qui n'est nullement d'accord avec les faits. Cependant, dans la supposition de ce dernier cas, il n'y aurait pas d'autre explication possible, à moins de supposer que la matière a le pouvoir de s'organiser elle-même selon la différence des espèces, ce qui est inadmissible.

Il est donc bien plus probable que l'ovule doit son premier développement et ses formes à la matière alimentaire que la mère convertit par la nutrition en matière vivante, et dont elle nourrit cet ovule, tout en s'en nourrissant elle-même. En tout cas, cela est du moins incontestable pour l'ovule de la plante, et pour ceux des principales espèces animales.

Tant que la science n'aura pas constaté qu'un ovule peut se produire et se développer sans aucune relation avec un organisme vivant, il y aura lieu de regarder cette relation comme une condition nécessaire, et par conséquent d'admettre que ce développement, comme aussi la formation de l'ovule, sont le fait de la mère de l'ovule, développement qu'elle continue pendant tout le temps que l'ovule se trouve dans sa dépendance.

On doit conclure delà que, depuis leur origine, toutes les espèces ont en elles la cause primitive, le principe de leurs formes et qualités, ainsi que la faculté de transmettre, par voie de génération, ce principe, que l'action du sol et du ciel ne fait que développer. Le seul changement que cette action puisse leur faire subir dans ce développement, ne peut être qu'une *modification en plus ou en moins*, modification produite soit par l'effet d'un changement du lieu d'origine de l'espèce, soit par les fluctuations qu'éprouve dans un même lieu l'action des éléments extérieurs qui est loin d'avoir constamment la même régularité. Les formes et qualités des espèces ne varient donc que sous le rapport de la quantité et de l'intensité, c'est-à-dire n'éprouvent qu'une *augmentation* ou une *diminution* de formes et de qualités, en conséquence des variations des causes extérieures de leur développement. Ainsi, par exemple, les formes de telles espèces qui, à l'origine, avaient de très grandes dimensions, ont pu insensiblement être considérablement diminuées soit par l'effet de variations atmosphériques locales très sensibles, soit à la suite de leur éloignement du lieu de leur origine, comme aussi celles d'autres espèces ont pu, au contraire, prendre de plus grandes proportions, par l'effet de causes opposées et de même nature, mais sans que, dans les deux cas, les espèces aient perdu leur caractère propre.

J'ajouterai encore à ce sujet quelques observations comme déduction de ce qui précède.

En ce qui regarde la part que prennent respectivement les sexes à la formation de l'ovule, il est évidemment impossible de la déterminer pour les végétaux où ces sexes sont généralement confondus. On peut seulement pour les animaux où ils sont séparés, se livrer à cet égard à des conjectures que l'observation semble jusqu'à un certain point autoriser.

Ainsi, relativement *à la forme*, l'ovule étant pendant plus ou moins de temps nourri et développé par sa mère, il est probable que son accroissement se fait en grande partie suivant le moule qui l'opère ou dans lequel il s'effectue. Je dis : en grande partie, parce que le principe des formes et aptitudes du nouvel être provient au moins autant du père que de la mère, et par conséquent que le premier doit aussi influer sur le sens de cet accroissement.

Quant à la *nourriture ou matière* de ces formes, ce doit être surtout celle que la mère s'est assimilée et s'assimile quotidiennement par la nutrition, pour l'entretien de sa vie propre. Or, cette matière n'est pas autre, au fond, que celle que fait produire l'action des éléments terrestres et solaires. La mère est formée entièrement de la substance qu'elle a retirée par la nutrition de cette matière plus ou moins convertie et façonnée, et dont elle a été nourrie par son auteur, étant elle-même ovule, à la seule exception de son principe de vie, de ce soufle mystérieux qui anime son être, et c'est cette même matière, c'est-à-dire une substance de même nature, qu'elle emploie à nourrir et développer l'ovule à la production duquel elle a concouru. Ce n'est donc pas la nature qui développe et façonne directement l'ovule, c'est la matière alimentaire que la plante, pour le végétal, et la mère, pour l'animal, s'est assimilée par la nutrition, matière qui doit passer par cette voie pour lui parvenir.

Relativement *au sexe, au tempéramment, à la constitution et complexion* que revêt l'ovule animal, dans ce développement, il est au moins présumable qu'ils résultent du mélange des qualités humorales de ses auteurs. Ce mélange a dû commencer à s'opérer dans l'acte de la conception, et s'est continué dans la formation de l'embryon et du fœtus avec ou sans modification, selon le degré d'homogénéité qui existait entre les qualités des reproducteurs, les éléments les plus forts, les plus actifs, devant dominer ou neutraliser les plus faibles, les moins intenses.

Enfin, en ce qui concerne le *principe idéo-matériel*, il ne doit pas provenir uniquement du père, comme on l'a supposé, et la mère y concourt nécessairement sous un rapport quelconque. Je n'en veux d'autre preuve que ce qui se passe dans certaines espèces, particulièrement celle des poissons. On sait que le mâle féconde les œufs de la femelle, en répandant à propos sur eux sa semence. Or, il n'est pas douteux que cette semence, répandue partout ailleurs, ne produirait pas cet effet, et puisqu'il lui faut des ovules ou œufs pour qu'elle soit féconde, on est obligé d'admettre que la femelle, qui a produit ces œufs, concourt, comme le mâle, à donner la vie au nouvel être. Quant à ce qui est de déterminer le genre et la mesure de ce concours, ce sera encore pour longtemps un secret de la nature.

En résumé, nonobstant son identité apparente de substance et de structure à l'origine, il est au moins présumable que l'ovule tient de ses producteurs tous les principes ou éléments primitifs de sa composition, en raccourci, en abrégé microscopiques, éléments qui, en se développant, se modèlent sur les formes et qualités de leurs auteurs, et surtout de la mère qui alimente le nouvel être, ou lui a fourni, en une seule fois, la matière de son premier développement, comme cela a lieu dans les espèces ovipares, et cela jusqu'à ce qu'ayant traversé la phase de la germination, il se procure seul les matières alimentaires qui achèvent de former son organisme et en rendent les formes plus sensibles.

Ces diverses considérations semblent démontrer :

1° Que l'ovule de tout être organisé ne peut d'abord se développer seul, sans le secours de son auteur, en exceptant seulement les espèces infimes qui paraissent trouver ce secours dans la nature ; que par suite, s'il renferme en lui la raison des formes que son développement révèle plus tard, il tient cette raison, cette cause de ceux qui l'ont produit ;

2° Que les formes et qualités ultérieures de l'ovule dépendent de celles de ses producteurs, sauf les modifications qu'elles peuvent éprouver de la variation des éléments extérieurs ;

3° Enfin que l'action seule de ces éléments est impuissante à créer aucun être animé, et qu'elle ne peut même développer *directement* l'ovule que, lorsque, devenu germe, il a traversé la phase de la germination, protégé par sa liaison plus ou moins étroite avec son attache naturelle.

Une dernière observation se rattachant au même sujet.

On a émis diverses opinions sur la manière dont s'effectue la génération des êtres organisés. Les uns ont prétendu que l'intelligence suprême produit le nouvel être, d'après ses idées, à chaque accouplement. C'est ce qu'on a nommé : *l'occasionalisme.* Cette doctrine qui détruit tout usage de la raison, et annule entièrement l'action de la nature ne saurait se justifier.

Suivant d'autres, la cause du monde a placé dans les êtres primitivement organisés, une disposition à transmettre leur organisation par la *propagation*. On a appelé ce système : le *Prestabilisme*. Mais il s'est produit à son égard une division d'où il est résulté deux systèmes différents. D'après le premier, qui est la théorie de *l'évolution* ou de *la préformation individuelle*, chaque être est engendré par son semblable. Tous sont préformés primitivement, et la génération ne fait que développer et continuer les forces contenues dans les germes préformés. Cette théorie nommée aussi : *l'emboîtement des germes,* aurait, a-t-on dit, été soutenue par *Leibnitz*, par *Kant* et d'autres philosophes. Je doute que *Kant* ait partagé cette opinion, d'autant plus que le traducteur ou plutôt l'interprète de sa philosophie transcendantale lui prête la doctrine suivante qui est l'autre système de *prestabilisme*, désigné sous le nom de *l'Épigenèse* ou de la *préformation générique*.

Cette autre sorte de prestabilisme s'éloigne du précédent en ce point qu'il n'admet qu'une préformation *générique*, et non pas *individuelle*. Selon ce dernier système, l'être engendré par son semblable, est un produit de ce dernier, et la nature l'organise, le façonne suivant la différence des espèces. Ce système accorde ainsi à la nature des dispositions primitives à *s'organiser elle-même*.

Le double principe dont j'ai parlé, me semble, si on l'admet, de nature à jeter du jour sur cette question.

En effet, le *principe vital* qui est indépendant de tout, qui est forcément transmis par génération, étant *immatériel, invariable*, d'essence identique pour tous les êtres organisés, il n'y a plus à s'occuper de préformation sous ce rapport. La cause de la vie est la même pour tous les êtres, et ne diffère en aucune manière. Les espèces, en se reproduisant, en transmettent le principe qui est partout, qui remplit tout, tel qu'il est en elles, sans possibilité de changement ou d'altération quelconque, puisqu'il ne dépend pas d'elles.

Reste les formes et aptitudes particulières des espèces. Celles-ci sont en partie l'œuvre de l'être qu'elles constituent (dans l'espèce humaine spécialement) et en partie l'effet de la nature. Les formes et qualités d'un nouvel être organisé doivent, en principe, être la reproduction exacte de celles de ses auteurs, en ce sens que, si elles ont été modifiées dans ces auteurs, ceux-ci les transmettent avec leurs modifications, et si elles ne l'ont pas été, ils les transmettent telles qu'ils les ont reçues de leurs ascendants.

Mais comme les formes et qualités d'un être organisé sont développés tant par ses auteurs que par des causes extérieures dont l'action n'est pas constamment régulière et uniforme (action variable des éléments terrestres et solaires, alimentation, nutrition, etc.,) il s'ensuit qu'il doit arriver que les reproducteurs, dans certaines espèces, éprouvent toujours, pendant leur développement et la durée de leur existence, des modifications plus ou moins sensibles, selon le degré d'influence que les variations de ces causes exercent sur leur organisme.

Par conséquent, les formes et qualités de leurs produits doivent nécessairement se ressentir de ces modifications qui toutefois ne peuvent jamais être assez prononcées pour changer le caractère des espèces.

C'est ainsi que s'expliquerait les différences plus ou moins sensibles que présentent, quant aux formes, qualités et aptitudes, les générations qui se succèdent, bien qu'étant de même espèce, et il est à remarquer que ces différences se produisent principalement parmi les espèces le plus exposées à subir les conséquences de la variation des causes qui font développer ou durer leur organisme, et qui y sont le plus sensibles, mais plus particulièrement dans l'espèce humaine qui peut ajouter à ces causes, celle de ses actions volontaires. Les espèces qui, au contraire, sont à peu près à l'abri de l'influence de la variation de ces causes, notamment celles des classes inférieures n'en ressentant presque pas les effets, ou ne les ressentant que pour en périr, transmettent leurs formes et qualités dans toutes leur intégrité.

Il suit delà que la nature n'organise et ne façonne le nouvel être qu'en suivant le principe organique des formes et qualités, modifié ou non, que lui ont transmis ses reproducteurs ; qu'en définitive elle ne fait que le développer plus ou moins, développant même aveuglément dans le sens qu'elles affectent, les difformités, les déviations, tant au physique qu'au moral, qu'aurait éprouvées cet être au commencement de sa croissance par des causes quelconques, quand ces causes toutefois n'amènent pas sa destruction.

Evidemment, l'être humain ne tient sa vie ni de lui-même ni de la nature. Il en est redevable à la cause suprême d'où tout est sorti, et qui soutient tout. Ce point ne saurait être sérieusement contesté. Est-ce à la même cause que doit être attribué son principe organique, à la fois matériel et idéal, c'est-à-dire le principe de ses aptitudes physiques et moral ? La solution de cette question dépend de celle de la question concernant la génération des espèces.

Si, comme on le prétend, c'est la nature qui organise l'être engendré par son semblable. C'est elle alors qui lui donne ses aptitudes, ses formes et qualités, et, dans ce cas, l'engendrement ne consisterait que dans la transmission de la vie, du seul principe vital, et la nature ferait tout le reste. Or, ce principe qui est *immatériel*, n'étant pas, ainsi qu'on l'a vu, susceptible d'être développé, il s'ensuivrait que cette transmission serait comme sans objet, et que par conséquent la nature n'aurait rien à organiser ou à développer.

Mais si, ce qui est plus probable, l'objet de la transmission est, en outre, un principe, matériel et idéal, la nature ne fait alors que développer ce dernier principe, avec les modifications qu'ont pu y avoir apportées les reproducteurs. L'être humain, en se reproduisant, transmet les deux principes qui sont en lui, et par conséquent, l'action de la nature est seulement nourricière et non pas organisatrice. Les deux principes ont la même source primitive. Il y a *préformation* ou *emboitement générique*, des germes par espèces, sauf les modifications causées pendant leur développement, soit par l'action variable de la nature seule, soit par cette action et par le sujet lui-même (pour l'homme).

L'être humain seul, peut acquérir, par lui-même, le pouvoir d'améliorer le principe idéo-matériel et de le transmettre, ainsi amélioré, à sa descendance. C'est là ce qui constitue sa perfectibilité, son aptitude à penser, à connaître ce que sont les choses extérieures, et ce qu'il est lui-même, aptitude qui ne serait rien sans l'exercice, qui a besoin de cet exercice pour devenir une faculté. Mais comme cette perfectibilité ne peut évidemment pas être porté au point de transformer l'espèce, il suit encore delà que toutes les espèces ont bien été fixées, délimitées, dès l'origine, par la force, la nature et la disposition des choses, et qu'il ne peut en apparaître de nouvelles ; que, par conséquent, ceux qui, par exemple, ont avancé que l'homme est un singe perfectionné, sont complètement dans l'erreur, ce mammifère quadrumane étant essentiellement distinct du bimane (l'homme), et ne pouvant changer, quelque soit le degré de perfectibilité qu'on veuille lui accorder.

On a dit quelquefois, non sans raison, que l'homme est un *microcosme*, ou petit monde. La similitude des conditions d'existence phénoménale des êtres organisés, en général ; la ressemblance que l'on observe dans les principales parties de leur structure, et l'analogie des fonctions qu'elles remplissent, justifient, à bien des égards, cette comparaison. L'homme, en effet, se développe et entretient sa vie par la pensée et par ses sens, lesquels sont, à leur tour, entretenus par la nutrition qu'ils procurent au corps, au moyen des matières alimentaires préparées, et plus ou moins converties et mélangées par leurs soins. Il y a ainsi, en lui, action et réaction des trois forces principales ou mécanismes qui entrent dans la composition de son être. Il se fait entre elles comme un échange de service. Elles agissent réciproquement l'une sur l'autre comme les principales parties du végétal, et comme les matières et fluides terrestres, solaires et atmosphériques, qui exercent entre elles une action réciproque et incessante.

Le jeu de l'organisme humain semble être ainsi une image abrégée de la corrélation active des éléments solaires et terrestres. De même que le cerveau agit sur le corps par ses idées, ayant pour intermédiaire les sens qui, de leur côté, lui procurent la matière de ces idées, de même aussi l'astre solaire agit sur la terre au moyen de la lumière et de la chaleur, par l'intermédiaire de l'atmosphère, et la terre lui fournit probablement certain fluide inconnu, mais homogène sans doute avec sa nature, et nécessaire, au moins en partie, pour entretenir son activité. Par suite, le cerveau pourrait être regardé comme remplissant dans l'homme, par rapport à son corps, une fonction analogue à celle qu'exerce le soleil sur le globe terrestre, puisque c'est par l'action de cet astre que la terre est entretenue dans son activité et entretient la vie des êtres organisés, comme c'est, pour l'homme, le cerveau qui, par son action, c'est-à-dire par ses idées, procure la vie à tout son être, en lui indiquant les moyens de l'entretenir.

Du reste, il est aisé de voir qu'on en peut dire autant de la généralité sinon de l'universalité, des êtres organisés. Chacun d'eux, en effet, est un *microcosme* dont la vie est entretenue d'une manière et par des moyens analogues, nonobstant les différences de formes et de qualités qu'ils présentent.

Il n'en est pas moins toujours vrai que ces petits mondes ne sont que des parties du grand ou du tout ; qu'ils ont la même origine, le même principe, principe dont ils dépendent, et sans lequel ils n'existeraient pas. Ils doivent donc au lieu de chercher à s'en séparer, s'y rattacher et rester unis avec lui, union, qui, pour l'homme, n'est maintenue que par ce qu'on nomme *la religion*.

Si, comme on vient de le voir, on observe une réelle analogie, et, l'on peut dire, une similitude dans les principales conditions de développement d'entretien et d'existence phénoménales des espèces organisées, il n'est pas moins digne de remarque qu'il y a, entre ces espèces, dans chaque règne soit végétal, soit animal, une progression graduée, quant à leur nature et forme, soit physique, soit réceptive, instinctive ou intellectuelle, progression allant des formes, aptitudes ou facultés les plus rudimentaires aux plus développées ou compliquées.

Cela témoigne encore de la liaison, de la dépendance réciproque qui existe entre toutes les parties de la matière vivante, et qui en fait comme un ensemble, un système, un seul tout. On peut dire que c'est : l'unité dans la variété, et la variété dans l'unité.

La simple esquisse que je vais essayer d'en donner ci-après, suffira pour se convaincre de la réalité de cette progression.

Examinons d'abord deux questions, qui sont de savoir : la première, comment agit la matière qui opère le développement des êtres organisés ; la seconde, où se trouve le principe actif qui détermine leur apparition, c'est-à-dire s'il est en eux ou hors d'eux.

Relativement à la première question, deux théories sont en présence : *l'épigénésie* et *l'évolution ou développement*.

1° L'épigénésie tend à établir que les corps organisés se forment par agrégation de molécules ou particules d'une ténuité extrême, et croissent par une sorte de juxta-position ;

2° L'autre théorie prétend que l'accroissement se fait par *évolution, développement* ou *expansion* du germe.

Les deux théories me semblent présenter chacune un côté vrai. Il y a tout à la fois développement et agrégation moléculaire.

1° Il y a développement, évolution ; car le germe, comme l'ovule, soit végétal, soit animal, ne reste pas dans le même état ; il est dédoublé ou mieux détriplé, deux de ses trois principales parties ou formes procédant de la première, et sa forme et son état primitifs disparaissant, sans cesser cependant d'appartenir au même être. L'ovule ou le germe, qu'il s'agisse de l'un ou de l'autre, bien qu'accru par l'agrégation de molécules, n'en est pas moins toujours le même être. Ces additions successives de matières moléculaires n'ont pas pour effet la production d'un nouvel ovule ; mais seulement de donner au premier des formes plus sensibles, plus apparentes. D'ailleurs, ces additions de matières ne peuvent se faire sans une base. Elles supposent un objet à faire croître, tant minime soit-il ; or, cet objet ne doit pas rester inactif. Il faut qu'il y ait en lui une disposition à recevoir, à s'assimiler la substance moléculaire, à faire corps avec elle ; et s'il agit de cette manière à la première addition, il n'y a pas de raison pour que son action ne se continue pas jusqu'à la dernière. En un mot, c'est lui qui trace la forme que les molécules ne font que rendre plus étendue, plus sensible. Autrement, les molécules s'ajouteraient les unes aux autres sans direction et au hasard, ce qui n'est pas admissible. Il y a donc en ce sens développement du principe de l'être.

2° D'un autre côté, il y a accroissement moléculaire par le fait des additions successives de matières ou fluides produisant la nutrition. Ces matières ne proviennent pas du sujet. Elles lui viennent du dehors. Il n'y a pas développement par son fait seul, mais extension de sa forme par quelque chose hors de lui, qui vient s'y ajouter et la grossir. Ainsi qu'on l'a vu, le germe végétal, isolé des éléments solo-terrestres, reste inerte. Les causes de sa croissance sont dès lors des additions moléculaires opérées par l'action de ces éléments, action à laquelle il concourt toutefois par le principe de sa forme et son aptitude réceptive et nutritive.

Il y a donc, dans le fait de la formation d'un être organisé, *développement du principe de ses formes par aggrégation moléculaire.*

Quelle est maintenant la vraie cause de l'action dans le fait de ce développement et d'agrégat moléculaire ? Est-ce la plante, est-ce l'animal qui agit, ou l'un et l'autre ne sont-ils que passifs ? En d'autres termes, ne sont-ils que des effets simplement passifs de l'action des éléments terrestre, solaire et atmosphérique, et des substances qu'elle fait produire, ou concourent-ils en quelque façon à l'action de ces éléments et substances ?

On a avancé d'une manière générale que l'énergie nutritive est supérieure aux aliments, et que la nutrition n'est pas un résultat de l'alimentation.

Il y a ici, je crois, une distinction à faire, entre les êtres du règne végétal et ceux du règne animal.

Assurément, la nutrition ne résulte pas du fait seul de l'alimentation. En outre des aliments, il faut l'action des organes internes du sujet pour se les assimiler ; mais par la même raison, la nutrition n'est pas non plus le résultat de la seule énergie nutritive. L'alimentation est aussi nécessaire pour la nutrition que l'action de l'être qui en est le but. Seulement, cette action est plus ou moins prépondérante, selon le règne auquel les espèces appartiennent.

Dans l'état d'ovule, il est certain que le *végétal*, comme *l'animal*, n'est que passif ou *réceptif*. Car ce n'est pas lui qui s'est donné la vie. Il l'a tient d'autres que lui. Il n'était pas maître de l'accepter ou de la refuser. Elle lui est imposée. En cet état, il n'est pas soumis directement pour sa nutrition, aux actions combinées des éléments solaires et terrestres, ni aux substances qu'elles font produire. Il n'en reçoit l'effet nourricier que par l'entremise de la plante ou de l'animal qui le porte ou l'a porté, et le nourrit jusqu'à ce qu'il soit devenu germe et même au delà, dans certaines espèces, comme on l'a vu. Jusque-là, il est donc plutôt passif qu'actif, n'existant que dans ou par le fait d'un autre, et ne pouvant recevoir directement de l'extérieur, la plante surtout, que des influences presque nulles, quand elles ne sont pas nuisibles ou même destructives.

Lorsque l'ovule *végétal* est parvenu à l'état de germe, commence-t-il à agir par lui même? n'est-il encore que soumis plus ou moins directement à l'action des éléments naturels qui le font entrer en germination? et, plus tard, pour croître, se développer sous cette action, possède-t-il une activité nutritive, ou n'est-il toujours, comme dans l'état d'ovule, qu'un moyen, un instrument à peu près passif?

Cette dernière supposition me paraît la plus vraisemblable, par les raisons ci-après.

L'observation montre que la plante cesse de végéter, languit, souffre et finit par périr, quand l'action atmosphérique vient à diminuer d'intensité, à s'arrêter, ou lorsqu'un des éléments indispensables à la végétation, fait défaut ou est excessif, comme le manque ou l'excès de chaleur, d'humidité, ou la privation d'air, de lumière, etc. La plante n'a par elle-même aucun moyen de se soustraire à ces causes d'altération ou de destruction, ni d'y remédier. Elle est forcée d'en subir les effets et leurs conséquences. On ne saurait donc lui reconnaître une force propre, une vertu agissante sur l'extérieur. Elle est perpétuellement passive, obéissant strictement à l'impulsion que lui imprime l'action des éléments qui l'entourent, qui la dominent entièrement, soit à l'état de germe, soit lorsque ce germe est en voie de croissance ou a reçu tout son développement. Elle n'est qu'un effet, un produit. Si certaines espèces végétales se propagent par le seul contact d'une partie de leur tige avec le sol dans lequel celle-ci s'enracine, on ne peut voir, dans cette extension, un effet de leur force propre. Elle doit provenir uniquement de l'attraction en sens opposés que dans cette position les éléments extérieurs exercent sur cette partie de la plante.

Il y a lieu de conclure de là : 1° que ce n'est pas l'énergie nutritive de la plante qui la fait développer ; que son développement se fait par épigénèse, soit par agrégation moléculaire due aux actions combinées des éléments terrestres, solaires et atmosphériques, actions s'exerçant sur le principe matériel du germe, et toutefois suivant la forme rudimentaire de ce principe ;

2° Que le végétal est dépourvu de toute faculté instinctive, laquelle, d'ailleurs ne lui servirait à rien puisqu'il ne peut se déplacer ; qu'il est forcément à la merci de toutes les influences atmosphériques et terrestres ; se montrant plein de vigueur et d'active végétation quand elles sont favorables, inerte et comme sans vie quand elles sont nulles ou hostiles ;

3° Qu'on ne saurait toutefois lui refuser une propriété de réception, d'absorption, de dégagement, et de conversion en sève des matières et fluides servant à son accroissement et à l'entretien de sa vie, matières et fluides qui lui sont fournies par l'action des éléments solo-terrestres, et qu'il ne pourrait seul se procurer. Par conséquent, il n'est pas exact de dire à son égard que l'énergie nutritive est supérieure aux aliments. C'est plutôt le contraire qui a lieu ici.

Il n'en est pas de même en ce qui concerne les êtres du *règne animal*. Ceux-ci sont généralement doués d'une faculté que n'ont pas les végétaux. C'est la *faculté de locomotion*, qui en comporte une autre : l'aptitude instinctive, sans laquelle la première serait inutile. Ils peuvent, par ce moyen, chercher, choisir et saisir leur nourriture, sans être obligés, comme la plante, de l'attendre dans l'immobilité. Cela fait supposer qu'ils ont en eux une énergie nutritive les portant à l'action. A l'exception de quelques espèces des classes très-inférieures tenant presqu'autant de la plante que de l'animal, ce qui leur manque dans un lieu, ils ont la possibilité de le trouver dans un autre où ils peuvent se transporter. L'entretien de leur vie et leur croissance ne sont donc pas intimement liés à la condition d'une action locale favorable des éléments naturels ; et comme les propriétés du sol et du ciel n'ont pas partout le même degré d'intensité, et produisent, selon les lieux, des effets différents, ils peuvent se soustraire à leur influence quand elle devient nuisible.

En conséquence de ces raisons, la question posée plus haut, me paraît devoir être résolue en ce sens que la plante n'agit pas, ne se nourrit pas elle-même ; qu'elle ne fait que recevoir, absorber et convertir les matières de sa nutrition, sous l'action nécessaire des éléments terrestres et atmosphériques ; que l'animal, sauf peut-être dans les espèces les plus infimes, a, de plus que le végétal, la faculté de se procurer lui-même les matières de son alimentation ; que sa nutrition paraît, du reste, se faire comme celle du végétal, mais d'une manière plus compliquée et qui suppose en lui une énergie nutritive caractérisée.

Dans chaque classe d'animaux, il est certaines espèces qui ne sont pas uniquement pourvues d'instinct. Elles possèdent en outre une faculté plus élevée qui est l'intelligence. Bien que celle-ci ne soit en elles qu'à un degré très-inférieur à celle de l'homme, on ne saurait la leur contester ; car non-seulement l'observation le montre, mais la réflexion amène à reconnaître qu'elle leur est nécessaire, à raison de leurs besoins, et des difficultés qu'elles ont à vaincre pour les satisfaire. Pendant que les animaux qui n'ont que de l'instinct, n'ont qu'à se déplacer pour trouver et prendre leur nourriture, s'accoupler pour se reproduire, abandonnant même pour quelques-uns, à la nature, le soin de développer les germes qu'ils produisent, ceux qui ont quelqu'intelligence, sont obligés à divers soins, qui exigent de leur part, de la prévoyance, des précautions et des démarches ou courses multipliées. Il leur faut souvent user d'adresse, de vigilance, de patience, de ruse et même soutenir courageusement des luttes pour arriver aux mêmes fins. Aussi est-ce principalement à partir de cette catégorie d'êtres animés que cesse la vie uniquement instinctive, pour faire place à la vie plus intellectuelle qu'instinctive. Ici, il ne dépend plus de la seule action solo-terrestre de faire croitre et développer le germe animal. Bien qu'elle exerce toujours son influence, son effet est principalement de l'obliger à se conserver et à se reproduire. C'est à l'animal lui-même à réagir contre les obstacles que la nature, tout en lui imposant cette double obligation, oppose parfois à sa recherche des moyens de satisfaire ses besoins d'alimentation et de reproduction. C'est pour qu'il puisse surmonter ces obstacles qu'un certain degré d'intelligence lui est nécessaire. L'instinct seul serait insuffisant.

Plus on monte l'échelle des êtres animés, plus ces êtres apparaissent doués de la faculté intellectuelle. Ils en reçoivent l'aptitude de leurs auteurs qui en outre prennent soin d'exercer, de développer, au début, cette aptitude consistant d'abord dans une possibilité *d'imitation*, héréditaire dans chacune de ces espèces.

Il y a ainsi une gradation, une progression certaine dans la possibilité d'action des êtres organisés, soit du règne végétal, soit du règne animal, progression qui peut se résumer de la manière suivante :

Pour ce qui regarde les végétaux :

1° Ceux de l'organisation la plus simple sont presque privés d'activité propre, et ne peuvent supporter l'action *directe*, trop forte pour leur faiblesse, des éléments atmosphériques, et dès-lors ne la reçoivent qu'affaiblie ou indirectement. Tels sont les mousses, lichens, champignons, cryptogames, etc.

2° Les végétaux d'une organisation plus complexe, ont une possibilité de réception, d'absorption et de nutrition ou conversion de la matière. Ce sont ceux qui ont la force de supporter un certain degré d'action solaire-atmosphérique, et ont même, pour plusieurs espèces, besoin de cette action pour se développer. Les plantes herbacées appartiennent généralement à cette catégorie.

3° Enfin, ceux à constitution ligneuse, qui occupent les sommets de l'échelle de la végétalité (arbres, arbustes, etc.) ont un degré plus marqué des mêmes propriétés, c'est-à-dire ont une plus grande force de réception et de conversion des matières et fluides que leur fournit l'action solo-terrestre dont les effets développent directement le principe de leur organisme.

Quant aux animaux, la progression paraît être celle qui suit :

1° Chez ceux qui sont *privés de la faculté de locomotion*, l'activité n'est *qu'intérieure*. Ils sont forcés d'attendre que l'aliment qui les fait vivre se présente à l'orifice de leur appareil digestif pour qu'ils puissent l'absorber et s'en nourrir. Ils sont ainsi dans la même situation que le végétal, avec cette différence toutefois que leur alimentation ne leur est pas fournie, à l'état brut, comme à ces derniers, mais a dû subir préalablement une ou plusieurs transformations ou conversions, en d'autres termes, doit leur arriver à l'état soit végétal, soit animal.

2° Ceux qui sont doués d'instinct et de la faculté de locomotion, ont tout à la fois une activité intérieure et un pouvoir d'action sur l'extérieur, c'est-à-dire qu'en outre de leur énergie nutritive, ils peuvent chercher et saisir les objets de leur alimentation. Les éléments extérieurs n'exercent sur leur organisme d'autre action que celle de les obliger à se conserver et à se reproduire, et c'est à eux, à leur instinct, à s'en procurer les moyens, nonobstant les obstacles qu'y oppose parfois la nature.

3° Enfin, les animaux qui, pour se nourrir et se reproduire, doivent se déplacer fréquemment, user de précaution et de prévoyance, déployer adresse, ruse, vigilance, courage ou patience, qui, en outre de l'instinct, ont un degré d'intelligence, proportionné aux difficultés qu'ils éprouvent pour assurer leur conservation et leur reproduction, possèdent une énergie nutritive et une force d'action extérieure des plus caractérisées. Ils subissent encore moins que les précédents, les effets de l'action atmosphérique, en ce sens qu'ils peuvent s'y soustraire plus aisément quand elle leur est contraire.

De ces différentes manières de se produire des êtres organisés, il y a lieu d'induire :

1° Que les végétaux ne sont que des instruments ou appareils divers dont le fonctionnement et la croissance sont entièrement subordonnés à la combinaison de leur principe avec les actions des éléments terrestres, solaires et atmosphériques; qu'ils n'ont qu'*une possibilité d'absorption et de nutrition*, qui ne devient *réalité* que par l'influence favorable de ces éléments.

2° Que les animaux ont, à des degrés divers, une force active qui leur est propre ; que ce pouvoir très-faible et presque nul dans les espèces placées au bas de l'échelle de l'animalité, augmente à mesure qu'on monte les degrés de cette échelle, au sommet de laquelle se trouvent les espèces dont la spontanéité d'action ou la causalité est de plus en plus marquée, et de moins en moins subordonnée aux effets de l'action directe de la nature, l'homme occupant le plus haut et le dernier degré de cette échelle.

On voit suffisamment, par ce court aperçu, qu'il y a une progression incontestable dans les modes d'existence et les facultés des espèces animées qui peuplent le globe terrestre, depuis la plante la plus simple à la plus complexe, et depuis le plus bas degré de l'animalité jusqu'à l'espèce humaine à laquelle s'arrête cette progression comme étant parvenue à son dernier et plus haut terme.

Dans cette marche ascendante, la matière organisée tend visiblement à s'élever de plus en plus au-dessus de la matière inorganique, à s'en dégager, à devenir moins dépendante de son action directe, et à la dominer. Cette tendance est surtout remarquable dans l'espèce humaine. Dès lors il est permis d'entrevoir la possibilité pour l'être humain, sinon de ne plus en dépendre dans l'avenir, du moins de s'en rendre comme maître et de la diriger dans un sens de plus en plus favorable à la conservation et à la multiplication de son espèce.

Le contenu de ce second chapitre peut se résumer dans les propositions suivantes :

1° Tout dans la nature a son but, c'est-à-dire est alternativement cause et effet, effet et cause. Il n'y a rien d'inutile et par conséquent d'absolument simple, si ce n'est le principe même de la vie.

2° Les êtres organisés sont entièrement formés des effets des actions combinées du sol, du ciel et de l'atmosphère, à l'exception de leur principe organique et du principe vital, lequel doit être une parcelle de la substance universelle, base et essence de la matière diversifiée au milieu de laquelle ces êtres sont forcés de vivre.

3° Tous les êtres organisés ont en eux, à des degrés différents, en outre de la substance ou principe vital, un principe organique à la fois matériel et idéal, dont le développement se fait en trois parties distinctes, qui constituent leur existence phénoménale, de sorte qu'il y a dans le germe de chacun de ces êtres, le principe idéo-matériel de trois termes ou facteurs, soit *trois* dans *un* ; puis, par le développement de ce germe, *un* dans *trois*, et que c'est l'action des éléments terrestres et solaires qui fait apparaître ces trois parties. Les formes et qualités de ces êtres sont par conséquent comme le reflet ou l'image des effets de l'action qu'exercent entre elles les sphères terrestre et solaire par l'intermédiaire de l'atmosphère.

4° L'ovule de l'animal, comme celui de la plante, ne commence son développement qu'avec l'attache plus ou moins étroite de l'être qui l'a produit, ou de la mère qui a concouru à le produire et qui lui donne les formes et qualités résultant du mélange de celles de ses auteurs dans l'acte de reproduction. Aucun ovule, ni germe, ne peut commencer seul à se développer.

5° Les éléments solo-terrestres-atmosphériques (soit la nature) ne peuvent créer ni ovule, ni germe. Leur action se borne à développer, à faire apparaître la vie à l'état phénoménal, c'est-à-dire sensible, par l'expansion du principe *idéo-matériel* que les germes ont en eux, en outre du principe vital (la substance).

6° Toutes les espèces animées ont la même origine et la même cause que les sphères terrestre et céleste dont les actions combinées font apparaître les formes et qualités de ces espèces.

7° Les êtres organisés transmettent, en se reproduisant, un double principe : l'un *invariable, immatériel*, qui est une partie de la substance, le principe de la vie ; l'autre, partie idéale, partie matérielle, variable, principe de leurs formes, qualités ou aptitudes, distinct de la substance, mais homogène sous certain rapport, avec elle, ainsi qu'avec la matière, susceptible d'être développé sous trois formes ou intensités différentes, avec les modifications qu'il a pu recevoir chez ceux qui le transmettent, ou tel qu'ils l'ont reçu eux-mêmes, s'il n'a pas été modifié, avant l'acte reproducteur.

8° L'entretien, le développement du germe animal, se fait au moyen des mêmes substances, soit à l'état brut, soit plus ou moins transformées ou converties préalablement, savoir : *pour les végétaux* selon leur degré de force *réceptive, absorbante* et *exhalante*, et *pour les animaux* suivant leur degré de force *réceptive* et *nutritive*, pour les uns ; *instinctive* et *nutritive* pour le plus grand nombre, et à la fois *instinctive, intellectuelle et nutritive* pour ceux des classes supérieures.

9° La théorie qui accorde à la nature le pouvoir d'organiser, selon la différence des espèces, l'être engendré par son semblable, doit être rectifiée en ce sens que la nature ne peut organiser ou façonner le nouvel être qu'en suivant le principe des formes et qualités transmis à cet être par ceux qui l'ont produit, attendu que son action se borne à développer plus ou moins les ovules ou les germes tels qu'ils sont, et qu'elle ne peut ni créer ni organiser.

10° Il y a une progression certaine dans la possibilité soit réceptive, soit active, des êtres organisés, tant du règne végétal que du règne animal, progression qui révèle une tendance et un concours préétablis de toutes les existences vers un état indépendant de la matière, c'est-à-dire une tendance de la matière à l'idéalité, à une vie purement intelligible.

CHAPITRE TROISIÈME

DE L'HOMME

DE L'ORIGINE, DE LA FORME & DE LA VALEUR DES IDÉES

§ 1ᵉʳ. De l'origine des idées.

On vient de voir que, par l'effet du développement de leur germe, il y a, dans tout être organisé, trois parties principales distinctes, bien que de même nature en principe, et que ces parties ou formes sont, dans l'être humain, le cerveau, siége des idées, les sens et le corps. Nous allons examiner l'origine pratique et la valeur de ces idées, ainsi que les formes à *priori*, sur lesquelles elles reposent.

L'observation la plus sommaire permet de s'assurer que l'être humain, immédiatement après sa naissance, ne donne aucun signe d'idée ou de pensée (ces deux mots son synonymes). Toutes les facultés intellectuelles et morales ne sont, en lui, qu'à l'état de germe ou d'aptitude. Il est lui-même une sorte de germe.

Son cerveau n'est qu'une forme, un instrument propre à *former* des idées, dont la matière première doit lui être préalablement fournie par l'alimentation et la nutrition de son être. Cet organe est semblable, en cela, à l'appareil digestif, qui ne possède par lui-même, aucune matière alimentaire, et n'est qu'un instrument, un mécanisme, apte à convertir cette matière en substance propre à nourrir tout le corps. Or, en naissant, l'être humain n'ayant pu encore s'assimiler aucun aliment provenant directement des objets extérieurs, ne peut avoir aucune idée. En venant à la vie, il n'a, en lui, que leurs formes, c'est-à-dire des aptitudes héréditaires, susceptibles d'être plus ou moins développées par la culture, avec l'aide de l'alimentation de son être.

On sait, en effet, que l'enfant, au moment où il vient de naître, est purement sensitif ou instinctif. Semblable sous quelque rapport, au germe végétal, récemment confié à la terre, il commence à prendre racine dans la vie. Après plus ou moins de jours, ses sens entrent successivement en exercice, mais d'une façon qui ne révèle pas encore en lui l'aptitude à penser. Il n'a guère alors que l'intuition vague de certaines formes des objets. Ce n'est qu'au bout de plusieurs mois, lorsqu'il commence à prononcer quelques mots ; que la faculté de penser, se manifeste en lui. Un peu plus tard, il imite, tant bien que mal, ce qu'il voit faire, et à force de voir et d'entendre, il parvient peu à peu à distinguer les objets, et à se rappeler leurs noms, après les avoir entendu répéter à diverses reprises.

Il suit évidemment de cette seconde phase du développement du germe humain (la germination), que l'esprit, la pensée ne se révèle en lui, qu'après son principe de vie, et à mesure qu'il prend de l'accroissement, par l'effet de la nutrition. La pensée est donc, de fait, postérieure à l'existence de l'être humain. Elle ne naît pas avec lui. Il n'a qu'une aptitude à penser.

Mais, puisque la faculté de penser se manifeste ultérieurement, à mesure de la croissance de l'organisme, elle doit partir d'une base, d'un principe, existant dans cet organisme. Elle ne peut provenir uniquement de la nutrition du sujet. L'être humain, en naissant, a donc, en lui, le principe, la forme de la pensée. Ce principe, né de l'acte même de la reproduction, ou continué par cet acte, développé, et mis en action par la nutrition, constitue, avec l'aide du principe vital, sa vie active phénoménale. La vie est, par conséquent, transmise d'êtres en êtres, avec le principe des formes et qualités de l'espèce à laquelle ces êtres appartiennent.

Quelques philosophes, tant anciens que modernes, ont parlé de l'esprit et de l'âme, comme si c'était une seule et même faculté, se servant indistinctement de l'un ou de l'autre mot. Il faut cependant s'entendre sur leur sens, avant de les employer. Je dirai donc que j'entends par *esprit*, non pas la faculté de former des idées ou pensées, mais *le produit* de l'application de cette faculté, c'est-à-dire les idées, soit de l'entendement, soit de la raison. Mais l'esprit n'est pas l'âme, ils sont distincts, et l'un ne saurait être pris pour l'autre, sans mettre, dans le discours, une confusion qui ne permet plus d'y rien comprendre. L'âme est l'essence de l'être en entier, donnant au sujet la conscience de ses pensées et de ses actions, tandis que la pensée elle-même est un acte particulier de ce sujet, acte nécessairement accompagné de la conscience, mais qui en est distinct.

Ainsi que je l'ai montré, l'organisme des être vivants comprend trois formes principales, dérivées d'une seule, qui, dans l'être humain, sont le cerveau, les sens, et le corps; les deux derniers procédant du premier. En engendrant un nouvel être de son espèce, l'homme transmet le principe de ces trois formes ou facteurs (sans parler de la substance ou source primitive de toute existence, laquelle, agissant d'elle-même, doit être absolument indépendante). Pourquoi ne communique-t-il pas aussi l'esprit, la pensée, qui est également en lui, et ne transmet-il que le rudiment de l'organe qui sert à former la pensée ? Si l'esprit était inhérent à l'organisme humain, il devrait le transmettre en même temps que le principe de vie de cet organisme, et le nouvel être aurait, dès sa naissance, la faculté de penser, aussi bien qu'il a la vie et l'énergie nutritive. Or, il est certain qu'il n'a alors aucune pensée, et qu'il ne possède que la faculté de s'assimiler la matière alimentaire particulière qui le développe et entretient sa vie. Il y a donc lieu de regarder l'esprit comme le produit de la propriété d'un organe, propriété susceptible d'augmentation et de diminution, selon le fonctionnement et la puissance de cet organe, qui n'a d'abord que l'aptitude à former ce produit, mais qui en acquiert la faculté, par l'exercice. L'esprit dépend donc de la culture de l'organisme, c'est-à-dire du cerveau qui en fait partie. Par conséquent, cet esprit, cette pensée, est, au fond, de même nature que le corps qui le produit, n'en différant que par un plus haut degré d'intensité, et n'étant idéal que par sa forme.

L'homme, en se reproduisant, transmet donc seulement le *principe des formes* des pensées, comprenant celui des formes physiques, inhérent à son organisme.

Ainsi que je l'ai déjà fait remarquer dans le précédent chapitre, ce principe, devant se développer, est susceptible, dans certaines espèces, plus particulièrement dans l'espèce humaine, d'éprouver, pendant la formation et la durée de l'organisme vivant, des modifications causées tant par le sujet lui-même que par la variation des éléments terrestres et atmosphériques ; modifications qui, sans être jamais assez prononcées pour changer le caractère de l'espèce, peuvent toutefois, soit l'améliorer, soit l'empirer jusqu'à un certain point. Quand un être organisé, a été l'objet d'une semblable modification, il doit transmettre le principe de l'organisme avec cette modification. De nombreux exemples, pris dans le règne soit végétal, soit animal, attestent, en effet, que des espèces, en assez grand nombre, transmettent le principe de leurs aptitudes, amélioré, devenu plus facile à développer, et que l'inverse se produit également, si le principe a dégénéré en elles. Conséquemment, le nouvel être humain doit recevoir de ses auteurs, par le fait de la génération, le principe de leurs aptitudes tant physiques qu'intellectuelles et morales, avec les améliorations qu'ils y ont apportées, ou les abaissements que le principe aurait éprouvés en eux.

Puisque nos idées ne sont pas innées, comment l'être humain les acquiert-t-il ? Comment san aptitude est-elle mise en jeu, car elle ne peut, d'elle-même, entrer en exercice, le cerveau n'étant pas en relation *directe* avec les objets ? Ce ne peut être que par les sens. Les sens, en effet, sont, d'une part, intimement liés au cerveau, organe de la pensée, et d'autre part, ils sont en contact avec les objets extérieurs, et transmettent au cerveau les sensations que ces derniers leur font éprouver. C'est donc par les sens que l'aptitude aux idées commence à s'exercer.

Mais les sens n'ont pas, non plus, par eux-mêmes, cette double faculté de communiquer avec les objets, et de transmettre leurs impressions au cerveau. Ils n'ont pas une activité indépendante, spontanée. Il leur faut un mobile, un moteur. Quel est ce moteur ? On peut répondre que c'est la vie. Ce ne peut être que la vie en effet ; mais alors on demande qu'est-ce qui entretient la vie du nouvel être ? n'est-ce pas l'énergie nutritive de cet être, et la matière de l'alimentation qui lui est fournie quotidiennement ? Cela ne fait aucun doute, puisque, quand cette énergie ou cette alimentation cesse tout à fait, l'être animé s'affaiblit, et la vie ne tarde pas à l'abandonner. Ainsi, l'alimentation et la nutrition sont cause de l'entretien de la vie de l'organisme; celle-ci est cause de l'activité des sens, et ces derniers, par leur relation avec les objets, sont cause de la mise en exercice de l'aptitude à recevoir et à former des idées. Reste toujours à savoir comment se forment les premières idées.

Leur origine et leur cause immédiate ne sont pas autres que celles qui ont produit l'être lui-même. Ce sont ceux qui ont transmis la vie à cet être qui lui donnent aussi, dès qu'il a vu le jour, d'abord, l'alimentation nécessaire ; puis, à mesure qu'il se développe, les premières idées ou notions touchant les qualités et les noms des objets qui l'entourent, d'après la tradition qu'ils en ont eux-même reçue, et les connaissances qu'ils ont pu, en outre, acquérir. L'enfant n'a donc tout d'abord, que les idées qu'on lui donne, qu'on lui inculque, et qu'il s'assimile, peu à peu, par l'attention, l'imitation, la répétition, l'habitude, de même que son corps s'accoutume insensiblement à s'assimiler les substances alimentaires qui le développent et entretiennent sa vie. Et cela n'est pas seulement vrai de l'espèce humaine, mais encore de toutes celles en qui l'on observe quelques traces d'intelligence, ou seulement un certain instinct. C'est, en imitant l'exemple qui leur est donné par leurs auteurs, qu'ils commencent à prendre la nourriture qui développe leur organisme.

Or, l'imitation n'a lieu que par les sens ; l'idée n'y contribue en rien, puisqu'elle n'existe pas encore. Elle est, au contraire, produite par le fait même de l'imitation. Elle en est la conséquence. Il faut que l'impression sensorielle soit assez profonde (et la répétition des mêmes exemples la rend telle), pour laisser, dans le cerveau, une empreinte qui constitue l'idée, idée, dont la forme qui est innée, comme nous le verrons plus loin, est déjà dans l'entendement.

Ainsi, par exemple, quand un enfant entend souvent répéter les mots : ouvrez la porte ; fermez la porte, et qu'il voit le mouvement, l'action qui suit ces paroles, il apprend, peu à peu, par imitation, par habitude, ce qu'on nomme une porte. L'idée de cette action et de son objet se forme en lui ; mais ne va pas au-delà de porte ouverte, et porte fermée. A cet égard, les animaux domestiques qui vivent dans l'intérieur des habitations, nous montrent qu'ils ont appris cela comme l'enfant. Lorsqu'ils veulent sortir ou entrer, ils n'hésitent pas à gratter à la porte. Il n'y a évidemment, des deux côtés, qu'une impression faite sur le sens, puis sur le cerveau, par l'habitude de voir se répéter le même acte, mais s'il s'agit de savoir comment s'ouvre et se ferme la porte, la matière dont elle est formée, sa structure, l'assemblage de ses diverses parties etc., l'enfant, pas plus que l'animal, ne pourra, par le même moyen, c'est-à-dire par l'exemple, connaître ces objets et leurs rapports entre eux. Il n'en acquerra la connaissance que plus tard, et à l'aide d'une succession d'autres sensations et de leur comparaison donnant lieu à d'autres idées.

Il n'est donc pas douteux que nos premières idées ne naissent pas d'elles-mêmes, et qu'elles proviennent de l'imitation, de l'habitude, de l'impression réitérée, faite sur les sens d'abord, puis sur le cerveau, par la répétition des mêmes actes. En un mot, elles nous viennent de l'extérieur, et ne sont pas dues à une prétendue spontanéité de l'entendement, spontanéité qui, sans doute, existe plus tard, mais qui n'est toujours qu'une suite, une conséquence de l'habitude de convertir des sensations ou intuitions en idées, et d'associer celles-ci.

La transmission des premières idées à l'enfant par ses auteurs, est nécessaire ; car si on ne lui apprenait ou s'il n'entendait aucun nom, aucun mot, il ne saurait comment exprimer ses impressions. Sans doute, il n'éprouverait pas moins des sensations, à cause de la disposition naturelle de la sensibilité à être affectée par les objets, et, parvenu à un certain âge, il aurait aussi des idées ; mais celles-ci seraient vagues, incertaines, peu ou mal déterminées ; et il lui faudrait imaginer des noms pour les exprimer. Au lieu de recevoir les noms des choses comme dans la transmission, il aurait à apprendre, par la seule relation de ses sens avec les objets, la nature et les qualités de ces derniers, leur rapports entre-eux et avec lui-même, et enfin à leur donner des noms. Evidemment, il ne pourrait les désigner que par des gestes et des sons de voix qui différeraient selon la différence des impressions faites sur lui par ces objets, puisqu'il n'aurait aucune notion de la parole, c'est-à-dire d'un idiome quelconque. En un mot, il aurait à faire un travail des sens et de l'esprit, semblable à celui que les sociétés humaines ont dû faire, à leur origine, si tant est qu'elles aient eu un commencement.

A la vérité, cela ne serait pas impossible en soi ; mais alors les résultats, pour chaque individu, ou groupe d'individus, opérant de cette façon, seraient au moins aussi différents qu'il y a de langues ou d'idiomes différents parmi les sociétés humaines. En outre, il faudrait supposer que le sujet venant seulement de naître, pourrait seul, sans aucune notion, pourvoir à l'entretien de sa vie, ce qui est tout à fait invraisemblable. On est donc obligé d'admettre comme certain que le concours de ses auteurs lui est, pour cela, absolument nécessaire, et, par conséquent, d'admettre aussi la nécessité de la transmission des premières idées ; car il serait impossible que ces derniers, fûssent-ils le seul couple humain existant, n'eûssent pas déjà des moyens de trouver leur subsistance, et, par suite, la possibilité de communiquer ces moyens, c'est-à-dire leurs idées, à l'être auquel ils auraient donné la vie.

C'est donc à ceux de qui nous tenons la vie que nous devons aussi les premières idées ou notions des objets, idées qui, par conséquent, n'entrent en nous qu'au moyen des sens; que nous n'acquérons pas seuls, mais qui nous sont données, transmises de même que notre principe de vie, et que nous nous assimilons par l'énergie du cerveau, comme notre corps s'assimile les aliments par son énergie nutritive.

C'est de la même manière, et par les mêmes voies, que l'on reçoit la parole, qui n'est d'abord, en nous, comme les idées, qu'à l'état d'aptitude. On peut dire que l'enfant a besoin qu'on lui enseigne la parole, de même que l'on apprend à chanter à certains oiseaux ; car, je le répète, si aucun nom, aucun mot, n'était prononcé et souvent répété en sa présence, il n'en pourrait pas plus articuler que le sourd-muet laissé sans culture. Il ne traduirait ses sensations que par des cris ou des sons de voix inintelligibles et qu'il faudrait observer, à plusieurs reprises, pour en deviner la signification. La parole lui est donc apprise, de même que ses premières idées, par ses auteurs qui, eux-mêmes, l'ont reçue des leurs de la même manière. Elle est, par conséquent, transmise de génération en générations, comme les premières idées.

Toutes les langues, tous les idiomes paraissent dériver des relations que les hommes ont, dès le principe, été amenés, par la force des choses, à entretenir entre-eux. Ce sont les diverses sociétés humaines qui les ont imaginées, développées, perfectionnées, puis altérées, modifiées insensiblement par l'effet du changement de toutes choses. Leur diversité doit avoir principalement pour cause les différences de races qui, elles-mêmes, proviennent probablement des différences de lieux et de climats.

Il suit de là que la transmission des premières idées et de la parole a une origine plus haute que celle de la famille, et qu'elle remonte à la société. C'est, en effet, à la nation, à la société à laquelle nous appartenons, et au milieu de laquelle nous commençons à vivre, que nos ancêtres ont dû les notions et connaissances qu'ils nous ont transmises. On doit raisonnablement admettre que l'existence de toute société humaine est primordiale, et qu'un couple d'êtres humains n'a pu commencer d'exister seul. Lors même qu'on supposerait qu'à l'origine quelques familles eussent pu exister, séparées les unes des autres, cet état n'a dû subsister que fort peu de temps, et les mêmes besoins ont dû promptement les rapprocher. Toutefois, je regarde comme plus probable que, de même que l'abeille, la fourmi, et d'autres espèces, l'homme a toujours vécu en société. On n'a jamais rencontré un seul couple d'êtres humains entièrement isolé, et sans avoir auparavant fait partie d'une agglomération humaine.

De même qu'elle a imaginé le langage, la société a dû imaginer et tracer les règles à observer par ses membres, dans leurs rapports entre eux, règles d'où sont dérivés les droits et les devoirs de chacun d'eux, et par suite, ce qu'on désigne par les mots de vertu et de vice, d'action bonne ou mauvaise. Il est évident que, dans l'état d'isolement absolu, à supposer qu'il fût possible, ces mots n'auraient aucun sens ; l'homme n'en aurait pas l'idée. Ce n'est pas à dire qu'il n'y ait que des droits et des devoirs conventionnels ou contractuels, et qu'il n'y en ait pas de naturels. Les lois de chaque société sont fondées tant sur la conscience humaine que sur l'observation et l'intelligence des besoins de l'humanité. Or, cette intelligence, ces besoins, tiennent précisément à la nature même de l'espèce humaine, et l'on a vu, dans le précédent chapitre, que les espèces ont dû être formées par une cause supérieure aux éléments qui constituent la vie phénoménale, dont l'intelligence fait partie. L'homme, en se servant de cette intelligence pour établir des règles sociales, use du seul moyen qu'il ait à sa disposition. Il n'y a là qu'une manière de procéder, et il ne s'ensuit pas que ces règles n'aient pour base que cette intelligence et la volonté humaine. Puisqu'elles sont fondées sur la nature même de l'homme, sur son besoin inné de conservation, elles rentrent évidemment dans l'ordre des conditions qui ont présidé à la formation première de toutes les espèces, et, par conséquent, elles ont un caractère de suprême nécessité.

Je ne dirai certainement rien de nouveau, en ajoutant que la société est comme un édifice, lentement élevé, souvent modifié et jamais achevé, parceque, hormis la substance, qui est invariable, tout change incessamment, selon la loi du temps. L'organisation sociale est modelée sur celle de l'homme lui-même, qui n'a pu, et ne pourra jamais que lui donner sa propre forme intellectuelle et morale. Ses principes, ses règles sont fondés sur ceux de notre nature. Ces règles ou plutôt ces lois, car elles sont nécessaires, ne sont pas parfaites ni immuables, l'homme étant lui-même un être imparfait, et soumis à la loi du changement. Elles ne sont pas, non plus, identiques partout. Cependant les plus essentielles se retrouvent dans toutes les sociétés, ce qui atteste tout à la fois, leur nécessité et leur conformité avec la nature et les besoins de l'homme; et, quelque défectuosité qu'on leur suppose, il y a obligation morale de les observer. Leur commune ressemblance dans toutes les sociétés, quant au fond, indique ce qu'il y a d'invariable en elles. Ce n'est que dans les parties où elles diffèrent entre sociétés, qu'il peut y avoir lieu à modifications, tant par l'effet du temps qu'en conséquence du progrès des connaissance humaines.

Je viens de dire comment l'enfant acquiert ou plutôt reçoit ses premières idées ou notions des objets ; elles lui sont transmises, données par ses auteurs. Elles n'ont, à vrai dire, d'autre signification que celle de l'exemple donné, puis imité, et que la mémoire peut retenir. C'est, en un mot, une ébauche qu'il complètera plus tard insensiblement.

Quant à la connaissance, elle exige d'autres conditions ; car penser, avoir l'idée d'un objet, n'est pas la même chose que connaître cet objet. Il faut pour la connaissance, en outre de l'intuition d'objets réels, l'action de l'imagination et de l'entendement, c'est-à-dire la synthèse ou réunion de plusieurs intuitions. On sait qu'à cet effet, l'imagination recueille et reproduit successivement les intentions des parties de l'objet, ou de plusieurs objets, fournies par les sens. A une première intuition en succède une seconde, puis une troisième, et ainsi de suite, les précédentes étant toujours reproduites à chaque nouvelle perception, de telle sorte que l'entendement qui les reçoit, puisse en former une unité, un seul tout. C'est cette unité des intuitions partielles représentant les divers objets ou les diverses parties d'un objet, qui, avec la conscience, constituent la connaissance.

Les objets causent sur nous des sensations d'où résultent des intuitions, dont la réunion ou synthèse opérée tant par l'imagination que par l'entendement, reçoit de celui-ci l'unité qui produit la connaissance. Il ne serait pas possible à l'entendement de connaître un objet sans intuition de la sensibilité. Cela ne pourrait avoir lieu que si l'entendement était *intuitif*, c'est-à-dire réunissait en lui, en outre de sa fonction spéciale, la faculté d'intuition que possèdent les sens. Mais, ainsi que je l'ai déjà dit, on n'a aucune idée de l'existence d'un entendement semblable; dès lors on est obligé d'admettre que toutes les intuitions appartiennent à la sensibilité. C'est donc l'action des objets sur les sens qui fait produire à ceux-ci les intuitions, lesquelles, successivement recueillies par l'imagination, parviennent à l'entendement qui, par l'unité qu'il leur donne, produit la connaissance. Il est évident que le sujet doit avoir la conscience des ces divers actes et de leur succession.

Une philosophie moderne, basée principalement sur la science expérimentale, a représenté la pensée comme étant le résumé de toutes les énergies de la nature, parce qu'elle les assimile toutes par le travail qu'elle opère sur les sensations.

J'admets volontiers que la pensée résume, représente les formes et propriétés des phénomènes ; mais si l'on entend que, dans ce travail, elle opère arbitrairement sur les sensations, sans tenir compte de leur nature et intensité, cela me paraît contestable.

La pensée ne saurait reproduire et distinguer les énergies de la nature sans égard à ce que lui fournissent les sensations. Sur quoi se fonderait-elle ? Seule, elle n'est qu'une forme logique, sans possibilité de relation directe avec les objets, et, par conséquent, de détermination réelle de ces objets. Elle ne peut opérer de distinctions qu'au moyen et selon la nature des sensations, et non pas uniquement par sa simple action sur celles-ci. Lorsque, par exemple, la sensation d'un son aigu parvient à l'entendement, la pensée ne saurait assimiler, distinguer, une saveur ou une odeur. Elle ne peut, dans ce cas, qu'opérer sur ce que lui fournit le sens de l'ouïe, et sans y rien changer sans même substituer un son grave au son aigu que ce sens aurait transmis à l'entendement. D'ailleurs, la pensée avant d'entrer en action, doit exister, et d'où vient-elle ? Ne sont-ce pas les sensations qui la font naître, et multiplier ses rapports avec les objets, à mesure de la croissance du sujet, en qui elle n'est d'abord qu'à l'état d'aptitude, ou de simple forme? Le travail de la pensée sur les sensations ne peut donc s'exercer qu'autant que celles-ci lui en ont fourni les éléments, et que d'après la nature même de ces éléments. Par conséquent, les sensations concourent avec elle aux distinctions réelles, qui résultent de ce travail.

La même philosophie dit aussi que les sensations sont à la pensée ce que les aliments sont à la nutrition.

Cette double comparaison me semble fort juste, et vient précisément à l'appui de l'objection qui précède. S'il est vrai, et on ne saurait le contester, que la nutrition ne peut avoir lieu sans des aliments, il ne l'est pas moins que la pensée ne peut se produire sans des sensations. Hors de cette condition, elle n'a rien de réel. Elle n'est que dans l'entendement, c'est-à-dire une simple forme qui ne peut donner aucune connaissance des objets.

Il n'est pas possible de connaître un objet, isolément de tout autre. Pour en avoir la connaissance, il importe de savoir quels sont leurs rapports entre-eux, et avec nous, et l'action qu'ils exercent les uns sur les autres, et les effets qui en résultent.

Les connaissances de la première espèce s'acquièrent par l'observation et la comparaison des objets ou des faits. L'entendement opère ici de la même manière que pour la connaissance de l'objet et de ses parties. Seulement, au lieu de synthétiser les intuitions, il réunit et compare entre-elles *les idées* de plusieurs objets. En d'autres termes, il opère sur des idées, basées sur des intuitions précédentes (qui, au besoin, sont reproduites plus ou moins aisément), au lieu d'opérer sur de simples intuitions ; car l'entendement, qui est la faculté de penser, de former des idées, est aussi celle de juger, c'est-à-dire de faire des rapprochements et des comparaisons.

Quant à l'action d'un objet sur un autre, ou la liaison d'un fait avec un autre, c'est par l'idée de *cause* et *effet* que l'entendement parvient à la déterminer. Il y a toujours, en ce cas, comparaison ; mais il faut pouvoir distinguer la cause et l'effet, distinction qui n'est donnée ni par les objets ou leur action, ni par les sensations, mais qui est un résultat de la *forme* même de notre entendement, comme je l'expose dans le cours du présent chapitre. Or, cette distinction ne peut se faire qu'en admettant que l'un des objets ou des faits a commencé d'agir ou d'exister avant l'autre, c'est-à-dire dans un temps qui a précédé celui de l'effet. Sans le temps, on ne pourrait voir dans l'action qu'un

8.

objet ou un fait d'où résulte l'existence d'un autre, ce qui ne permettrait pas d'appliquer à l'un, l'idée de cause et à l'autre celle d'effet. On ne saurait comment ces idées peuvent leur appartenir. C'est donc par le moyen du temps, que l'on donne à ces idées la signification qui leur convient : à l'une celle de cause, à l'autre celle d'effet ; et c'est l'entendement lui-même qui fait cette distinction.

Mais pour l'application de l'idée de *causalité*, il faut l'action réelle des objets ; car c'est cette action même, constatée par le concours des sens, de l'imagination et de l'entendement, qui provoque cette application ; sans cela, elle n'aurait pas lieu. Ce sont donc toujours les objets, les faits mêmes, les actions observées, qui font naître les idées qui en sont la représentation. Les idées ne les précèdent pas ; seulement ces idées, une fois conçues, peuvent se reproduire en l'absence des objets qui y ont d'abord donné lieu.

En effet, de même que la sensibilité agit sur l'imagination et celle-ci sur l'entendement, de même aussi, l'imagination agit sur la sensibilité. En d'autres termes, l'imagination peut commencer à mettre les sens en activité aussi bien que les sensations déterminent son action. Cela est si vrai que, même dans le sommeil, l'imagination agit parfois sur les sens, au point de produire des effets aussi réels que dans l'état de veille. Mais il est évident que, pour cela, il faut que l'imagination ait été préalablement exercée. C'est ainsi que, lorsqu'on a acquis un certain nombre de connaissances, l'entendement peut les synthétiser, les combiner de manière à en produire d'autres, en l'absence des objets. La sensibilité et l'imagination, secondées par la mémoire, représentent alors à l'entendement, soit les intuitions, soit les idées, comme si le sujet venait à l'instant d'éprouver les sensations qui y ont donné lieu dans le temps. Toutefois, les idées et connaissances, ainsi reproduites, ont toujours pour base les intuitions premières au moyen desquelles elles ont été formées, et, s'il nous paraît en être autrement, c'est que nous avons oublié les circonstances dans lesquelles ont eu lieu ces intuitions.

Les phrénologistes, entre autres, le célèbre docteur *Broussais* (1), ont donné comme certain que la sensation ne se reproduit pas sans la présence de l'objet qui l'a causée. Suivant leur doctrine, c'est l'organe perceptif (partie du cerveau) qui, seul, peut reproduire une

---

(1) Cours de phrénologie, Paris, 1836.

sensation. En d'autres termes, le cerveau, peut éprouver, à nouveau, la perception qu'il a éprouvée par les impressions des sens, sans que ces impressions se renouvellent, tandis que les sens ne peuvent éprouver les impressions des corps que lorsque les corps sont là, agissant sur eux. En un mot, il y aurait mémoire des perceptions, et il n'y aurait pas mémoire des sensations.

Je crois qu'il y a là une erreur. Prenons, par exemple, le sens du goût. C'est bien, il est vrai, le cerveau qui apprécie, qui juge la nature et l'intensité de la saveur, éprouvée par le sens. Mais comment serait-il possible à l'organe cérébral de se représenter, à nouveau, cette saveur, sans l'intervention du sens? La mémoire seule ne suffit pas pour reproduire une sensation quelconque. On conserve bien la mémoire d'une idée, d'une connaissance, d'un acte de l'entendement; mais quand des actes reposent directement sur une sensation éprouvée, et surtout ont produit un effet pathologique, agréable ou désagréable, la mémoire de ces actes ne peut reproduire, en outre de leur côté logique, ce sentiment, sans que le sens qui l'a éprouvé, ne se remette en activité en même temps que l'organe perceptif. Si l'on veut par exemple, se rappeler le goût, la saveur d'un mets ou d'une liqueur, ne ressent-on pas de nouveau, dans le sens même, l'effet produit, dans le temps, par l'objet, quand il était réellement en contact avec le sens? L'organe cérébral n'a pas, seul, la faculté de ce renouvellement d'impression. Il a fait dans le temps son office, à l'aide du sens, et il ne peut le refaire, sans que le sens agisse de nouveau en même temps que lui. La double opération doit recommencer, soit dans le même ordre, soit dans l'ordre inverse, c'est-à-dire en allant du sens au cerveau, ou du cerveau au sens. Cela dépend des dispositions du sujet; car l'action des sens sur le cerveau et du cerveau sur les sens est incessante, et n'est guère suspendue que dans l'état de sommeil parfait. On sait, d'ailleurs, qu'il est passé en usage, lorsqu'il est question d'un aliment d'un goût agréable, de dire *l'eau m'en vient à la bouche*, expression fort juste, qui ne peut avoir été suggérée que par l'impression du sens éprouvant comme un arrière-goût de cet aliment. C'est donc le sens qui, avec l'aide de l'organe perceptif et de l'imagination, reproduit l'impression faite dans le temps, et nous permet de nous la représenter à nouveau.

Il en est ainsi des autres sens. Lorsqu'on veut, par exemple, se représenter une perspective, un monument, la configuration d'un lieu que l'on a vu antérieurement en réalité, la volonté remet en activité l'imagination, et celle-ci, l'organe perceptif et le sens de la vue, comme la première fois ; avec cette différence seulement que le sens n'agit pas au dehors, mais *en dedans*, conjointement avec l'organe perceptif. La liaison entre cet organe, et le sens de la vue, est telle que l'un ne peut agir sans que l'autre prenne part à l'action.

Le fait d'électrisation que j'ai rappelé dans le chapitre premier, serait, au besoin, une preuve de cette faculté de reproduction des sensations, par les sens. Comment, en effet, les sensations d'odeur, de saveur, de son, etc., éprouvées, assure-t-on, par la personne, dont les sens ont été simplement électrisés, auraient-elles pu avoir lieu, si ces organes ne pouvaient rien reproduire sans de nouvelles impressions, causées par des objets réels ? C'eût été évidemment impossible. Il faut donc reconnaître que les sens ont la faculté de reproduire d'anciennes sensations et agissent à cet effet, conjointement avec l'imagination et l'organe cérébral, correspondant à l'espèce de la sensation.

En tant qu'elles se rapportent *directement* à des sensations, les idées ne peuvent se reproduire sans mettre en action les sens qui y correspondent. Ce n'est que lorsqu'il s'agit d'idées reposant sur d'autres idées, que leur reproduction peut se faire, sans le concours de la sensibilité ; et encore il n'est pas sûr que, dans ce cas même, celle-ci reste inactive. Les sens sont bien plus étroitement liés avec nos organes perceptifs et intellectuels qu'on ne le suppose communément.

On regarde assez généralement l'homme comme ayant en lui *la causalité de son activité*. Cette assertion est vraie, si on l'entend en ce sens qu'il détermine lui-même ses actions. Mais alors il en est ainsi de la plupart des êtres du règne animal ; car il n'y a que les machines qui n'aient pas, en elles, cette causalité. L'homme n'a, en lui, qu'une des causes de son activité. Il n'en est pas la cause absolue. Sous ce rapport, il diffère peu des autres êtres animés. Tout être organisé a, en lui, le principe de sa forme, de son développement et de son existence, mais ce principe ne suffit pas seul pour faire développer l'être, le faire vivre comme être phénoménal. Ainsi qu'on l'a vu, il doit, en outre, recevoir les effets de l'action des éléments terrestres et solaires. Sans cette action, et ce qu'elle fait produire, aucun être organisé ne se développerait. Leur principe d'activité resterait inerte. Ce sont ces matières qui fournissent au principe matériel du germe l'alimentation indispensable pour son développement. C'est en elles qu'il puise non pas la vie, mais la formation de son organisme nécessaire *pour la manifestation de la vie*. Tous les êtres organisés, sont, par conséquent, sous la dépendance et l'action de ces éléments. Ils n'apparaissent, ils ne revêtent la forme d'êtres organisés, que par le développement qu'ils en reçoivent.

La vie, c'est l'action plus ou moins prolongée dans un être organisé, et, pour qu'il y ait action, pendant un certain temps, il faut une certaine réciprocité entre les principales parties de cet être. Or, le principe matériel de ces parties a un besoin absolu de la matière pour se manifester. Sans elle, il ne pourrait apparaître, il serait inutile. On ne peut donc pas dire que l'organisme qui contient ce principe, a, en lui même, la causalité de son activité, puisqu'il a besoin d'une autre cause pour exister, pour se manifester. La substance, l'âme, considérée séparément et en elle-même, est bien le principe absolu de l'existence, mais elle n'est pas la cause *directe* et unique de l'activité de l'organisme vivant, lequel, doit s'entretenir lui-même, par des moyens matériels comme sa nature, moyens qui ne sont qu'en partie dans sa dépendance.

Le principe de vie a dû emprunter la matière pour faire apparaître l'état phénoménal. C'est une forme qu'il a revêtue, de même que si quelqu'un veut paraître habillé, il doit prendre un vêtement. C'est son moyen de faire paraître la vie qui peut-être n'aurait pu se produire autrement.

L'homme est seulement la cause secondaire ou immédiate de son activité. Avant de penser et d'agir, il faut d'abord qu'il ait la vie ; et celle-ci ne vient pas de lui ; elle lui est transmise. En second lieu, il faut que ses auteurs l'aident puissamment à commencer à se développer physiquement et moralement, ce qu'il est absolument incapable de faire, seul, dans les premières années de son existence. Enfin, quand plus tard, il se procure lui-même l'alimentation nécessaire pour achever son développement, et prolonger son existence, la matière de cette alimentation ne provient pas de lui, mais est due, pour la plus grande partie, à des causes hors de lui, consistant dans les actions combinées des éléments terrestres et solaires. C'est donc l'action de ces éléments qui est la principale cause de son activité et de l'entretien de son être phénoménal, comme elle l'est de toutes les espèces vivantes.

On verra plus loin que l'homme peut *devenir*

capable d'acquérir la causalité de son activité, en ce sens seulement qu'il peut parvenir à se rendre maître de lui-même, maître de toutes ses impulsions autres que la raison, qui est innée en lui, et dont le développement est toujours proportionné à la culture de son intelligence.

Je viens de dire que l'aptitude aux idées et à la parole, propre à l'être humain, est d'abord exercée et développée par ses auteurs. Cet enseignement primitif, bien qu'il soit généralement très-restreint, lui permet de remplir, dans la société, un rôle utile, et par le moyen duquel il pourvoit aux besoins de son existence. Mais là ne se borne pas la culture qu'il est susceptible de recevoir. Ses auteurs peuvent lui faire acquérir, et parfois il acquiert seul, d'autres notions et connaissances qui, s'ajoutant aux premières, se combinant avec elles, en produisent de nouvelles qui en accroissent l'ensemble. C'est ainsi que l'enfant, devenu adulte, parvient, non-seulement à assurer son existence matérielle, mais encore à obtenir la possibilité d'appliquer son intelligence à d'autres objets. Il peut, dans ce cas, exercer son activité intellectuelle sur ses semblables, et les amener à subvenir, par leur travail physique, à ses propres besoins, en échange d'autres services qu'il est à même de leur rendre. Toutefois, il ne peut avoir d'action efficace sur eux, soit dans ce but, soit dans tout autre, qu'à l'une de ces deux conditions : Il faut, ou qu'il ait acquis, lui ou ses auteurs, des moyens plus que suffisants d'entretenir sa vie, ou, que, par l'effet d'une meilleure culture de ses aptitudes, il possède des connaissances qui manquent et sont nécessaires ou utiles à ceux qui se trouvent dans sa sphère d'action. Il lui est alors facultatif de se dispenser personnellement des travaux corporels, pour ne s'occuper que de ceux de l'esprit, et de cette manière, il arrive à une application supérieure de ses facultés intellectuelles.

Cette application, dont il est surtout redevable à la société, (car, en dehors d'elle, elle ne serait pas possible), se fait, comme l'on sait, de manières très-diverses, mais qui, au fond, diffèrent peu. C'est elle qui produit les entreprises de toutes sortes ; les différents métiers, les arts libéraux, les beaux arts ; et généralement toutes les sciences et connaissances utiles à l'ensemble de la société ou nécessaires pour son gouvernement et son administration.

En faisant ainsi diverses applications de ses idées et connaissances, l'homme ne crée rien de nouveau. Il remplit, vis-à-vis de ses semblables, la même fonction qu'il a d'abord exercée, à l'aide de ses premières connaissances, ou de celles de ses auteurs, pour la recherche et la préparation des susbtances nécessaires à l'entretien de son existence. Il fait produire à ses égaux les mêmes effets. C'est toujours le même exercice de l'intelligence et de la raison. Seulement, ces facultés sont appliquées sous d'autres formes. Ces diverses applications ne sont autres que des transformations des objets de la pensée, qui n'en reste pas moins identique.

Il en est de même de ce qu'on nomme progression des idées. Elle ne consiste que dans leur extension, dans le caractère de généralité ou d'universalité que l'entendement peut leur donner. L'idée est d'abord simple comme la sensation qui la fait produire, et ne s'applique qu'à l'intuition particulière, c'est-à-dire au seul objet que l'on a en vue. Mais l'idée, dans chaque jugement, peut s'appliquer à plusieurs autres objets, et toutefois se rapporte spécialement à celui donné par l'intuition. Si par exemple, je dis : Ce rosier a des épines. L'idée d'un objet ayant des épines, se rapporte à divers autres arbustes, qui en ont également, mais s'applique spécialement au rosier que j'ai en vue. Je puis donc généraliser cette idée et l'étendre à tous les objets présentant la même particularité ; car l'entendement a la faculté de réunir non seulement plusieurs intuitions en une idée, mais aussi plusieurs idées en une seule. Cette réunion de diverses idées produit la pluralité ou généralité, c'est-à-dire qu'elle comprend une série d'objets de même nature, ou qui ont, entre-eux, à certains égards des rapports communs. L'exemple suivant le fera mieux comprendre encore. L'homme qui en secourt un autre, fait acte de charité ou de bienfaisance. Celui qui, au contraire, le dépouille, ou le maltraite, fait un acte nuisible, malfaisant. Ce sont là des idées, des cas particuliers. Si l'on veut se représenter par une seule idée, la variété des actes de l'une et de l'autre espèce, au lieu de continuer à les qualifier chacun, en particulier, on réunit respectivement leurs idées en une seule qui en exprime la généralité. Ainsi, on donne aux premiers l'idée de *vertu* et, à ceux de la seconde espèce, celle de *vice* ou de *crime*. Il se fait là, par la pensée, une sorte d'addition abstraite dont on exprime seulement la somme ou le total par une dénomination conventionnelle, renfermant, dans un même sens, tous les cas de nature semblable. C'est toujours, comme on le voit, la même marche intellectuelle, la même fonction de l'entendement, dans nos jugements. Ce n'est plus une image de l'objet, une idée simple, limitée. C'est une règle qui a pour but de nous représenter une ensemble d'idées, ayant un ou plusieurs rapports communs, par une seule idée, produit de l'imagination et de l'entendement. En d'autres termes, c'est un *schème*, n'existant que comme idée.

Plus simplement, l'objet *arbre*, ou *plante*, désigné par son espèce, comme par exemple, un poirier, un pommier, est une idée ou image de l'objet que l'on a en vue. Une plante, en général, n'est point une image ; mais une règle pour nous représenter la chose par une image qui ne peut jamais atteindre l'idée que l'on en a. C'est là une idée que l'on peut appeler *universelle*, parce qu'elle embrasse la totalité des cas, ou des objets, comme sous des rapports communs, et même ceux supposés seulement pouvoir exister avec les mêmes rapports.

On a dit, avec quelque vérité, mais d'une manière trop absolue, que l'homme est un être perfectible. En effet, à part ce qu'il tient de l'hérédité, et qui constitue, en grande partie, ce qu'on nomme son naturel, il est obligé de tout acquérir. Plus il étudie, observe, compare et réfléchit, plus il accroît ses connaissances et ses moyens d'action. Toutefois, cela n'est réellement vrai que pour les sujets dont l'aptitude, au moins ordinaire, a été cultivée de bonne heure, et sans trop d'interruption. Quant à ceux chez lesquels cette culture a été négligée, il n'aquièrent presque plus rien, parvenus à l'état adulte, et, souvent même, ne sont plus en aucune manière, perfectibles, surtout si, chez eux, l'aptitude héréditaire n'avait qu'un faible degré.

Quelques philosophes ont aussi prétendu que tous les hommes naissent, avec des dispositions égales à la culture intellectuelle. C'est là une profonde erreur. Autant vaudrait soutenir qu'il n'y a jamais eu d'idiots, de crétins et d'imbéciles de naissance. *Buffon* était dans le vrai, en disant qu'il y a plus de différence entre tel homme et tel autre homme qu'entre tel homme et telle bête. Je présume que ces philosophes auront conçu cette fausse opinion de l'exemple d'un certain nombre de personnes qui, quoique de basse origine, se sont néanmoins élevés à de hautes positions sociales, par leur savoir et leur mérite, ou se sont distinguées dans les sciences ou les arts. On est généralement porté, en effet, à attribuer aux seules qualités qu'elle ont, eux-mêmes, acquises, l'élévation de personnes, jusqu'alors confondues, ainsi que leurs ancêtres, avec la multitude. Il n'y a pas, du reste, à s'en étonner;

car l'opinion publique ne se forme, d'ordinaire, que d'après des causes et des faits d'actualité, et s'inquiète peu de remonter aux causes premières, qu'elle ne saurait d'ailleurs ni découvrir, ni comprendre. Mais si ces philosophes, qui devaient être plus avisés, s'étaient enquis de ce qu'avaient été les ancêtres ou les ascendants directs de ces personnages, ils auraient trouvé la cause de ces exceptions. Sans nul doute, on leur aurait appris qu'il n'y en avait, parmi eux, aucun qui n'eût fait preuve de quelques qualités à un degré remarquable. Or, les qualités d'une génération se transmettent, au moins en partie, aux générations suivantes, et quelquefois même s'y accentuent davantage. C'est là ce qui explique dans celles qui en héritent, leur grande aptitude au développement des facultés intellectuelles et morales. Rien ne se perd. Le germe des qualités dominantes, soit au physique, soit au moral, comme celui des imperfections, est transmissible, au moins en partie. Je dis en partie, parce qu'il peut arriver que les tendances ne proviennent que de l'un des auteurs, et soient plus ou moins atténuées par les tendances négatives ou contraires de l'autre. Il paraît que les anciens ne s'y trompaient pas. Les anciens Romains, entre autres, faisaient grand cas de l'influence de la naissance, malgré quelques exceptions, qu'ils attribuaient peut-être aux mêmes causes secrètes que celles que je viens d'indiquer.

N'est-il pas évident, d'ailleurs, qu'en outre de l'aptitude plus marquée, qu'apporte, en naissant, celui dont les auteurs ont une intelligence cultivée, il se trouve, de bonne heure, à même de recevoir de leur part, un enseignement et des exemples qui font presque toujours défaut à ceux qui naissent dans des conditions défavorables sous ce rapport? Il y a là une différence qui ne peut être sans conséquence pour le développement des aptitudes, et leur continuation aux générations subséquentes.

D'autres causes s'opposent encore à cette égale disposition à la perfectibilité. Indépendamment de la différence d'aptitude intellectuelle native, il y a, chez les uns, plus ou moins d'imagination ou de mémoire, chez d'autres, plus ou moins d'étendue et d'activité des facultés réceptives. D'un autre côté, les mobiles, les sentiments, les instincts se trouvent dans tous, à des degrés très-différents, qui gênent ou favorisent l'exercice de l'intelligence. Enfin, les nécessités de vie matérielle sont encore, pour le plus grand-nombre, une cause d'empêchement à l'égal développement des facultés.

Il n'est donc pas possible d'attribuer aux

hommes une égale aptitude à la perfectibilité. Il y a peut-être autant d'inégalité entre eux, sous ce rapport, qu'il y en a dans leur aptitude physique. Sans doute, la presque totalité des hommes civilisés naissent avec une certaine aptitude intellectuelle ; mais il s'en faut beaucoup qu'elle soit égale dans tous, et qu'ils aient, tous, une égale facilité ou possibilité de la développer. Il y a, et il y aura toujours, entre eux, des différences sensibles sous ce double rapport. N'y eût-il que l'inégalité des professions et des fortunes (qui subsistera toujours), que cette seule cause suffirait pour entretenir l'inégalité dans l'aptitude naturelle des individus, et, plus encore, dans son développement et son application.

Mais si tous ne peuvent, en même temps, être perfectibles au même degré, il y a possibilité, pour chacun en particulier, de le devenir ; et l'expérience atteste que cette possibilité se réalise assez fréquemment. En effet, si, parmi les familles, on en voit qui, par diverses causes, n'ont pas conservé et transmis à leur descendance leurs qualités et avantages, tant héréditaires qu'acquis ; par contre, on en voit d'autres dans lesquelles s'est révélée une disposition à la perfectibilité, bien plus marquée que dans celles qui les ont précédées, et qui, par suite, leur sont devenues supérieures. De tous temps, on a vu des familles ne devoir qu'à une culture assidue des facultés morales, d'être sorties de l'obscurité, et d'avoir conquis, dans l'état social, des rangs plus élevés que ceux qu'y occupaient leurs ancêtres. Toutes les causes d'inégalité, sous ce rapport, peuvent donc être atténuées, et même disparaître, avec le temps, et successivement, par l'effet de la volonté individuelle. Mais ce serait s'abuser étrangement que de croire qu'il soit possible de les faire disparaître simultanément chez tous les membres d'une même société; car, pour cela, il faudrait qu'il y eût une égalité parfaite et constante dans les aptitudes naturelles, et les conditions de leur développement, c'est-à-dire dans les professions, les fortunes, et l'instruction, ce qui est absolument impossible, et en tout cas, serait inconciliable avec toute forme d'Etat social.

§ 2. Formes des jugements et des idées

Nous venons de voir que l'être humain n'a, dans le principe, que l'aptitude à recevoir et à former des idées, et qu'il reçoit ses premières idées de ceux-là même à qui il doit l'existence. Cette aptitude comporte les *formes* de ces idées ;

car elle n'est autre qu'une disposition naturelle à recevoir, à concevoir quelque chose. Or, on ne peut avoir une disposition à concevoir une idée, sans avoir en soi la forme et comme le moule de cette idée. Aucun objet ne peut devenir idée, sans une cause lui donnant cette forme d'idée, qui n'est pas dans l'objet, et ne peut être que dans le sujet pensant. Par conséquent, les formes des idées appartiennent naturellement à l'être humain. Elles sont innées en lui, et ne proviennent pas des objets, bien qu'il doive y avoir concordance entre-elles et ces mêmes objets. Ces derniers ne fournissent au sujet que, les qualités matérielles de ses sensations, d'où résultent ses intuitions qu'il convertit en idées d'après les formes qui sont en lui.

Et cela est nécessaire ; si chaque individu concevait, produisait ses idées, d'après des formes arbitraires, ces formes seraient livrées au hazard et aussi variables que la volonté et le caprice de chacun, et il serait impossible aux hommes de se comprendre entre eux. Tout indique donc qu'elles ont leur fondement dans la nature même de l'être humain.

La philosophie transcendantale de *Kant* (1)

---

(1) Voir, le système d'Emmanuel Kant par L. F. Schön.

contient à cet égard une théorie qui offre les caractères de la plus grande probabilité, pour ne pas dire de la certitude. Suivant ce philosophe, les formes de nos jugements et de nos idées proviennent de la nature même de notre entendement. Elles en constituent les fonctions. Je reproduis ci-après les qualifications qu'il leur a données, savoir :

FORMES DES JUGEMENTS

QUANTITÉ	QUALITÉ	RELATION	MODALITÉ
Individuel.	Affirmatif.	Catégorique.	Problématif.
Pluriel.	Négatif.	Hypothétique.	Assertif.
Universel.	Limitatif.	Disjonctif.	Nécessaire.

Comme on le voit, ces formes logiques ou fonctions de l'entendement, dans les jugements, se divisent en quatre classes, comprenant chacune trois membres. Elles constituent la nature de l'entendement et les formes de la pensée. Ce sont des idées pures, primitives, que *Kant* a nommées *catégories*. Il y a, par conséquent, autant d'idées pures ou *à priori*, de l'entendement, qu'il y a de fonctions logiques dans les formes de jugements. Je reproduis également ci-après la nomenclature de ces idées (1).

Quantité { Unité (Mesure).
Pluralité (Grandeur).
Universalité (Tout).

Qualité. { Réalité.
Négation (Absence).
Limitation (Infini).

Relation. { Inhérence, (Substance et accidents).
Causalité, Dépendance (Cause et effet).
Connexité, communauté (Action et réaction.)

Modalité. { Possibilité, impossibilité.
Existence, non existence.
Nécessité, contingence.

Il ne peut y avoir ni plus ni moins de catégories, puisqu'elles sont fondées sur les fonctions mêmes de l'entendement, dont le nombre est déterminé. S'il en existait de plus, il y aurait des idées qui ne pourraient jamais être

---

(1) Dans la quantité, on considère le sujet ; dans la qualité, c'est le prédicat. Dans la relation, on les considère tous les deux dans leurs rapports recpectifs. Dans la modalité, on les considère aussi tous les deux, mais pour savoir leurs rapports avec le sujet pensant. Il ne peut y avoir que ces quatre points vue.

employées pour aucune fonction, pour aucun jugement. S'il y en avait de moins, il y aurait des fonctions, des formes de jugements auxquelles on ne pourrait trouver d'attributs ou de prédicats. L'une et l'autre supposition sont impossibles.

D'après cette théorie, les catégories servent à donner de l'unité aux intuitions des objets, que fournissent les sens, c'est-à-dire servent à convertir ces intuitions en idées ou pensées, à l'aide de l'imagination qui recueille successivement ces intuitions, les réunit, et en présente l'image à l'entendement. Considérées isolément et en elles-mêmes, elles ne peuvent donner aucune idée de l'objet ; le cerveau, l'entendement, qui n'a que des aptitudes, des formes, ne pouvant seul, de lui-même, créer des idées réelles, c'est-à-dire fournir une connaissance. Ainsi que nous l'avons déjà vu, il lui faut, pour cela, des intuitions. L'entendement est la faculté de penser, autrement dit, de *former* des idées. Le seul objet de l'idée étant l'intuition, soit, ce qui est donné par les sens, l'idée, sans intuition, est nulle, elle est sans contenu. Il suit de là que le fond même des idées, leur objet réel, n'est pas fourni par l'entendement, mais par les intuitions, résultant des sensations, et que l'entendement ne fait que donner la forme d'idée, l'unité, à la variété de ces intuitions, suivant les lois de son organisation, lois qui ne sont autres que les catégories.

On a dit que « la pensée n'est pas un résultat des sensations ; qu'en façonnant les idées générales, elle détermine, la différentiation des formes abstraites du monde..... »

Sans doute, la pensée ne résulte pas uniquement des sensations. Il faut, en outre, l'action de l'entendement pour la former ; mais elle a un besoin absolu des sensations, sans lesquelles elle ne se produirait pas. Elle resterait dans le sujet à l'état de simple forme, attendant en quelque sorte que des intuitions lui soient fournies pour les convertir en pensées. Or, ce qui convertit en pensée ne peut pas être déjà pensée, autrement, la conversion serait inutile, et il faudrait, en outre, admettre que la pensée est innée dans l'être humain, tandis que, en naissant, il n'a, comme on l'a vu, que l'aptitude à penser. D'ailleurs, la pensée ne peut pas, n'a pas à se façonner elle-même. Avant toute intuition, elle n'existe pas. Il n'y a, dans l'entendement, que les formes qu'elle est susceptible de recevoir. Ce n'est donc pas elle qui façonne les idées générales. Ce sont les *formes* seulement de ces idées générales que l'entendement donne aux intuitions, et qui, par là, convertissent celles-ci en idées. Ces formes, ces idées pures de l'entendement ne sont pas des pensées réelles ; ce sont des bases, des principes pour la formation des pensées, bases qui n'ont aucune signification, tant que les sens ne leur ont pas fourni la matière à réduire en pensées ou idées, c'est-à-dire des intuitions.

Les intuitions produites par les sensations, sont donc la matière des pensées réelles ; et les formes de ces pensées, c'est-à-dire les idées pures, ou plutôt les cadres d'idées, qui aident à former ces pensées constituent la nature et les fonctions de l'entendement lui-même.

J'ajouterai ici quelques explications touchant la théorie que je viens de résumer succinctement.

Et d'abord, je dirai que les trois premières catégories : la *quantité*, la *qualité*, la *relation*, ainsi que leurs divisions respectives, ne peuvent être fondées que sur l'*espace*, le *temps* et la *substance*. Elles ont évidemment ces trois facteurs pour base, ou point de départ. La *quantité* ne peut être sans l'espace et le temps. La *qualité* s'applique aux objets, qui sont le contenu du temps et de l'espace, contenu qui cause nos sensations, lesquelles ne sont pas douteuses. La *substance* suppose aussi l'espace et le temps ; sans elle, ils seraient inutiles, comme elle le serait elle-même, sans eux. Sans l'existence de quelque chose, il n'y aurait, en effet, ni temps, ni espace, et conséquemment ni la *relation*, ni son principe. Quant à la *modalité*, elle ne concerne que le sujet pensant et *sa manière de considérer les choses*, en lui, et hors de lui, et toutefois elle a les mêmes fondements que les trois autres catégories.

On comprend, par ce peu de mot, que les catégories sont nécessairement *à priori*, c'est-à-dire des idées ou formes primitives, *indépendantes de toute expérience*. Il n'est besoin, en effet, d'aucune expérience pour s'assurer de leur vérité. La réflexion seule suffit, ces formes étant inhérentes à la nature de l'entendement, et constituant les fonctions qui lui sont propres. Nous ne pouvons connaître les choses que par leur moyen, et de la manière qu'elles indiquent, et cela, à la condition des intuitions de la sensibilité.

Ainsi, relativement à la catégorie de *quantité*, tout objet ou phénomène est nécessairement, par le fait de son existence, dans le temps et dans l'espace. En effet, ainsi qu'on l'a vu dans le chapitre premier, il a une durée quelconque, tant minime qu'on la suppose. Sans cela, son existence ne saurait être perçue, elle serait égale à zéro. Puisqu'il est, qu'il existe, il est dans le temps. Autrement, il y aurait contradiction. L'objet serait et ne serait pas, et, puisqu'il est phénomène, qu'il apparaît hors de moi, et n'est pas moi, il en est séparé par un espace quelconque, et conséquemment il est dans l'espace. Tous les phénomènes sont donc dans l'espace et dans le temps, qui sont des quantités extensives, ou d'étendue, et ils en ont les formes.

L'être humain étant aussi phénomène, est dans l'espace et dans le temps, et par conséquent il en a, comme les objets, les formes (soit durée et étendue, relatives). Ces formes sont en lui, dans son entendement, et il a naturellement l'idée du temps et de l'espace, soit de quantité, d'où ses idées primitives : d'*unité*, de *pluralité* et d'*universalité* ; *un, plusieurs, tout* ; ou jugement particulier, jugement général, jugement universel.

En ce qui concerne la catégorie de *qualité*, la réalité d'un phénomène n'est pas quantité *extensive*, mais est quantité *intensive*, c'est-à-dire qu'elle a un degré quelconque d'intensité, que nous percevons par la sensation. Ce qui n'a aucun degré d'intensité indique le manque, l'absence de réalité. On ne peut percevoir le degré d'intensité qu'à la fois et non successivement attendu que chaque sensation ne remplit qu'un seul moment. Donc, sous ce rapport, les objets, ou sont réels, ou ils ne le sont pas, ou enfin, leur réalité est limitée, chaque sensation pouvant croître, ou diminuer jusqu'à ce qu'elle disparaisse. De là, les idées primitives de *réalité*, de *négation*, ou absence et de *limitation*.

— En d'autres termes, c'est la synthèse de sensation dans le temps ou contenu du temps : *affirmation*, être dans le temps ; *négation*, ne pas être ou absence d'existence dans le temps ; *limitation*, transition du degré d'intensité d'une sensation à sa disparition. D'où le jugement *affirmatif*, ou *négatif*, ou *limitatif*.

En ce qui regarde la *relation*, tout phénomène, par cela même qu'il est dans le temps, est soumis au changement. Il est accident, plus ou moins lié a d'autres objets, et ils ont, entre-eux, plus ou moins d'action ou d'influence les uns sur les autres. Leur état, leur manière d'être change, se succède. Chez les uns, il commence, alors que, chez d'autres, cet état fini, c'est-à-dire que ces derniers passent à un autre état, à une autre manière d'être. Or, ces changements supposent une action, et celle-ci une force qui la détermine. Cette force est nommée *substance*. C'est la base, le principe d'existence de l'objet, de l'accident. Ce principe est durable et invariable dans le temps ;

car, s'il était variable, s'il était succession, la succession n'étant qu'un changement continuel, sans avoir la moindre grandeur, la moindre quantité, il ne pourrait y avoir des rapports de simultanéité et de succession. Tout serait succession, conforme à la marche du temps, et l'on ne pourrait percevoir l'existence. Il faut donc que ce principe soit durable et invariable dans le temps. Les objets ou accidents ne sont que sa manière d'être, ou plutôt renferment la substance même ; car celle-ci ne peut être perçue que dans les objets, dans les accidents, qui sont sa manière de se produire. Par conséquent, la substance n'est pas donnée par les sensations. Elle n'est pour nous qu'une idée pure ; mais c'est une idée nécessaire, puisque, sans elle, l'expérience ne serait pas possible.

La substance est donc la base de l'existence, l'essence même des objets, et le principe de leur relation. C'est l'idée du rapport des sensations entre elles dans le temps, ou ordre du temps. A ne considérer que l'homme, en particulier, il est, comme tous les phénomènes, une manière d'être de la substance. Il est devenu, il est accident, étant soumis à la loi du changement. Il a reçu l'existence d'un autre que lui, et il n'est qu'une suite, qu'une continuité de cette existence antérieure. Cet autre l'ayant précédé dans le temps, est *cause* de son existence, et celle-ci est *effet* de l'action de cette cause. Cette action, comme je l'ai dit, suppose une force, et celle-ci la substance. Donc la substance est la base, le principe absolu de la synthèse de *cause et effet*, autrement dit de la *causalité*. Celle-ci suppose la *connexité*, attendu qu'aucun objet ne peut exercer d'action ou d'influence sur un autre, sans être en connexité ou communauté. Il suit de là que la *substance*, la *causalité* et la *connexité*, qui ensemble constituent la catégorie de *relation*, sont aussi des formes ou idées primitives de l'entendement, formes exprimées par le jugement *catégorique*, ou *hypothétique*, ou *disjonctif*.

Enfin, le sujet pensant a la faculté, non-seulement de porter des jugements sur les objets, mais encore d'apprécier le rapport qu'il y a entre ces jugements et sa propre faculté de penser, ou la manière d'exister de ses sensations dans le temps ; en d'autres termes, il peut apprécier la manière dont sont formés ses jugements. Dès lors, il doit y avoir, à ce point de vue, des jugements problématiques ou *possibles*, *assertifs*, ou réels, et des jugements *nécessaires*, et par conséquent, les formes de la *possibilité*, de *l'existence*, et de la *nécessité*, ce qui constitue la catégorie de *modalité*.

C'est ainsi que je m'explique la nécessité de ces formes ou catégories de l'entendement, pour concevoir l'existence des phénomènes et la possibilité de leur connaissance. Cependant j'ajouterai encore, à l'appui de ces explications, quelques considérations tirées de l'observation de certains faits naturels.

Chaque espèce d'êtres animés a une forme physique, distincte de celles d'autres espèces, des organes paraissant avec des formes particulières à l'espèce. S'il n'en était pas ainsi, les espèces ne pourraient être distinguées entre elles. Il n'y en aurait pas ; elles ne feraient qu'une. Il en est de même des organes internes, ils ont aussi leurs formes spéciales, bien que tous soient, au fond, de même nature. Le cerveau, organe soit de l'instinct, soit de l'intelligence, est aussi de forme identique, et son mode d'action est généralement le même dans chaque espèce. Dans l'espèce humaine, cette ressemblance commune n'est pas moins frappante. La forme et la nature des sens et du cerveau, le son de la voix, sauf quelques nuances quant à l'étendue et à la régularité, sont semblables. Il en est de même des formes du langage et des jugements qui ne diffèrent pas sensiblement dans les mêmes circonstances données. L'exposition des idées, ce que l'on pourrait nommer leur cadre, et la construction des phrases, n'offrent d'autres différences que des inversions qui n'altèrent pas sensiblement la forme principale de la pensée, toujours reconnaissable. Il faut bien que cela soit ; car, autrement, les hommes auraient beau avoir le don de la parole, et l'art de l'écriture, qu'il leur serait bien difficile, sinon impossible, de se comprendre entre eux, si chacun, dans les mêmes cas, donnait à ses jugements des formes nouvelles et différentes. Il est donc nécessaire que nos idées et nos jugements aient, pour bases principales, des formes fixes, qui soient semblables pour tous, et ces formes ne paraissent pas être autres que celles qui font l'objet des catégories, établies par la théorie que je viens de rappeler.

Ce que je vais dire paraîtra, sans doute, fort exagéré, et sera accueilli avec incrédulité par le plus grand nombre. Mais je crois que, parmi les observateur sérieux, il s'en trouvera plus d'un qui partageront ma conviction.

Ces formes primitives d'idées ne sont même pas toutes étrangères aux bêtes. Il est difficile de ne pas admettre que certaines espèces, parmi celles dont l'organisme offre quelque analogie avec celui de l'homme, n'en possèdent plusieurs. En effet, elles distinguent fort bien l'*unité*, de la *pluralité*, c'est-à-dire ne confondent pas une seule personne, une seule chose, avec plusieurs. Toutefois, elle n'ont pas le sens ou l'idée d'*universalité*, probablement parce qu'il faut synthétiser, les idées d'unité et de pluralité pour avoir celle d'universalité et qu'elles sont incapables de faire cette réunion.

Il n'est pas douteux, non plus, que leurs sensations ne les avertissent de la *réalité* comme de l'*absence* des objets et de leurs qualités ; mais elles ne peuvent avoir aucune notion de la *limitation*, c'est-à-dire du degré d'intensité des objets.

Quant à la *substance*, il est évident qu'elles n'en ont pas la moindre idée. Elles n'ont que le sens des accidents, de l'existence des objets, et surtout de leur propre existence qu'elles préservent contre les attaques, soit par la fuite, soit en se défendant. Mais elles ont le sens de la *causalité, en ce qui les touche individuellement*, comme en ce qui peut menacer leur progéniture venant de naître, (peut-être parceque, peut de temps auparavant, celle-ci ne faisait qu'un avec la mère). Toutefois, on ne saurait dire qu'elles ont pleinement le sens de la *connexité* des objets. Elles ne doivent l'avoir que d'une manière restreinte, et en rapport seulement avec leur causalité.

Relativement à la *modalité*, on peut douter

qu'elles en aient l'instinct, et cependant il résulterait de quelques faits qu'elles ont un certain sens de la *possibilité* et de l'*impossibilité* par rapport à elles-mêmes. On voit des animaux, tels que le chien, par exemple, hésiter, dans certains cas, chercher, tenter, puis renoncer à faire une chose, un acte qu'ils jugent impossible pour eux, et, dans d'autres cas, faire la chose promptement et sans hésitation, ce qui indiquerait qu'ils peuvent apprécier le rapport qu'il y a entre eux et les objets, et la manière dont ils les considèrent. On les voit même quelquefois comme honteux, découragés de n'avoir pu faire une chose qu'ils avaient essayée. Toutefois, on ne saurait leur accorder le sens de la *nécessité*.

Ainsi, chose remarquable, deux des trois membres de chacune des quatre classes de catégories paraissent ne pas êtres étrangères à certaines espèces, autres que l'espèce humaine, au moins pour ce qui les concerne individuellement.

On trouvera peut-être étrange d'attribuer à des espèces, autres que l'homme, l'idée ou le sens de la *causalité propre*. Cependant de nombreux cas, dont il suffira de citer quelques-uns, ne peuvent laisser de doute sur ce point. Ainsi, presque tous les animaux qui vivent en liberté, fuient à l'aspect de l'homme. Il n'y a pas là de l'instinct seulement. Cet acte leur est inspiré, autant par le soin de leur conservation, que par une prévoyance réfléchie ; car il en est un grand nombre qui ne s'enfuient pas, et restent en place, quoique voyant très-bien l'homme, quand ils sont séparés de lui par une assez grande distance. Cela prouve, non-seulement qu'ils sentent, qu'ils apprécient les cas où ils ont, ou n'ont rien à redouter pour leur existence, mais encore qu'ils ont quelque notion de l'espace et du temps. En effet, on ne distingue un grand espace d'un plus petit que parce que le premier exige plus de temps pour son intuition que le second. On a pu voir aussi des animaux qui, poursuivis par les chasseurs, s'arrêtent et se reposent, dès qu'ils remarquent que la poursuite a cessé ou s'est ralentie, ou qu'ils ont suffisamment d'avance sur leurs agresseurs. L'appréciation de cette suite de faits donne lieu de supposer qu'ils ont une certaine notion de l'ordre de succession des choses pour ce qui les concerne directement, et par conséquent, qu'ils ont le sens de la cause de leur fuite, de la cessation de cette cause et du calme qui a suivi. On sait, d'ailleurs, qu'il arrive assez souvent que la bête fauve reconnaît le chasseur qui vient de la blesser, et se retourne contre lui, sans même se préoccuper des autres personnes qui se trouvent à ses cotés, ce qui atteste que l'animal a remarqué les mouvements et l'action du chasseur qui a causé sa blessure.

Il serait facile de rapporter d'autres exemples, non moins frappants. Je regarde donc comme certain que la plupart des animaux ont, à des degrés différents, le sens de la *causalité*, en ce qui touche particulièrement leur existence ; mais il est plus que douteux qu'ils aient cette notion relativement à l'action des objets les uns sur les autres. Cependant on voit des chiens se jeter sur les personnes qui tentent d'attaquer ou seulement menacent leur maître, ce qui indiquerait qu'ils savent distinguer la cause et l'effet, même dans les cas qui n'intéressent pas leur propre conservation. Il se pourrait toutefois qu'il n'y eût là qu'un acte dû à l'affection, à l'étroite intimité qui unit l'animal à son maître, et le fait s'identifier en quelque sorte avec lui.

Ces diverses observations me semblent de nature à corroborer les autres preuves données à l'appui de la théorie de l'entendement telle que l'a établie le philosophe de Kœnigsberg.

§ 3. Valeur des jugements et des idées.

Mais la conclusion à tirer de ce que l'entendement possède, par lui-même, les formes logiques des jugements et des pensées, est-elle bien celle donnée par *Kant*? Ces formes ou catégories sont, il est vrai, en nous mêmes, dans notre entendement, et ne nous sont pas données toutes faites, par les objets sensibles; mais faut-il en conclure avec ce philosophe, que l'entendement *prescrit arbitrairement* des lois a la nature au lieu de les recevoir d'elle, et que ces lois *n'ont de réalité que par rapport à nous*?

J'ai déjà fait voir dans le chapitre premier, que si c'est nous qui transportons dans les objets les conditions qui établissent leurs synthèses et leur ensemble, c'est-à-dire la connaissance; si, par conséquent, nous opérons sur ce que nous avons nous même disposé, élaboré, il ne s'ensuit pas que les objets hors de nous, ne soient pas réels. Nous n'avons, ai-je dit, et il ne doit pas y avoir d'autres moyens de les connaître.

La même question se représente ici, sous une autre forme.

Les catégories de l'entendement sont des lois pour la nature. Or, comme je l'ai montré, ces catégories, du moins les trois premières ; *quantité, qualité, relation,* ne peuvent avoir pour fondement que l'*espace,* le *temps* et la *substance* ; soit les objets ou phénomènes qui en sont la représentation. Il est incontestable que ces trois grands facteurs sont, au moins pour nous, la condition absolue de l'apparition et de l'existence de tous les objets. Pour résoudre la question qui se pose de nouveau, il s'agit dès lors uniquement de savoir si ces facteurs ne sont qu'en nous, ou sont hors de nous, aussi bien qu'en nous.

S'ils ne sont qu'en nous, s'ils constituent seulement notre manière d'apercevoir, il est clair que les objets n'existent pas, ne sont pas *réels,* qu'ils n'ont que l'apparence de la réalité ; qu'ils ne sont réels que par rapport à nous, à notre manière de les considérer ; car aucun objet *réel* ne peut *être* sans espace ni temps, et sans base, c'est-à-dire sans la substance, ou il y aurait contradiction. L'objet serait et ne serait pas. Dans ce cas, la théorie de *Kant* et sa conclusion sont entièrement vraies. Les effets de l'application des catégories ne sont que relatifs à nous.

Si, au contraire, ces facteurs sont propres à

la nature, comme à nous, les objets ont alors une existence aussi réelle que la nôtre, et les catégories ou lois que nous leur appliquons, ont des effets aussi certains pour eux que pour nous. Dans ce dernier cas, si la théorie Kantienne est vraie, la conclusion ne saurait être admise comme telle.

Mais, comment peut-on savoir si l'espace, le temps et la substance sont, ou ne sont pas propres aux objets ? Par quels moyens s'assurer de l'affirmative ou de la négative à cet égard ? On pourrait bien employer l'hypothèse, et dire: si les objets existent, ils sont *nécessairement* dans l'espace et le temps, et ont une substance. Si, au contraire, ils n'existent pas, il n'y a ni espace, ni temps, ni substance, ailleurs que dans les idées ou catégories du sujet pensant. Mais on ne ferait ainsi, que retourner la question, que la remplacer par une autre, sans la résoudre. Il n'y a qu'un seul moyen qui puisse conduire à une solution, et ce moyen, c'est *la sensation*. Est-elle ou n'est-elle pas possible sans des objets *réels* ? C'est au bon sens à répondre. Il est évident, pour moi, que toute sensation est impossible sans des objets *réels*, c'est-à-dire sans des objets qui diffèrent d'intensité avec les sens et l'idée. Or, la sensation et l'intuition, qu'elle produit existent ; on ne peut le nier. Nous vivons, nous sentons, nous agissons, et, avec nous, et, comme nous, une infinité d'êtres animés, dont les sensations ne diffèrent des nôtres que par le degré d'intensité. Il y a donc lieu d'admettre que l'existence des objets est *réelle* ; par suite, que l'*espace*, le *temps* et la *substance* leur *sont communs, comme à nous*; et, conséquemment, que les catégories ou lois que nous appliquons à la nature, ont leurs bases en elle, comme en nous.

D'autres arguments peuvent être invoqués à l'appui de cette solution.

C'est bien, il est vrai, notre entendement qui fait l'application aux objets des catégories ou lois qui lui sont propres; mais cette application constitue, pour lui, l'expérience, qui, sans cela, ne serait pas possible. C'est sa manière d'opérer, de procéder. Si ces lois n'étaient qu'en nous, étaient tout à fait étrangères à la nature des objets extérieurs, on ne concevrait pas qu'elles pûssent, comme cela a lieu, s'adapter exactement à ces objets, à moins d'admettre, avec *Kant*, que cette application n'est réelle que pour nous, que relativement à notre manière d'apercevoir, de synthétiser, de penser. Il y a plutôt lieu de considérer ces conditions comme se trouvant des deux côtés. Ce qui fortifie cette opinion, c'est que plusieurs espèces animées en font, comme nous, à certains égards, l'application, ainsi que nous l'avons vu. Quand même on ne leur accorderait que la faculté de juger des distances, ce qui comporte quelque notion de l'espace et du temps, soit de la *quantité*, et cela n'est pas contestable, il faudrait nécessairement reconnaître que notre connaissance de la nature n'est pas seulement relative à notre manière d'apercevoir, mais est bien réelle, et absolue, puisque d'autres espèces savent, comme nous, distinguer un grand espace d'un plus petit, un grand objet d'un moindre, et, je crois pouvoir ajouter, ont, jusqu'à un certain point, le sens de la causalité. D'ailleurs, nous sommes phénomènes comme les objets, et tous sont plus ou moins liés ensemble. Aucun d'eux n'est isolé, indépendant. Les formes de notre entendement, bien qu'inhérentes à notre organisation, doivent aussi être en rapport avec celles des phénomènes hors de nous, et être en harmonie avec elles, ainsi qu'avec les conditions *a priori* de l'existence de ces derniers. Si les formes des objets, si les lois de la nature, ne dépendaient que de nous, n'étaient qu'un résultat de notre manière d'apercevoir les choses, la liaison, l'enchaînement des phénomènes serait détruits. Il n'y aurait, entre eux, aucune dépendance, et nous avons vu que tous dépendent, plus ou moins, les uns des autres. Il ne pourrait y avoir d'homogénéité entre des formes, des lois qui n'existeraient qu'en nous, et ne se trouveraient dans la nature que parce que nous les lui appliquons.

Si l'on veut, comme les Kantistes, soutenir que ces lois, ainsi que nos connaissances des objets, n'ont de réalité objective que par rapport à nous, il n'y a plus alors de lois et de connaissances *nécessaires* et *universelles*. Tout est contingent, tout est relatif à notre manière d'apercevoir et de juger. En un mot, l'être pensant crée tout par ses idées. Il n'y a rien de certain que notre action, et encore relativement à nous, ou plutôt rien de certain que notre pensée, puisque d'après eux, tous les objets ne sont en nous que des intuitions et des pensées ; par suite, aucune science, pas même les mathématiques, ne peuvent avoir de certitude, autre que celle que nous leur attribuons, d'après les formes de notre entendement.

Ces conséquences sont inadmisibles.

Comme on l'a vu dans le chapitre deuxième, les êtres organisés sont formés entièrement, leur substance et leur principe organique exceptés, des effets des actions combinées des éléments terrestres et solaires, c'est-à-dire des matériaux fournis par la nature, et dont les propriétés ou qualités constituent la nutrition, l'entretien de la vie de ces êtres, et, en particulier, de l'être pensant. Si nous prescrivons des lois à cette même nature, nous ne le faisons, et ne pouvons le faire qu'avec la matière qu'elle même nous a fournie, et, pour cela, il faut que cette matière renferme les éléments des principes d'après lesquels nous la jugeons ; qu'elle soit, elle-même, une application de ces principes. Nous ne faisons dès lors que réunir, grouper et transformer ces éléments en lois, selon les formes de notre entendement, il est vrai, mais formes que nous tenons de notre organisme dont le développement est dû à la nature elle-même. Il y a donc lieu de considérer la nature comme étant, en réalité, conforme à notre entendement, et comme nous fournissant, par les phénomènes, les matériaux épars des lois que nous lui appliquons ; matériaux auxquels nous ne faisons, en définitive, que donner des formes. Les bases, la matière de ces formes sont, par conséquent, en elle comme en nous, et les effets de leur application ont, par suite, le caractère d'une certitude absolue.

On peut dire qu'il en est, à cet égard, de nos rapports avec la nature, comme de ceux d'un gouvernement avec la nation qui lui est soumise. Ce gouvernement et cette nation n'existent pas sans lois, sans règles, sans lien qui les rattache l'un à l'autre. Qui a formulé ces lois, ces règles ? Evidemment, c'est le gouvernement, l'autorité préposée à la direction de la nation. Sur quoi s'est-il fondé pour faire ces lois ? il ne les a pas formulées au hazard. Il a dû en puiser, quelque part, les éléments, et le bon sens indique qu'il n'a pas dû les prendre ailleurs que dans la nation même à laquelle ces lois devaient s'appliquer, et que, dans ce but, il a consulté ses ressources, ses besoins, ses mœurs, usages, coutumes, etc. Or, si ce gouvernement a procédé de cette manière, et on ne peut supposer qu'il ait fait autrement, ses lois ne sont que la représentation de ces mêmes besoins, ressources, etc. Elles en sont comme le tableau. Leurs éléments se trouvaient épars ; la loi n'a fait que les réunir, que les façonner, que leur donner une *forme*. Ils ont donc la même valeur qu'elle, et cette valeur n'est pas seulement relative au gouvernement auteur de la loi, mais elle est absolue, en tant qu'elle s'adapte exactement à son objet.

Les lois ou formes que l'entendement donne aux éléments épars, dispersés dans la nature, ne sont donc pas seulement réelles pour l'entendement ou le sujet pensant ; cette réalité s'étend aux éléments eux-mêmes, attendu qu'ils en sont la matière et comme le contenu, et doivent, par conséquent, avoir la même valeur, et la même certitude.

Je terminerai ce chapitre par une dernière observation sur ce sujet.

Les idées, les pensées ne viennent pas toute faites du dehors dans l'homme. C'est bien certainement lui qui les forme, et qui agit d'après elles. D'où lui viennent ces idées ? D'où en tire-t-il les éléments ? Il ne les enfante pas arbitrairement ; il ne les crée pas de rien. Il ne peut les tirer que de la nature ; mais la nature ne les lui fournit pas tout préparés et, ne les fait pas entrer en lui sans aucune action de sa part. Pour avoir des idées, il lui faut produire, préparer et façonner les matières alimentaires qui le nourrissent, et cela, à l'aide tant des éléments que lui fournit cette nature, que par le travail de ses sens et des premières notions qu'il a reçues de ses auteurs. La nature ne lui fournit ainsi que les conditions premières de sa nutrition, c'est-à-dire que l'action du sol et du ciel. Le fond de ses idées gît donc dans ce qu'il a travaillé, fait produire et préparé. Conséquemment, ses sens et ses idées lui procurent ses aliments, et ses aliments lui procurent, à leur tour, par la nutrition de son corps, ses idées dont il n'a en lui que le moule, c'est-à-dire que les formes primitives.

Nos procédés de perception des objets et de formation de leurs idées offrent la plus grande analogie avec la nutrition de notre corps. En effet, nous n'avons aucun autre moyen de percevoir les objets que *l'espace et le temps*, qui sont la forme de notre intuition, et *l'entendement*, qui est notre manière de penser, de former des idées. Quant à l'existence, et aux qualités des objets, nous ne pouvons encore en avoir la connaissance que par cette *même sensibilité et les catégories ou formes de l'entendement*; de telle sorte que c'est nous même qui nous procurons l'intuition des objets, ainsi que leur connaissance. La nature ne nous fournit que la matière de nos sensations, bases des intuitions, et c'est nous qui donnons aux objets leurs diverses formes, et leur manière d'être. En d'autres termes, c'est nous qui nous donnons les formes des objets, ainsi que la connaissance de leurs qualités, suivant la forme de notre sensibilité et les fonctions de notre entendement.

Or, comme nous venons de le voir, l'homme ne procède par autrement pour la nutrition qui renouvelle et entretien la vie de son organisme.

C'est lui-même qui forme ses aliments, sous les conditions matérielles que la nature lui fournit, comme à tous les êtres organisés. C'est lui qui les fait produire, qui les prépare, façonne, mélange, puis les absorbe et les convertit en la propre substance de son être, comme l'entendement convertit en idées les intuitions que les sens ont recueillies. C'est lui, en un mot, qui fait tout, dans l'entretien de sa vie matérielle, comme de sa vie idéale. La nature ne lui fournit que les éléments terrestres, solaires et atmosphériques. L'action de ces éléments est ainsi, pour l'alimentation de son corps et de ses sens ce que la forme de son entendement ou plutôt de son cerveau est pour la production de ses perceptions et de ses idées, c'est-à-dire, dans les deux cas, une base, un moyen, une sorte de matière première qu'il dépend de lui d'utiliser par son travail intellectuel et corporel.

Mais il ne faut pas perdre de vue que la cause de son énergie nutritive comme de ses facultés perceptives et intellectuelles, ne vient pas de lui, qu'elle est due à la cause suprême qui a créé les sphères terrestres et célestes, ainsi que le principe de son organisme, principe qui ne lui est venu que par transmission ou génération. Il importe aussi de remarquer que la matière que ces sphères lui fournissent, n'a pas seulement une réalité relative à lui, une simple apparence de réalité; mais qu'elle est aussi réelle que les sensations qu'elle lui fait éprouver, et qui sont la base de ses intuitions, et celles-ci de ses idées. Sans la réalité absolue de cette matière, son existence ne serait qu'une apparence, une idéalité, ce qu'il n'est pas possible d'admettre à moins de nier la réalité de la vie elle-même.

Qu'on dise que tous les objets extérieurs, toutes ces parties de la matière ne sont que des différents degrés d'intensité de cette matière qui, au fond, serait une comme la substance, il n'en resterait pas moins vrai que l'intensité de ses parties, qu'elle qu'elle soit, doit différer en quelque point, de celle de nos sens, pour que ceux-ci puissent en recevoir des impressions; car, si elles n'en différaient pas, les sensations seraient aussi impossibles, dans ce cas, qu'avec des objets n'ayant que l'apparence de la réalité.

Il faut donc reconnaître que ce qui est hors de nous, quoique ce soit, est bien réel, et que, tout en étant homogène avec nos sens, sous quelque rapport, ce quelque chose en diffère cependant, quant à l'intensité, c'est-à-dire à des degrés inférieurs d'intensité, ce qui lui laisse le caractère d'une réalité au moins égale à celle de nos sens.

Ce qui fait l'objet du présent chapitre peut se résumer ainsi qu'il suit :

1° L'être humain, à sa naissance, n'a aucune idée ou pensée. A part le principe vital, c'est-à-dire la substance, source de toute existence, il n'a que des aptitudes héréditaires, tant physiques qu'intellectuelles ou morales.

2° Ce n'est que par la culture de ces aptitudes qu'il acquiert la faculté de penser, laquelle est, par conséquent, postérieure à son principe de vie.

3° Les premières idées ou notions se forment dans l'être humain par l'imitation ; conséquemment entrent en lui par les sens. Elles lui sont données, ainsi que la parole, par ceux-là même qui lui ont transmis, avec le principe vital, le principe de toutes ses aptitudes, et qui les ont reçus de la même manière de leurs ascendants. Par conséquent, leur cause première remonte à la force qui contraint l'homme à vivre en société.

4° C'est par la comparaison des faits, des actions qui se passent en sa présence, qu'il commence à acquérir la connaissance des rapports des objets entre eux et avec lui-même, ainsi que de leur action les uns sur les autres.

Lorsqu'il a acquis un certain nombre de connaissances, il peut les synthétiser, les combiner et en obtenir de nouvelles, en l'absence même des objets, les intuitions et les idées antérieures pouvant se reproduire en lui au moyen des sens, des organes perceptifs et de l'imagination.

5° L'être humain n'est pas la seule cause de son activité. Celle-ci a sa cause primitive et persistante dans la diffusion universelle de la substance, et sa cause immédiate dans le principe matériel et spirituel à divers degrés (esprit et matière), qu'il a reçu de ses ascendants, et dont l'entretien et le développement dépendent essentiellement de l'action des éléments solaires et terrestres. Toutefois, il peut devenir capable d'acquérir la causalité de son activité, c'est-à-dire la force de se rendre maître de tout ce qui, en lui, est autre que la raison.

6° Toute pensée réelle, c'est-à-dire tout ce qui est *exprimé* par la pensée, a pour base primitive l'intuition d'un objet, et celle-ci la sensation. Sans une intuition correspondante, la pensée n'exprime rien *réel*.

7° Le travail de la pensée sur les intuitions ne peut s'opérer qu'autant que celles-ci lui en ont fourni les éléments, et que d'après la nature même de ces éléments.

8° Les sensations sont plus nécessaires à la vie que la pensée. Une infinité d'êtres organisés existent sans avoir la faculté de penser; tandis que la pensée ne peut se manifester que dans un organisme intelligent.

9° Tous les hommes ne sont pas également perfectibles. Il y a autant d'inégalité entre eux, sous ce rapport, qu'il y en a dans leur aptitude physique. Chacun d'eux a toutefois la possibilité d'élever progressivement son degré de perfectibilité, et de le transmettre, ainsi augmenté, à sa descendance.

10° L'être humain apporte, en naissant, avec l'aptitude intellectuelle, les formes primitives, fondamentales de ses idées et de ses jugements. Ces formes ou catégories constituent la nature même et les fonctions de son entendement.

11° Ces formes ne peuvent *seules*, donner aucune idée *réelle*. Il faut, pour cela, que la sensibilité fournisse à l'entendement la matière, soit les intuitions produites par les sensations que les objets font éprouver au sujet pensant. Par conséquent, le fond des idées n'est pas donné par l'entendement, mais par les sensations. L'entendement forme, convertit les intuitions en idées par l'unité qu'il leur donne, unité qui constitue la connaissance, comme il peut aussi donner l'unité à plusieurs idées en les réunissant en une seule.

12° Les formes primitives de la pensée, ou catégories, sont des lois que l'entendement applique à la nature, c'est-à-dire d'après lesquelles il la considère et en acquiert la connaissance. Les effets de l'application de ces catégories ou lois ne sont pas seulement relatifs à l'entendement ; ils le sont également pour la nature qui en fournit les éléments, et ont, par conséquent, le caractère d'une conformité réelle avec cette même nature.

CHAPITRE QUATRIÈME

DE LA RAISON, DE LA VOLONTÉ, DE LA LIBERTÉ MORALE ET DE L'AME

Jusqu'ici, il n'a pas encore été question, dans ce livre, de la *raison*, de la *volonté* de la *liberté morale* et enfin de l'*âme*. Sans vouloir traiter *in-extenso*, ces différents sujets, je ne puis me dispenser d'en parler, tant comme un complément de ce que j'ai dit des autres facultés de l'homme, que comme un préliminaire utile pour bien comprendre l'application qui sera faite, dans le chapitre suivant, des principes de l'organisation naturelle. J'exprimerai successivement sur chacun de ces points mon opinion en commençant par la *raison*.

§ 1er. De la raison.

La *raison* n'est pas le *bon sens*, et cependant on prend assez généralement l'un pour l'autre.

Tout homme qui n'est pas idiot ou en démence, a, en lui, la raison, sans même avoir cultivé son intelligence, tandis qu'il s'en faut de beaucoup que tous aient ce qu'on appelle du bon sens, même avec un esprit cultivé.

La raison est la faculté, non pas de faire des comparaisons, ce qui paraît être du ressort de l'entendement, mais de comprendre le résultat d'une ou de plusieurs comparaison. C'est le moteur immédiat de l'action ou de l'abstention, comme la volonté en est la cause immédiate.

La raison est une sorte de mesure ou de balance, servant à faire connaître soit le bien et le mal, faits, ou présumés devoir résulter de l'action, soit les avantages ou les inconvénients des choses, suivant que nos connaissances nous les représentent. Sans des connaissances, il n'y a pas de raison ; comme sans objets à peser, il n'y aurait pas de balance. Elle serait inutile. Ce n'est pas à dire qu'elle exige des connaissances étendues. Elle accompagne les moindres notions ; et comme il y a toujours des rapports, et par conséquent, des comparaisons possibles, entre les notions les plus simples, les plus bornées, c'est la raison qui en juge le résultat, ainsi que l'opportunité de son application. Elle est toujours proportionnée à l'étendue des connaissances, comme la force d'une balance et toujours proportionnée au poids de la chose à peser ; autrement elle ne pourrait servir.

La raison considérée dans son opération objective, c'est-à-dire, dans ses idées, est la faculté des principes, comme l'entendement est la faculté synthétique des intuitions. De même que l'entendement compare et synthétise soit des intuitions, soit des idées des objets, et leur donne l'unité qui constitue la connaissance ; de même, la raison synthétise, totalise les connaissances, les jugements de l'entendement, et leur donne l'unité qui constitue ses principes, c'est-à-dire les majeures dans ses raisonnements.

De même encore que la justesse des jugements ou synthèses de l'entendement dépend de la réunion, plus ou moins complète, des intuitions et des idées des objets ; de même la justesse des principes de la raison dépend de la réunion, plus ou moins complète, des connaissances de l'entendement. Plus l'ensemble de ces connaissances, sur un même sujet, est homogène et complet, plus la justesse du raisonnement qui s'appuie sur cet ensemble, a de certitude.

La raison, par elle-même, est toujours juste, surtout quand il s'agit de faits passés ou présents. Ce sont les bases sur lesquelles elle repose, qui peuvent-être, et sont souvent faussés, en ce sens qu'elles sont incomplètes, erronées, ou portent sur des choses à venir, et conséquemment douteuses. Quand on s'est déterminé à agir, sans avoir exactement prévu toutes les circonstances de nature à contrarier l'exécution de nos desseins, ce n'est pas la raison qui a été en défaut, elle n'est devenue telle que par le manque de connaissance ou de prévision de quelques unes de ces circonstances, qui précisément se sont présentées.

En dehors de l'idiotisme ou de la folie, ce n'est donc jamais la raison qui manque dans l'homme ; c'est bien plutôt l'imperfection, l'insuffisance de ses connaissances, c'est-à-dire l'expérience, qui peut donner jusqu'à un certain point, la juste prévision des choses à venir.

J'appelerais volontiers : double ou composée, l'opération logique de la raison, qui consiste comme l'on sait, dans le raisonnement. L'homme est aussi apte au raisonnement qu'à la raison, soit qu'il le fasse, en lui-même, tacitement, soit qu'il le produise par la parole ou l'écriture. Seulement, dans ces derniers cas, il est obligé d'apprendre à l'exprimer correctement. Dans le raisonnement, proprement dit, il y a comme une double raison. En effet, il comporte la faculté de comparer le sujet et le prédicat d'un jugement particulier avec ceux d'un autre jugement, considéré comme certain, comme général, et d'en déduire un troisième jugement qui est la conclusion. Ainsi, par exemple, dans le jugement : « Tous les hommes sont mortels, Paul est homme donc Paul est mortel, » toute personne reconnaîtra aisément qu'il y a identité entre *Paul* et *homme*, et en concluera non moins facilement que le prédicat *mortel* s'applique aussi bien à *Paul*, puisqu'il est *homme* qu'à *tous les hommes*. L'opération logique de la raison ne consiste donc qu'à vérifier si le sujet du jugement particulier est bien semblable à celui du jugement général, puis, à attribuer au premier le même prédicat que celui du jugement général.

Le *bon sens* n'est pas seulement la simple raison. Il exige d'autres conditions. On pourrait le nommer la raison appliquée et éclairée. Il faut, en outre de la simple raison, la connaissance aussi complète que possible, et la juste appréciation des faits et circonstances avec lesquels on sera probablement en rapport dans l'exécution de ce qu'on projette, et des facilités et des obstacles qu'ils présentent eu égard aux moyens dont on dispose, et à l'importance du but à atteindre. En d'autres termes, il faut avoir, d'une part, la certitude de la nécessité ou de l'utilité de l'objet que l'on se propose, et, d'autre part, savoir faire choix des moyens les plus propres à réaliser cet objet, sans inconvénient aucun, ou avec le moins d'inconvénient possible pour le présent et dans l'avenir. C'est là, je crois, ce qui constitue le bon sens, et l'on voit que la simple raison est loin de pouvoir tenir lieu de ces conditions. Celles-ci ne sont du reste, qu'une suite, un enchaînement de raisons, s'appuyant toutes sur la connaissance et la judicieuse appréciation du but, de son utilité, des moyens de l'atteindre, des obstacles et des facilités que l'on peut rencontrer, et de toutes les conséquences qui peuvent résulter de l'action à entreprendre, pendant et après son exécution.

En résumé, le bon sens c'est la raison avec prudence et savoir ; tandis que la raison simple n'est que l'appréciation du résultat de la comparaison d'une chose avec d'autres, et que la raison composée ou double, si je puis dire ainsi, est l'appréciation du rapport qu'il y a entre un jugement particulier et sa condition contenue dans un autre jugement qui est la règle générale.

Ce qui rend les hommes différents entre eux,

ce n'est donc pas la raison ; c'est le bon sens, l'expression du raisonnement, c'est-à-dire la manière plus ou moins correcte de raisonner, et les bases plus ou moins vraies, plus ou moins complètes du raisonnement.

Les hommes diffèrent aussi, quant à l'intelligence. Ceux qui l'ont exercée, comprennent mieux et plus promptement le sens et la valeur des idées et des faits, que ceux chez qui elle est restée inculte.

Ils diffèrent encore plus sensiblement, sous le rapport des connaissances, parceque, bien que celle-ci puissent s'acquérir par l'étude et par l'observation et la pratique, tous sont loin d'avoir les mêmes dispositions à s'instruire, et une égale possibilité de s'en servir.

Mais où la différence entre eux est la plus marquée, c'est en ce qui regarde l'imagination et le sens moral. Il en est qui en sont presqu'entièrement dépourvus, pendant que d'autres ont ces facultés à un haut degré. Quant à cette différence, la cause en est innée, et doit être héréditaire. D'où, sans doute, est venu la maxime : *Fiunt oratores, nacuntur poëtæ*. On devient orateur mais on n'ait poëte ; maxime qui, pour le dire en passant, n'est vrai que pour le commun des orateurs, la véritable éloquence exigeant un haut degré d'imagination et de sentiment, de même que les autres parties des beaux arts, qui, tout en supposant de la science, sont plutôt du ressort du génie que de l'étude.

En présence de cette diversité d'organisations et de ces différents degrés d'intelligence et de connaissance, que chacun est à même de constater, on ne doit pas s'étonner de voir les hommes être si peu d'accord dans leurs jugements et les appréciations qu'ils portent sur presque toutes choses, en dehors même de l'intérêt personnnel qui s'y mêle si souvent. Comment, dans cet état, serait-il possible de faire admettre généralement une vérité quelque bien établie qu'elle pût être? Et, encore, il est à remarquer que, dans toute société humaine, les trois quarts au moins de ses membres adoptent aveuglement les opinions de l'autre quart; ce qui est peut-être plus heureux que regrettable; car si tous étaient capables d'avoir une opinion à eux, il deviendrait peut-être impossible de s'accorder sur quoique ce soit.

§ 2. De la volonté.

La *volonté* est l'acte extérieur qui suit l'impulsion, la raison, soit d'agir, soit de nous abstenir ou de résister.

C'est la conclusion active, par rapport à nous, d'un travail de nos idées ; autrement dit, la conséquence de l'influence, de la pression d'une ou de plusieurs raisons acceptées, nous poussant à nous déterminer à telle ou telle action, ou à l'abstention, nous obligeant à nous prononcer ou à nous réserver.

C'est l'assentiment ou le non assentiment au résultat de la comparaison que nous avons faite de différents rapports de choses ou de personnes avec nos instincts, sentiments ou passions, c'est-à-dire avec ce que nous croyons être nos vrais besoins ou intérêts présents ou futurs. En d'autres termes, c'est l'assentiment ou le non-assentiment au résultat de notre délibération intérieure où tous les motifs, toutes les raisons possibles contre ou pour l'action, ont été examinés, pesés et comparés.

C'est pourquoi la volonté peut être déterminée par une multitude de motifs ou de raisons qui tous ont pour base l'appréciation du résultat de la comparaison de l'action qui doit suivre notre détermination avec ses mobiles et ses effets, suites et conséquences présumés.

La volonté, de même que la raison, a toujours une force proportionnée aux connaissances acquises. Je n'entends pas parler d'une volonté qui suivrait, sans refléxion aucune l'impulsion des instincts et des sentiments en vue de leur satisfaction immédiate, ce qui d'ailleurs n'arrive guère à l'homme que dans l'état d'ivresse. Il n'y a pas de volonté dans ce cas, mais obéissance passive à des excitations sensuelles. Je ne traite ici que de la volonté qu'on peut appeler raisonnée, qui du reste est commune à tous les hommes.

La volonté n'est pas la même chose que l'intelligence ou la pensée ; comme l'a prétendu *Spinoza*. En cela, il se trompait. Elle en est distincte, ainsi que l'a soutenu, avec raison, *Descartes*. La volonté, c'est l'expression, la mise en action du résumé ou de la conclusion de nos diverses appréciations. C'est notre moi agissant tantôt tout entier quand le but est important, considérable, tantôt en partie seulement, c'est-à-dire faiblement, légèrement, quand il s'agit de choses sans importance, sans portée, presque indifférentes, comme lorsqu'il s'agit de la satisfaction d'un minime intérêt, d'un désir, sans grande conséquence.

Peut-on vouloir au-delà de ce que nous pouvons percevoir, savoir, comprendre ? *Spinoza* le contestait. Descartes, au contraire, l'admettait. Suivant le premier, la volonté est toujours contenue dans les limites de l'intelligence, soit de l'entendement, et, en cela, il était conséquent, puisque dans son opinon, la volonté et l'entendement sont une seule et même chose. D'après le second, la volonté n'est bornée par aucune limite. Nous donnons, dit-il, notre assentiment à beaucoup de choses que nous ne déduisons pas de principes certains. Si nous pouvions contenir notre faculté de vouloir dans les limites de l'entendement, nous ne tomberions jamais dans l'erreur. Or, nous avons le pouvoir, et il dépend de nous de faire usage de la liberté de notre volonté, de manière à n'être jamais trompés. Ainsi, selon *Descartes*, nous ne tombons dans l'erreur que par le manque d'un parfait et droit usage de la liberté, et parce que nous ne contenons pas, comme cela nous est possible, la volonté dans les limites de l'entendement.

Ce raisonnement revient à dire que, si notre entendement était parfait, nous éclairait parfaitement, nous ne voudrions certainement agir que dans ses limites, attendu qu'au delà de ce qu'il nous montrerait, il n'y aurait que ténèbres et obscurité. Cela n'est pas douteux. Mais c'est précisément parce que cet entendement ne nous éclaire qu'imparfaitement, et que nous *croyons* cependant en être suffisamment éclairés que nous tombons dans l'erreur, en exerçant notre volonté d'après ses lumières. En voulant une chose, on ne croit pas dépasser les limites de ce qui nous est connu. On est convaincu que nous les connaissons suffisamment ces limites, et que nous nous y renfermons. C'est uniquement de là, c'est-à-dire, d'une part, de l'imperfection, de l'insuffisance, nos connaissances, et d'autre part, de notre croyance contraire, que viennent les erreurs et les mécomptes de la volonté.

Si, par entendement, Descartes a entendu les connaissances que l'on possède *réellement et complétement*, son raisonnement semble admissible. Toutefois, il ne s'ensuit nullement qu'il nous soit toujours possible de *savoir* que nous remplissons cette condition, et, par conséquent, de proportionner notre vouloir à son degré d'accomplissement. Mais s'il suppose qu'il suffit et que l'on est capable de restreindre sa volonté à l'étendue de l'intelligence même inculte, c'est-à-dire aux lumières naturelles, il est dans l'erreur. Il est impossible, en effet, qu'un sujet dont l'esprit est resté sans culture, puisse s'en servir assez bien pour contenir exactement sa volonté dans les limites de son faible savoir, limites qu'évidemment il ne peut connaître d'une manière précise. Cela est déjà très-difficile à ceux dont l'intelligence a été cultivée, à plus forte raison, les autres sont-ils exposés à vouloir au delà de ce qu'ils connaissent réellement. L'expérience démontre, d'ailleurs, qu'il y a une infinité d'hommes dont la la conduite prouve qu'ils sont incapables de proportionner leur vouloir à ce qu'ils savent, ne pouvant déterminer jusqu'à quel point s'étend leur savoir réel, et à cet égard, se contentant le plus souvent d'un simple aperçu.

La raison et la volonté sont les deux modes d'emploi de la force qui détermine soit l'action, soit la résistance ou l'abstention. Or, cette force gît dans les instincts et les sentiments, source ordinaire des désirs, et surtout dans les passions. L'intelligence et la raison ne suffisent pas seules pour déterminer la volonté à l'action. Elle ne peuvent que l'éclairer, en hâter ou retenir la manifestation. Elles n'ont pas, en elles, la force d'impulsion nécessaire pour décider le sujet à l'action. Elles ont toujours besoin de mobiles, venant des instincts ou des sentiments. Quand nous croyons n'agir que par la raison seule, notre détermination a toujours pour base le désir de la satisfaction ou la crainte de la non-satisfaction d'un sentiment, dans un temps plus ou moins éloigné, sans que nous nous en rendions compte, autrement qu'en pensant que nous le faisons par raison. C'est pourquoi l'être humain, à la différence des autres êtres, a toujours un de ses mobiles non pas dans la raison, mais dans une raison.

La raison et la volonté ne sont d'abord dans l'être humain qu'à l'état d'aptitudes naturelles, et cependant, particularité remarquable, et qui les distingue de ses autres aptitudes perceptives et intellectuelles, qui doivent être exercées pour devenir des facultés, c'est qu'elles se développent toutes seules, sans culture, en suivant le développement intellectuel de l'individu, développement auquel elles sont toujours proportionnées, de même que l'instinct, dans la plupart des animaux, suit naturellement, le développement de leur organisme.

Ce qui constitue la nature de l'homme, c'est bien la volonté et surtout la raison, c'est là ce qui le distingue des autres êtres animés. Mais ce n'est pas là le *naturel particulier* à chaque homme. Ce qui forme la base de son tempéramment et de son caractère, c'est la prédominance de certains instincts et sentiments, sur ses autres facultés, prédominance que la volonté, secondée par l'intelligence et la raison, peut bien contenir, comprimer temporairement, mais non pas changer ni effacer entièrement. La raison, la volonté, est impuissante pour modifier le naturel. Toutefois, il n'est pas douteux qu'elle n'ait la force d'en retenir les manifestations plus ou moins longtemps, et même de l'empêcher de jamais se traduire en actes qui le révèleraient tel qu'il est. Cela est surtout possible aux sujets qui se sont sérieusement appliqués à cultiver leur intelligence.

Parmi les sentences philosophiques d'un penseur d'un ordre élevé, de *Vauvenargues,* se trouve celle-ci. « Celui-ci qui serait né pour obéir, obéirait jusque sur le trône. » D'un autre coté, un grand esprit, *Descartes* dans son discours sur la méthode, a formulé diverses maximes qu'il se proposait de prendre pour règles de conduite, et au nombre desquelles il a placé celle-ci : » Ma seconde maxime, a-t-il dit, était d'être le plus ferme et le plus résolu en mes actions que je pourrais, et de ne suivre pas moins constamment les opinions les plus douteuses, lorsque je m'y serais une fois déterminé, que si elles eûssent été très-assurées...... »

Comment concilier la sentence du premier avec la maxime du second ? N'y a-t-il pas : d'un côté, fatalité, prédestination ; et de l'autre ; liberté, pouvoir ou faculté d'agir d'après une règle fixe que l'on s'est tracée soi-même à l'avance ? Où se trouve la vérité ?

Pour toute personne habituée à observer et à réfléchir, il ne saurait être douteux que Vauvenargues ne soit ici plus dans le vrai que Descartes, sans parler des inconvénients qu'aurait la maxime de ce dernier au point de vue de la perfectibilité.

Il est difficile, en effet, non pas d'arrêter, à l'avance, la résolution de se conduire de telle ou de telle manière, ce qui est aisé ; mais d'avoir la volonté assez ferme pour conformer sa conduite à cette résolution prise. La pensée et l'action sont deux choses bien différentes. Prendre, comme Descartes, la détermination d'être le plus ferme et le plus résolu *qu'on pourra*, en ses actions, n'est-ce pas dire, à l'avance *qu'on pourra bien ne pas être aussi ferme qu'on l'avait résolu*, et même qu'il pourra arriver *qu'on ne le sera pas du tout*? Dès lors, à quoi bon la maxime, si, en définitive, son observation doit toujours dépendre du pouvoir que l'on aura de l'appliquer, c'est-à-dire de la force de caractère et de volonté de celui qui l'aura prise pour règle de conduite ? Il est évident qu'avec un caractère faible, mobile, indécis, flexible, sujet à recevoir plutôt qu'à donner l'impulsion, c'est en vain que l'on prendrait les plus sages résolutions, on serait toujours incapable de les exécuter, si elles dépassent la mesure de notre force de volonté, et il nous faudrait subir l'ascendant, la domination d'une volonté ou plus éclairée ou plus forte que la nôtre. Ce n'est pas qu'on ne puisse se proposer des règles de conduite; mais il est évident que, si elles sont au-dessus de la force de volonté du sujet, elles ne serviront qu'à constater son impuissance de les observer.

La faculté de se déterminer en ses actions, d'après des règles ou maximes fixes, n'appartient pas à tous les hommes. Elle s'acquiert progressivement. Elle a des degrés que la vie d'un seul homme ne suffit pas à franchir tous, à moins qu'il n'ait déjà, à cet égard, une disposition héréditaire prononcée. Il faut les efforts de plusieurs générations successives pour que cette faculté apparaisse à un degré supérieur dans une individualité en laquelle ces efforts viennent se résumer. Il en est des qualités morales comme des richesses matérielles. Leur acquisition exige le travail et l'esprit de suite de plusieurs générations. A une génération d'êtres faibles, sans courage, sans force de volonté, il n'en peut succéder immédiatement une autre offrant un caractère opposé. Ce n'est qu'insensiblement avec l'aide du temps, que des efforts soutenus dans un même sens, peuvent améliorer notablement les aptitudes ou dispositions intellectuelles et morales dans un individu, et lui permettre de les transmettre, ainsi améliorées, à sa descendance.

§ 3. De la liberté morale

Le sens du mot *liberté* a été, et paraît, encore aujourd'hui, être entendu de diverses manières. Les uns comme *Voltaire*, dans son dictionnaire, plus analytique que philosophique, considérant la liberté à un point de vue abstrait ou plutôt physique, ont dit : la liberté c'est puissance, c'est le pouvoir d'agir, de faire. Selon d'autres qui l'ont envisagé surtout au point de vue morale, c'est le pouvoir de satisfaire nos désirs, nos sentiments, de réaliser nos idées, nos aspirations, sans empêchement. On a aussi prétendu que tous les hommes ont une égale liberté, et ont la même responsabilité de l'usage qu'ils en font. Ces définitions de la liberté me semblent ou inexactes ou incomplètes.

Je ne veux parler ici que de la *liberté morale*, autrement dit du *libre-arbitre*; car, pour la liberté physique, il est évident qu'elle dépend de facilités ou d'obstacles matériels qui peuvent en permettre ou en entraver l'exercice, en dehors de notre volonté. Celle-ci ne s'acquiert pas ; l'autre, au contraire, dépend de nous, doit s'acquérir, et ne peut même, exister autrement.

On ne peut avoir la liberté morale qu'à deux conditions: l'une, c'est d'avoir acquis assez d'empire sur soi-même pour être maître de ses désirs et de ses penchants ou passions; la seconde, c'est également d'avoir acquis des connaissances, entre autres, celles des usages, des règles sociales du milieu dans lequel on doit vivre et agir, ce que, d'ailleurs, suppose déjà, en partie, la première. Plus ces conditions sont remplies complétement, plus on possède pleinement son libre-arbitre.

La liberté appliquée à se gouverner s'acquert et progresse avec la connaissance de nous-mêmes, et à mesure que l'on prévoit mieux les conséquences de nos actions. Celui qui est parvenu à dominer ses désirs et à diriger sa volonté, a la possibilité, la liberté du choix de ses déterminations. Celui qui, au contraire, n'est pas maître de lui, cède à la première impulsion de ses sens, sans réfléchir aux conséquences qui peuvent en résulter.

Nous ne sommes pas libres, de par notre naissance. Au contraire, aucun être animé ne l'est moins que l'homme, qui, en naissant, est dans une dépendance absolue; mais nous pouvons le devenir plus ou moins. La liberté s'acquert; elle a des degrés comme toutes nos connaissances.

Qu'est-ce, en effet, que la liberté? N'est-ce pas le pouvoir, la possibilité de choisir, de faire une chose de préférence à d'autres, de se décider à prendre tel parti, plutôt que tel autre, en toute occurence ? Assurément. Mais le choix, la préférence, est toujours déterminé par des motifs, par des raisons. Autrement, il serait fait aveuglement, par caprice, ou par hazard, et ne serait pas le résultat de l'exercice de la liberté. Or, pour motiver ce choix, pour le décider par des raisons, il faut savoir les avantages et les inconvénients qu'ils présente, comparativement à d'autres que l'on pourrait également faire ; car nul n'agit uniquement pour s'assurer, ou pour montrer qu'il est libre. La détermination est toujours motivée par un intérêt, par un but matériel ou moral. Il faut donc des connaissances pour pouvoir discerner les avantages ou les inconvénients que présentent les choses ou les affaires entre lesquelles on a à choisir ou à décider. Il suit de là que le plus ou moins de liberté dépend du plus ou moins de connaissances que l'on possède. Par conséquent, la liberté s'acquiert tout de même, et en même temps que la connaissance, et progresse avec elle.

Il est certain que celui qui connait une affaire sous plusieurs rapports, aura plus de raisons de se décider pour tel ou tel parti, que celui qui ne la connait que sous un seul rapport. Le premier verra plusieurs choix à faire, tandis que le second n'en pourra voir qu'un seul. Ce dernier sera donc moins libre que l'autre dans sa détermination. Il n'aura pas la possibilité de choisir.

On pourrait objecter que celui qui n'a pas de connaissances, n'étant dès lors pas libre, ne saurait être rendu responsable de ses actions ; mais il faut remarquer qu'il a toujours la possibilité de s'abstenir ; que, d'un autre côté, il est impossible qu'il n'ait pas quelques notions qu'un degré proportionné de raison accompagne toujours, et que, par conséquent, sa responsabilité est au moins en rapport avec ce degré de raison. Il n'y a d'excusable, en ce cas, comme l'on sait, que ceux qui n'ont pas atteint l'âge où l'on est réputé généralement avoir acquis des connaissances.

La liberté, a-t-on dit, est le pouvoir de faire, et *la Bruyère,* dans *ses caractères,* s'est borné à dire aussi : « La liberté est le pouvoir de faire et de ne pas faire. » Mais pour faire, il ne suffit pas de pouvoir, il faut en outre savoir. Celui qui ne saurait rien faire, n'aurait pas pleinement le pouvoir de faire, il n'en aurait qu'une partie. Il n'aurait pas même la liberté de s'abstenir ; il y serait forcé, à moins qu'il ne suivit l'impulsion des sens, ce qui n'est plus de la liberté morale. Et, s'il voulait faire tout ce que lui suggérerait ses désirs, ses passions, il ne le pourrait que s'il était seul, vivant à l'état sauvage ; et même alors ce serait la nature, les éléments contraires, qu'il lui faudrait apprendre à connaître, et qui, sans cette connaissance, mettraient obstacle à l'exercice de ce pouvoir. A plus forte raison, l'homme, vivant dans la société de ses semblables, est-il obligé de connaître les actes susceptibles de causer un préjudice aux autres et même à lui ; car s'il les ignore, il sera continuellement exposé à léser ses intérêt ou les leurs, d'où il suivrait inévitablement des empêchements à l'exercice de sa liberté. Il est donc nécessaire que, dans ses rapports avec ses semblables, il sache distinguer ce qui est nuisible de ce qui est inoffensif, ce qui suppose des connaissances qu'il doit d'abord acquérir.

En résumé, la liberté ou le libre arbitre n'est autre que le pouvoir de retenir, d'examiner, comparer, peser les différents mobiles (instincts, désirs, sentiments, intérêts moraux ou matériels) qui nous portent à l'action, et de ne se déterminer à agir que d'après celui qui doit procurer l'effet le plus utile ou satisfaire le mieux nos véritables intérêts. Mais l'homme n'a pas naturellement cette puissance de retenue et d'examen, il est obligé de l'acquérir par l'exercice de ses facultés morales ; car, en naissant, il n'a, en lui, que l'aptitude à ces facultés. Il faut donc qu'il cultive préalablement, qu'il fasse développer ces aptitudes, afin d'acquérir les connaissances nécessaires pour le guider dans ses déterminations ; d'où, la conséquence que les connaissances sont indispensables à l'exercice de la liberté, et que le degré de celle-ci est en raison de l'étendue et de la variété de ces connaissances. D'où, aussi, la conséquence que la liberté morale repose, en définitive, sur l'empire que l'on est parvenu à prendre sur soi-même, ce qui suppose des connaissances préalablement acquises.

Par suite, on peut dire que l'homme le plus libre est celui qui se connaît le mieux, et possède le plus de connaissance.

Dans sa critique de la raison pratique, *Kant* a prétendu que tous les êtres rationnels sont libres, en ce qu'ils agissent conformément à l'idée de liberté. Suivant sa doctrine, il est incontestable que nous avons la liberté de produire des actions qui, s'opposant aux penchants, sont le résultat de la raison seule. Dans tous nos desseins, nous demandons à la raison si elle les approuve et les commande. Cette approbation, cet *impératif* de la raison, qui rend possible l'action, est une preuve évidente que l'homme peut s'élever au-dessus des lois de la nature, pour ne faire que ce que la raison, la liberté, lui commande. Cet impératif de la raison prescrit d'agir, d'après un principe, une maxime, qui puisse être regardé comme loi générale. La volonté est donc soumise aux lois qu'elle se prescrit elle-même, et la raison pratique a des principes à *priori*, déterminant la volonté à agir moralement.

Cette doctrine n'est vraie qu'en principe. Elle n'est pas également praticable pour tous. La raison et la liberté morale ne sont d'abord, dans l'homme, qu'à l'état d'aptitudes, qui ne se développent que par la culture intellectuelle dont elles sont des conséquences, sauf, toutefois, cette différence que l'exercice de la liberté exige le pouvoir de se contenir, de se dominer, de se gouverner par la raison, ce qui suppose la connaissance de soi-même au moins en partie, indépendamment des autres connaissances, tandisque ces dernières suffisent pour l'exercice de la raison.

Il est évident que le pouvoir de dominer en soi tout ce qui est autre que la raison, ne peut être exercé jusqu'à la négation de notre propre existence. Il faut que le sujet conserve sa vie, et, pour cela, qu'il l'entretienne. Pour s'élever *moralement* au-dessus des lois de la nature, et n'obéir qu'à celles de la raison, il faut donc s'être élevé *matériellement* au-dessus des nécessités de cette même nature. Il faut pouvoir d'abord, ou en même temps, assurer l'entretien de sa vie par les moyens matériels que cet entretien exige. Sans cette condition, l'obéissance aux seules lois de la raison équivaudrait dans certains cas, à un suicide. Il faut aussi avoir quelque connaissance des règles sociales du milieu où l'on doit agir, car la liberté de se déterminer par la raison seule, n'est pas donnée à tous, puisque, comme on l'a vu, elle doit s'acquérir. Or, la plupart des hommes sont obligés de lutter contre les nécessités naturelles, de travailler sans cesse, afin de pouvoir satisfaire aux premiers besoins de la vie, besoins dont le désir de satisfaction est inhérent à leur instinct de conservation personnelle. Il y a donc là pour eux un *impératif* autrement plus puissant que celui de la raison. C'est le penchant à l'existence, c'est la raison suprême.

Je sais bien qu'on peut dire que, se livrer au travail pour subvenir à son existence, c'est toujours obéir à la raison ; cela est vrai. Mais il y a cependant une différence ; car, dans ce cas, l'homme d'abord, n'est pas libre de choisir ; il n'a pas la liberté morale. Puis, il obéit à une nécessité matérielle, à un instinct, à un penchant inné, qui est même souvent porté à l'extrême, sans égard aux lois de la raison, lois que le sujet écoute moins que le soin de sa conservation et le désir du bien être matériel. La liberté d'agir, tant sur lui-même que sur ses rapports avec ses semblables, d'après des principes, des maximes basés sur la raison seule, n'appartient réellement qu'aux hommes qui n'ont pas à se préoccuper constamment du soin de leur existence matérielle. Vainement les expliquerait-on à ceux qui n'ont que la notion de quelques moyens de pourvoir à leur subsistance journalière, et parviennent à peine à y subvenir. Ils ne seraient pas en état de les comprendre, ou du moins, d'en faire l'application. Pour eux, la vie matérielle est tout, pressés qu'ils sont par le besoin impérieux de l'entretenir, besoin plus fort que toute autre considération. Et d'ailleurs, à quoi servirait des maximes, des principes, pour des gens qui n'ont ni le temps ni les occasions de les appliquer ? Il faut, pour cela, des loisirs et des connaissances qui leur manquent généralement.

D'un autre côté, comme je l'ai déjà fait remarquer, la liberté à des degrés ; elle dépend du plus ou moins de force ou d'empire que l'on a sur soi-même, pour comprimer et retenir l'impulsion des sens, or, cette force, cette vertu s'acquiert graduellement à mesure que l'on s'applique à la développer. L'homme ne parvient à l'obtenir pleinement que par la culture assidue de ses aptitudes intellectuelles et morales, culture plus ou moins exclusive de la satisfaction des désirs sensuels. Il est dès lors évident qu'il faut pour cela, qu'il soit parvenu, au moins en partie, à s'assurer l'entretien de la vie matérielle.

On voit, par là, qu'il n'est pas exact de dire que tous les hommes portent, en eux, le caractère de liberté, que tous ont une égale possibilité de ne faire que ce que la raison, la liberté leur commande. Tous, il est vrai, en ont, en naissant, l'aptitude plus ou moins prononcée, selon ce qu'ils doivent à l'hérédité ; mais il ne leur est pas possible de développer cette aptitude, avec une égale facilité. Cela ne pourrait être que si les conditions matérielles de l'existence étaient les mêmes pour tous, ainsi que celles du développement de l'aptitude, ce qui est impossible.

Je regarde donc comme certain qu'à l'exception du principe de vie et de l'aptitude à penser, à raisonner, qui est chez lui naturelle, l'homme est obligé de tout acquérir, sa liberté morale aussi bien que toutes ses connaissances.

J'ajouterai encore une dernière observation touchant cette question de la liberté morale.

Les sens impressionnés par les objets agissent sur le cerveau, et de son côté, le cerveau agit sur les sens par les instincts, le sentiment et les idées. L'homme a ainsi une force d'action sur lui-même dont il peut régler l'usage à son gré puisqu'elle part de lui, et qu'il peut ne l'appliquer qu'à lui ; mais ce pouvoir ne lui donne pas la connaissance des cas où il y a lieu de s'en servir, ni du sens qu'il doit avoir dans l'application. Il faut qu'il acquiert préalablement cette connaissance.

Il n'est pas moins incontestable que les objets extérieurs agissent sur nos sens, et que nous réagissons sur eux dans la mesure de notre pouvoir. L'homme a donc aussi une faculté d'action sur l'extérieur. Mais il n'a pas, tout d'abord, l'initiative de son exercice. De même que pour son pouvoir sur lui-même, il faut encore ici qu'il apprenne à se servir de cette faculté. Son action suit, et ne précède pas, celle des objets sur lui. Il faut d'abord qu'il éprouve les effets de l'action de ces derniers pour qu'il en acquiere la connaissance. Ce n'est qu'à la suite de cette expérience, et suivant les enseignements qu'il en retire, que son pouvoir peut s'exercer hors de lui. L'homme, à l'égard des objets extérieurs, n'a donc, tout d'abord, pas plus de liberté que pour ce qui regarde son pouvoir sur lui-même. Il lui faut préalablement, dans les deux cas, des connaissances.

Il suit encore de là que l'homme n'est vraiment libre d'agir, tant sur lui que sur l'extérieur, qu'après avoir acquis la connaissance de ce qu'il est, et l'expérience des choses, c'est-à-dire du milieu où il a à exercer son action. Toutefois, on doit reconnaître que la première de ces connaissances s'acquiert bien plus facilement que la seconde. Il suffit pour cela, de l'éducation la plus ordinaire, jointe à un peu de réflexion ; car il n'est pas nécessaire de se connaître complètement pour avoir la liberté morale, au moins à un certain degré, et en faire un usage convenable, tant pour soi, que vis-à-vis de ses semblables. Aussi, tout individu, parvenu à l'âge d'homme, la possède-t-il à un degré suffisant pour qu'on puisse justement le rendre jusqu'à un certain point, responsable de ses actions.

Je ne puis m'empêcher à ce sujet, qu'on me

pardonne cette digression, de faire l'observation que les peines édictées pour notre code pénal, sont, en beaucoup de cas, pour ne pas dire dans tous, hors de proportion avec le peu de connaissance que l'on remarque dans les classes inférieures de la société, bien que l'instruction y soit en progrès depuis près d'un demi-siècle. Quand on voit ce code prononcer des peines de cinq, dix, vingt ans de prison ou de réclusion pour des crimes qu'il suffirait de punir de cinq, dix ou vingt mois de la même peine, on est tenté de croire que la vie des condamnés y est en rapport, et qu'elle dure au moins deux cents ans. Que peuvent devenir, dans la société où ils rentrent, les libérés de ces longues détentions ; et l'on parle, surtout aujourd'hui, moins de punir que d'amender le coupable ! mais en prend-on bien le moyen, en lui retranchant, par avance, le tiers ou la moitié de sa vie sociale ? On a cru faire beaucoup, par une récente loi sur le régime cellulaire, d'abréger de moitié, je crois, la durée légale de la peine, quand elle sera subie dans une prison soumise à ce régime ; mais cette disposition ne laisse-t-elle pas subsister encore une énormité? N'y a-t-il pas de quoi devenir dix fois fou que d'être enfermé seul pendant dix ans ? Le maximum de l'emprisonnement cellulaire ne devrait, en aucun cas, dépasser un an, deux ans au plus ; et c'est encore considérable, pour ceux des condamnés qui, sans instruction, n'ont pas la ressource de la lecture pour abréger le temps. A cette condition, le condamné aurait, devant lui, un espoir qui le soutiendrait. Autrement, ce n'est pas l'amender, c'est le désespérer. Est-ce que la loi ne devrait pas aussi laisser à des juges, qui sont inamovibles, plus de latitude dans l'application de la peine ? Le Gouvernement doit avoir confiance dans des magistrats à sa nomination. Dès-lors, où serait le danger de fixer seulement, dans la loi, *un maximum*, en donnant aux juges la faculté d'en réduire la quotité autant que le cas paraîtrait le comporter. Ce n'est pas la longue durée de la peine qui cause la flétrissure des condamnés. C'est le fait même qui a motivé la condamnation, et, en outre, son séjour en prison, quelle qu'en soit la durée ; cette dernière circonstance étant, surtout aux yeux de la foule, le signe matérielle et certain de la culpabilité. D'ailleurs, pour tout homme qui sait observer ou réfléchir, les exemples de cette nature sont absolument inutiles. On peut aussi justement contester à la société le droit de punir, *à titre d'exemple ;* son droit se borne aux mesures qui tendent directement à empêcher le renouvellement, par leurs auteurs, des atteintes qu'ils ont portées à sa sureté.

J'ai parlé des nécessités de l'existence matérielle, qui d'abord s'opposent à la liberté morale. Il n'est point inutile de rappeler par quels moyens on parvient à surmonter ces obstacles. Chacun les connaît ; mais la plupart se refusent à croire à leur efficacité, ou n'ont pas le courage de les employer. Ces moyens ne sont pas autres qu'un certain degré d'instruction, d'abord, puis, le travail assidu, régulier, l'ordre, l'économie et la privation, au moins dans les premiers temps, des plaisirs coûteux. Ces conditions ont, de tout temps, été les mêmes partout, plus ou moins à la portée de tous, et je ne crains pas d'ajouter quelles *subsisteront sans jamais changer ;* c'est, du reste, par l'emploi de ces moyens, on peut le remarquer, que s'améliore généralement la position des familles, sous le rapport de l'aisance matérielle, et que s'obtient par suite la liberté. Il est vrai de dire qu'il n'est pas donné à tous d'atteindre pleinement le but, même en remplissant ces conditions, surtout quand le milieu où l'on se trouve placé et les tendances héréditaires y sont plutôt contraires que favorables ; mais leur observation procure toujours une atténuation sensible des nécessités matérielles, et en même temps un certain degré de liberté morale. D'ailleurs, ce qu'une génération a commencé dans ce sens, une seconde n'a qu'à poursuivre et elle ne tarde pas à obtenir le succès de ses efforts.

C'est ainsi qu'il a fallu aux nations des siècles de travaux et d'études de tous genres, avant de parvenir à s'assurer les bienfaits de la civilisation. C'est ainsi encore, pour prendre un exemple dans la nature, que les grands végétaux emploient d'abord entièrement à leur développement, les sucs et gaz nourriciers que leur fournissent les éléments terrestres et atmosphériques, afin d'être, plus tard, en état de fructifier abondamment, ce qu'ils ne pourraient faire si, au lieu d'économiser, d'accumuler la totalité de ces sucs pendant un certain temps, ils les employaient prématurément partie à la production de fruits, partie à leur croissance. Il n'y a par là seulement une règle applicable à l'homme. C'est une loi universelle.

Il y a donc certainement une sorte de gradation naturelle, normalement réglée, et d'obligation absolue, dans la transition ou le passage d'un état de pénurie, d'ignorance et de sujétion individuelle, à un état d'aisance matérielle, d'instruction et de liberté morale. Ce dernier état comporte nécessairement des connaissances, des qualités acquises, c'est-à-dire des conditions qu'il faut avoir remplies préalablement, pour en prendre possession, et s'y affermir.

§ 4. De l'âme.

Nous voici arrivé à l'examen de ce qu'on nomme l'âme, examen par lequel j'aurais voulu commencer. Mais j'ai dû parler, d'abord, des autres facultés, parce que ce sont elles qui nous amènent à concevoir l'idée de son existence, dont, sans elles, on ne peut avoir que le sentiment.

On n'est guère d'accord sur cette faculté. Les uns la confondent avec l'esprit ; les autres l'en séparent ; et il est des gens, qui doutent de son existence, et même qui la nient.

Ame et conscience, semblent être de même nature et valeur. Elles ne doivent faire qu'une, à moins de considérer la conscience comme un attribut inhérent à l'âme, et l'accompagnant nécessairement.

Pour déterminer le caractère et le mode d'action de cette faculté, on n'a qu'à voir les faits, et la manière dont elle y intervient.

L'âme, la conscience, doit remplir, dans l'homme, une fonction semblable, ou du moins analogue, à celle que la religion remplit à l'égard de la société. Les mêmes rapports qui existent entre celle-ci et son église, doivent exister entre l'être humain et son âme. En effet, de même que l'Eglise réfléchit, remontre à la société ses actes, ses tendances, ses pensées trop mondaines, rappelant ainsi chacun de ses membres à lui-même, à son origine, à sa destination finale, de même aussi, l'âme réfléchit à l'esprit de l'homme, ce que sa pensée a conçu, projeté ou exécuté, lui en donne et redonne la conscience. L'église est ainsi comme la conscience des actes de la société, de même que l'âme est la conscience des pensées et des actions individuelles. De même encore que l'église est le soutien des faibles, console ceux qui souffrent, ramène dans les esprits le calme et l'espoir ; de même aussi, l'âme pour l'individu, est le refuge de l'esprit dans les adversités de la vie, le ranime, lui redonne des forces et l'espoir d'un retour meilleur des choses. Il y a, des deux parts : représentation, remontrance, renouvellement des forces morales, mais non pas action *directe* de l'Eglise sur les actes de la société, ni de l'âme sur les actions individuelles. L'action directe de l'Eglise a bien pu, et même dû s'exercer, dans l'enfance des sociétés, alors que leur vie, leurs besoins, étaient aussi simples que leur esprit, qui ne faisait que de naître. Elle suppléait alors au défaut de la pensée, et tenait lieu de tout. C'est bien la religion, la croyance, la foi, qui a commencé à faire les sociétés ou nations ce qu'elles sont aujourd'hui ; comme la mère fait son enfant, ce qu'il sera, étant homme. Mais il arrive un temps ou, par l'effet du développement naturel du corps social, la pensée se produisant, se multipliant, avec la croissance et les besoins de ce corps, s'émancipe forcément. La croyance, l'Eglise, ne suffit plus à diriger constamment son action. Si elle persistait dans sa direction absolue, elle maintiendrait toutes choses dans un *statu quo*, contraire à la loi du développement phénoménal. Elle ne le fait, d'ailleurs, que dans les lieux où l'esprit a déjà une tendance naturelle à rester immuable comme elle, où l'essor de la pensée est enchaîné par l'ardeur du climat, et manque d'excitant, en raison du peu de besoins matériels des peuples. Partout, ailleurs, où la pensée est activée par de grands besoins, toujours renaissants, causés par la rigueur du climat, ou doit faire quelque effort par suite de circonstances quelconques, l'église n'a pu conserver sa primauté de direction, et à dû se borner à l'exercice de son influence morale.

Cette marche des choses est naturelle. Le gouvernement de toute nation, à son commencement, est théocratique. En effet, comme on n'a alors aucune expérience, on ne peut être déterminé à agir, à commencer, que par la foi, la croyance, secondée par un certain instinct qui, par l'action, devient l'esprit qui éclaire, dirige le corps dans l'exécution. Il en est encore ainsi dans toute entreprise. C'est surtout la foi dans le succès qui les fait commencer ; car, bien que les connaissances y aident beaucoup aujourd'hui, nul ne peut être certain de la réussite avant l'exécution.

C'est ainsi, pour citer un exemple, que, dans l'histoire sainte, le peuple juif, jusqu'alors gouverné théocratiquement, s'apercevant que la direction de son juge, *Samuel* et des Lévites, était impuissante, pour le débarrasser de ses ennemis, et lui assurer la paisible possession de la terre promise, en vint à demander instamment à ce juge de lui donner un Roi (soit un esprit pour le conduire, et non pas uniquement la croyance, l'âme), et persister dans sa demande, malgré ses représentations contraires. Il avait senti la nécessité d'avoir, à sa tête, un chef spécial, agissant de sa personne, capable de trouver et d'employer les moyens de vaincre ses ennemis, et comprenant mieux aussi ses besoins matériels.

L'âme ne communiquant avec les choses extérieures que par l'esprit, on conçoit qu'elle ne peut dans tous les cas faire agir aussi sûrement que la pensée, et que le résultat doit être différent, quand c'est celle-ci qui agit, d'elle-même, librement, tout en s'appuyant sur l'âme, son soutien naturel.

Ce qui se passe, à cet égard, dans les sociétés ou nations, a lieu également pour l'individu. Sa vie commence par la croyance, par l'âme. Jusqu'à l'adolescence, il ne vit que par elle, et par la pensée de ses ascendants qui le dirigent. Mais lorsqu'il a traversé cette phase de l'enfance ; qu'il doit vivre de sa vie propre, et subvenir personnellement aux besoins de son existence ; que, pour cela, il doit penser et agir, de lui-même, et par lui-même, il ne peut plus rester absolument soumis à sa direction première, qui serait insuffisante. Ce lien, sans se rompre, se relâche nécessairement, à mesure que la pensée individuelle devient plus active, et est obligée à plus d'effort pour satisfaire aux exigences de la vie matérielle.

Comme se l'imagine bon nombre de personnes, y a-t-il lieu d'induire de ce qui précède, qu'il arrivera un temps où l'esprit, progressant sans cesse, suffira à tout, et pourra se passer de l'aide de l'âme ; un temps ou les sociétés, devenues maîtresses absolues de leur pensée, n'auront plus besoin de leurs églises respectives, et les délaisseront ?

Si l'homme n'était pas périssable, si les mêmes hommes vivaient éternellement sur cette terre, on pourrait peut-être répondre affirmativement : oui, ce temps viendra. Mais, quand, au lieu de cela, on voit, à chaque demi-siècle, et même en moins de temps, les générations se succéder, se renouveler, avec les mêmes besoins, les mêmes rapports, traverser successivement les mêmes phases d'existence, obligées, comme celles qui les ont précédées, de tout apprendre pour pouvoir vivre, et, cela, par les mêmes moyens, dans des conditions absolument semblables, sauf quelques différences de pure forme, qui ne voit qu'il y aurait folie à croire qu'un jour viendra où le progrès des lumières de l'intelligence et de la raison sera tel que l'homme et la société pourront se passer : l'un, de son âme, et l'autre de son église ? Autant vaudrait espérer qu'il arrivera un temps où l'enfant naîtra de lui-même, et viendra au monde, sans mère ; qu'il apparaîtra, d'un seul coup, en homme tout formé, tout instruit.

L'erreur des partisans de la liberté et du progrès à outrance, est de croire à la possibilité de faire progresser intellectuellement, le corps entier d'une nation, comme si tous ses membres avaient atteint ou pouvaient atteindre un égal degré de perfectibilité. Or, c'est là une chose impossible, et qui, d'ailleurs, serait absolument inconciliable avec toute forme d'Etat social. Ce progrès ne peut se réaliser qu'*individuellement*, et de l'*initiative individuelle*. Tout gouvernement qui, à cet égard, voudrait, par une intervention directe, imprimer une marche d'ensemble, conforme à ses vues, n'aboutirait, à supposer qu'il obtint une réussite partielle, qu'à jeter le trouble et la division dans le corps de la nation, et par suite à diminuer la force de cohésion de ses parties. Tout ce qu'il peut faire en ce sens, c'est d'applanir les difficultés, en mettant les moyens d'instruction à la portée de tous, et en laissant chacun libre d'en profiter.

Que l'on suppose d'ailleurs le progrès aussi grand que l'on voudra, il n'en résultera jamais de changement soit dans les conditions de naissance, de développement et de dissolution de l'organisme humain ; soit dans le caractère intellectuel et moral de l'espèce, lequel est susceptible sans doute, d'un certain degré de perfection, mais qui ne peut le changer, ainsi que je l'ai montré, dans le second chapitre de ce livre.

Il n'est pas besoin d'insister sur ce point. Ce peu de mots doit suffire pour faire voir combien sont chimériques de pareilles idées, qui cependant ont créance dans un certain monde, ce qui entraine de fâcheuses conséquences.

Ainsi que je l'ai dit, dans le troisième chapitre, les sociétés humaines sont faites à l'image de l'homme. Elles n'ont pu se former qu'au moyen et sur le modèle de ses propres facultés, c'est-à-dire de l'idée de l'âme, de la pensée et des sentiments humains. Il faut donc que chaque homme ait naturellement, en lui, la pensée ou le sentiment de l'âme, pour que la religion se soit établie, et se maintienne dans chacune d'elles. Elle existe, en effet, chez tous les peuples, et si quelques tributs errantes semblent faire exception, ce n'est que par la forme, c'est-à-dire par l'absence de culte régulier. Chacun de leurs membres sent, et doit sentir, qu'il n'est pas la propre cause de son être, pas plus que ceux dont il provient, par génération, n'étaient leur propre cause ; et que, s'il est libre de penser et d'agir, il y a cependant une force supérieure à laquelle il est soumis, force dont il a nécessairement, en lui, une parcelle, une étincelle, puisque c'est d'elle qu'il tient la vie.

L'âme est comme le support, le point d'appui, le pivot de la vie, si je puis dire ainsi. C'est la force impulsive, résistante et réagissante de l'organisme. Mais elle n'en est pas plus l'éclaireur, le directeur qu'elle ne l'entretient. Le directeur c'est l'esprit que produit le principe idéo-matériel, c'est-à-dire la pensée et les sens (intelligence, instincts et sentiments), principe qui a de l'affinité d'une part, avec l'âme, et, d'autre part, avec la matière. Par cela même que l'âme est comme le centre de toutes nos facultés, elle n'en peut exercer aucune par elle-même. Il s'ensuivrait une interruption de la conscience dans le sujet. En réfléchissant les pensées, elle peut inspirer des résolutions, mais elle ne prend aucune part, à l'exécution. Elle reste toujours, le soutien, le point d'appui de l'organisme.

On dit quelquefois d'un homme qu'il n'a pas d'âme. Cela signifie que, chez lui, l'âme ne représente pas suffisamment à l'esprit, à cause de la force de ses tendances matérielles, le sens vrai et la moralité de ses pensées et des actions qu'il a faites ou qu'il projète. Cette réaction, cette action réflexe de l'âme, est d'autant plus faible que les instincts parlent plus haut, et qu'ils y a moins d'intelligence dans le sujet. L'âme ne réfléchit à l'esprit que ce qu'elle en reçoit. Si l'esprit est faible, peu lucide, comparativement à l'instinct, c'est-à-dire au mobile, matériel, ce qu'il envoie à l'âme est peu de chose, et dès lors le retour ne peut avoir plus de valeur. Par suite, il y a peu de conscience. Aussi, est-ce là un des côtés du rôle utile de l'église, à l'égard de la société, dont les membres ont besoin pour la plupart, d'être éclairés sous ce rapport, en d'autre termes, de recevoir comme un supplément de conscience.

L'âme est une *entité*, c'est-à-dire est l'essence constitutive de la vie de l'être humain qui en dispose comme de lui-même. Ce doit être une parcelle, une étincelle de l'universelle substance.

L'esprit n'est pas une entité, comme l'âme, puisque c'est un produit. Il est bien de même nature dans tous les sujets pensants ; mais, comme il s'acquiert, il y est à des degrés différents. Son principe est susceptible d'un certain degré de perfection, soit dans un même sujet, soit dans une suite de générations. Il est entretenu, comme le corps, par la matière. Il provient tant de la matière que du principe idéo-matériel de l'organisme, principe, ayant de l'affinité, d'un côté, avec l'âme, et de l'autre, avec la matière.

L'âme n'est donc pas, comme on le croit assez communément, le moteur, le directeur de nos actions. Si cela était, l'homme n'aurait point de liberté, et par suite aucune responsabilité. Elle ne pourrait le devenir que dans un sujet qui soumettrait entièrement à son idée la pensée et les sens, c'est-à-dire en renonçant absolument à la vie active ou phénoménale, en la sacrifiant à cette idée, ce qui serait contre nature, et empêcherait toute action de ce sujet. Elle n'est pas la même faculté que l'esprit et la volonté. Autrement, il faudrait lui attribuer tout le mal que cause le sujet, comme le bien qu'il peut faire. Ce serait la rendre responsable d'actes qu'elle n'a pas la possibilité de commettre par elle-même. C'est l'esprit, avec les sens, qui les conçoivent et les exécutent, et leur moralité dépend de la nature du mobile des actions. L'action est bonne, si le mobile a plus d'attache avec l'idée de l'âme qu'avec la matière. Dans le cas contraire, elle est ou moins bonne, ou mauvaise. L'âme, n'étant pas, comme les sens, en rapport direct avec les objets, et n'en recevant pas, comme l'entendement, des intuitions, ne fait que réfléchir à l'esprit du sujet les pensées de ce même sujet, et lui en donne plus ou moins la conscience. C'est un réflecteur puissant, quand l'objet de la transmission est puissant, et faible, quand il est faible.

L'âme ne fait rien sans l'esprit, ni l'esprit sans l'âme et sans le corps. Considérés séparément, l'âme et l'esprit ne sont que des formes, des principes. Leur union avec le corps produit l'organisation, c'est-à-dire l'action, laquelle commence par l'esprit, toujours accompagné de la réaction de l'âme ; car l'âme étant la conscience des pensées et des actions, le sujet, sans elle, et sans l'esprit, ne serait qu'un corps inerte.

Platon confondait l'âme avec l'idée, et regardait les idées comme différentes de sa pensée. Il croyait que l'âme tient sa substance de Dieu, et qu'elle a une affinité avec l'idée ; parceque disait-il, ma pensée tend toujours à revenir à l'idée. C'est à l'idée qu'elle revient sans cesse, et c'est quand elle y est parvenue, qu'elle se retrouve véritablement elle-même. L'âme est donc de même nature que l'idée. On se demande alors comment l'âme peut-être à la fois une partie de la substance de Dieu, et avoir, dans l'être humain, un caractère de personnalité. Ce sont là, en effet, des points difficiles à concilier (1).

Cette difficulté disparait si l'on admet la distinction que j'ai faite entre l'esprit et l'âme ou la substance, c'est-à-dire, si l'on admet qu'il y a, entre eux, une affinité naturelle, affinité rendue possible par la double nature du principe de l'esprit, qui est en partie idéal, en partie matériel. La substance serait ainsi de même essence dans tous les êtres vivants, tandis que l'instinct, la pensée ou l'esprit y serait à un degré très-variable. La personnalité de l'homme se définirait par le degré d'affinité de l'esprit avec l'âme (et non pas de l'âme avec l'esprit, comme le supposait Platon), affinité qui n'est pas dans tous au même degré. Elle doit être proportionnée au degré de culture ou de perfection, d'épuration de l'esprit. C'est pourquoi la personnalité n'est pas au même degré dans tous les individus.

Il suivrait de là que plus l'esprit a d'affinité, d'homogénéité avec l'idée de l'âme, plus celle-ci lui devient personnelle. Plus, au contraire,

---

(1) Voir Etudes sur les ouvrages philosophiques de l'enseignement classique, par M. Henri Joly, professeur de philosophie de la faculté des lettres de Dijon. 1875.

il se détache de cette idée, plus il perd de sa personnalité, et, par suite, plus augmente son affinité avec la matière; ce qui, en abaissant la personnalité, dispose le sujet à l'athéisme.

Ce que Platon prenait pour sa pensée, n'est autre que le moteur, l'excitant, qui fait produire la pensée (comme je le montrerai quand j'examinerai la source matérielle de certaines idées). C'est ce moteur qui, en provoquant la formation de ses idées, lui faisait dire que sa pensée le ramenait toujours à l'idée. On ne peut interpréter autrement le sens de sa réflexion, puisque l'on regarde, depuis longtemps déjà, la pensée et l'idée comme identiques.

Ce n'est donc pas à l'âme que l'on doit imputer le mérite ou le démérite des actions. La cause en est dans les déterminations de l'esprit et de la volonté.

Dans la colère, par exemple, ce ne peut être l'âme qui agit. Elle est inactive et comme absente, bien qu'animant et soutenant toujours l'organisme. On ne saurait lui imputer les mouvements aveugles qui caractérisent cette espèce de délire momentané. L'action de l'esprit est si troublée, si précipitée, que la conscience ne peut la suivre. De toutes les facultés idéales, il semble qu'il n'y ait plus en jeu que l'instinct de la destruction. En cet état, l'homme n'est plus qu'une machine lancée violemment. Il en est ainsi de l'état de démence furieuse. Le sujet n'a plus l'usage de sa faculté rationnelle, et toute la force motrice qu'il possède, se concentrant dans les parties nerveuses surexcitées de son organisme, celui-ci, sans direction aucune, agit nécessairement d'une manière désordonnée.

Que dire aussi du suicide? Peut-on supposer que ce soit l'âme qui tue l'organisme dont elle est le principe? n'est-ce pas plutôt l'esprit seul qui détruit le corps; esprit égaré, qui, ayant perdu toute affinité avec l'âme, n'est plus soutenu par elle? Voit-on bien des personnes, ayant conservé un fond de sentiment religieux, se suicider? Hors le cas d'un dérangement subit des facultés mentales, causé par une grave maladie, je ne pense pas que cela puisse arriver. Je suis même porté à croire qu'un genre de folie, poussant au suicide, n'est guère à redouter pour ceux qui n'ont pas rompu toute communication de l'esprit avec l'idée de l'âme. C'est peut-être la rupture de cette communication, qui, en amenant l'égarement de l'esprit, livré alors tout entier à lui-même, dispose le sujet à la folie, dès qu'il éprouve de vives contrariétés.

Il y a des personnes qui, bien qu'assez instruites, n'admettent pas que l'âme soit autre que la partie intellectuelle et rationnelle de l'organisme vivant, et qui s'imaginent que l'esprit suffit pour faire fonctionner convenablement cet organisme. Cela peut suffire en effet. Bien plus, la raison est même inutile, sous ce rapport ; car les bêtes qui en sont totalement dépourvues, n'en ont pas moins des organes dont l'ensemble fonctionne aussi bien que ceux de l'homme. Mais alors pourquoi l'homme a-t-il, en lui, la raison, si elle lui est inutile pour vivre? Il faut qu'elle lui serve, à un autre point de vue. N'est-ce pas précisément cette raison qui le met en relation intellectuelle avec la nature, lui fait connaître les causes des choses et l'amène à découvrir l'existence d'une cause primitive et suprême ; en un mot, qui fait naître, en lui, l'idée de la substance, et celle de l'âme? D'ailleurs, on se rappelle que la pensée et la raison ne sont, dans l'homme naissant, que des aptitudes, qui ne seraient rien sans la culture, et que cependant le sujet existe, avant même que cette culture ait pu commencer. Par conséquent, il faut qu'il y ait, dans le nouvel être, dès son apparition à la vie, quelque chose, autre que l'aptitude à la pensée et à la raison, pour l'animer et le soutenir, quelque chose qui ne peut-être que l'âme, le principe de son existence.

La substance, l'âme, n'est, dit-on, qu'une idée. Ce n'est pas seulement une idée. C'est encore une croyance, un sentiment sans lequel le sujet n'aurait qu'imparfaitement la conscience de son existence. Il est vrai que nous ne pouvons la *regarder* que comme idée; mais c'est une idée nécessaire, idée supérieure, en ce sens qu'elle est le produit de l'ensemble et de l'unité des connaissances de l'entendement, ensemble et unité qui sont l'œuvre de la raison. Ainsi qu'on l'a vu, sans l'idée de substance, d'un principe durable et invariable, on ne saurait percevoir l'existence. L'expérience ne serait pas possible. D'ailleurs, ce n'est pas la seule chose qui, en elle-même, ne soit qu'une idée. Toutes nos actions reposent sur les idées, les instincts et les sentiments. On n'en sait pas plus notamment sur l'espace et le temps ; et cependant on est obligé d'admettre leur existence. Ils ne sont, en eux-mêmes, que des idéalités, comme la substance, comme l'âme ; mais ils deviennent des réalités par la co-existence des objets et de nous-mêmes, existence qui n'est pas douteuse, puisque, sans les objets, il n'y aurait pas de sensations, et par conséquent, pas d'existence humaine. Ce sont, en effet, les objets qui nous permettent de mesurer, de régler le temps et l'espace ou l'étendue. Il en est ainsi de la substance, ou de l'âme. C'est une idée qui acquiert de la réalité, par le fait de l'action du sujet pensant, tant sur lui-même que sur les objets, c'est-à-dire par l'exercice de ses facultés, et la conscience qu'il en a.

Les bêtes ont la vie, comme l'homme, et même quelques espèces ont un peu de son intelligence. Cependant elles n'ont aucune idée de l'âme. L'idée, la conception de cette idée de l'âme, est donc distincte de la vie phénoménale, c'est-à-dire de l'intelligence ou de l'instinct ; et on peut avoir un certain sens de la vie, se sentir vivre, sans toutefois se connaître, et avoir l'idée de l'âme. Si l'intelligence en tenait lieu, ou suffisait pour la concevoir, les espèces qui, parmi les bêtes, l'ont à un certain degré, devraient en avoir au moins une lueur, une nuance d'idée, si l'on peut dire ainsi, et cependant tout indique qu'elles n'en ont pas la moindre. Il faut donc autre chose que l'intelligence, et cette autre chose ne peut être que la raison, qui est l'apanage de l'homme, et qui manque absolument aux bêtes. Or, qu'est ce que la raison, si ce n'est une conception reposant sur l'ensemble des connaissances de l'entendement, c'est-à-dire sur ce qui est acquis par l'intelligence ? Cette faculté de conception est donc autre que l'intelligence, puisque c'est au moyen des connaissances fournies par celle-ci, qu'elle forme des idées d'un ordre supérieur, notamment l'idée de substance ou de l'âme.

Mais si c'est de cette manière que l'on arrive à concevoir cette idée de l'âme, cette idée a dès lors pour base les intuitions des objets par la sensibilité, et les synthèses qu'en opère l'imagination et l'entendement. Par conséquent, elle repose tant sur le principe de l'organisme que, sur les objets même et leurs qualités, que nous nous approprions par la nutrition. En d'autres termes, cette idée repose sur la raison qui, elle-même, repose sur les connaissances, et celles-ci sur l'entendement et la sensibilité, entretenus par l'action de la matière (éléments, terrestres, solaires et atmosphériques) des qualités de laquelle l'homme est formé, de sorte qu'en définitive, la raison, et, par suite, l'idée de l'âme, sont fondées sur la nature de l'être humain, sur la nature même des choses.

On peut dire, que l'homme s'élève 1° par la nutrition aux sensations ou intuitions ; 2° des intuitions aux perceptions ; 3° des perceptions aux idées et connaissances de l'entendement ; 4° de l'ensemble des connaissances de l'entendement à la raison ; 5° et enfin de la raison à l'idée de l'âme ou de la substance, soit à l'idée de l'absolu, de ce qui n'est plus conditionnel, dépendant, ce qui est la source primitive et suprême de toute existence.

Il semble y avoir ainsi dans l'ordre intellectuel et rationnel, une progression analogue à celle que nous avons vu exister entre les organismes des diverses espèces d'êtres animés jusqu'à l'homme ; ce qui viendrait encore à l'appui de l'idée d'une tendance générale des êtres vers un état de choses de moins en moins imparfait ; autrement dit, vers un état idéal, purement intelligible.

D'autres personnes, et celles-ci sont des savants, ont avancé que l'âme n'est que la *résultante* de l'organisation corporelle ; comme si ce qui résulte d'une chose pouvait jamais faire agir cette chose. Pour savoir la vérité, il suffit de renverser la proposition, et de dire : l'organisation corporelle est la *résultante* de l'âme. De cette manière on comprend. Autrement, l'assertion ne signifie absolument rien ; car on demande alors d'où vient cette organisation ? quelle est sa cause ? c'est là ce qu'il faudrait dire. Prétendrait-on que c'est l'action de la nature ? mais j'ai prouvé que la nature ne fait que développer, et qu'elle ne peut rien créer ni organiser, sans un principe préexistant dans l'objet du développement. D'ailleurs, comme l'a observé *Bichat*, l'être humain, à l'état de *fœtus*, n'est qu'une tête. Or, dans cet état, on ne peut pas dire que l'être soit organisé, l'organisation ne fait que commencer, est bien loin d'être achevée, et cependant cette tête est animée, ou du moins a une disposition réceptive, puisqu'elle est en voie d'être développée. Il faut donc qu'il y ait, avant l'organisation, quelque chose qui cause cette animation ou disposition, quelque chose qui ne peut être que le principe même de la vie, c'est-à-dire l'âme.

Je terminerai ce chapitre par une observation touchant les manières différentes dont on a considéré la nature de l'âme.

Parmi les différents systèmes philosophiques il en est deux surtout qui présentent, sous le rapport psychologique, des doctrines opposées, savoir : le *Spiritualisme* et le *Matérialisme*.

Le Spiritualisme ou pneumatisme, admet l'immatérialité de l'âme, son incorruptibilité et sa personnalité.

Le Matérialisme regarde l'âme comme matière ne différant pas de celle du corps.

Cet antagonisme pourrait bien ne provenir que de la confusion que l'on fait de l'âme avec l'esprit.

Il y a tout à la fois dans l'être humain, âme et esprit, distinct l'un de l'autre, c'est-à-dire deux principes, dont l'un, l'âme, est immatériel, et l'autre, l'esprit, est idéal et de plus matériel, en ce sens qu'il est en partie, tiré de la matière, qu'il en est une sorte d'émanation.

La manière dont s'opère le développement de l'organisme humain, fait supposer une base, un principe, un point de départ à la fois matériel et idéal. Ce principe ne peut être l'âme à cause de l'immatérialité de celle-ci. Ce qui est développé et constitue l'organisme, doit être le principe idéo-matériel. D'ailleurs, comme on l'a vu, l'esprit n'est d'abord, dans l'être humain, qu'à l'état d'aptitude, ce qui rend possible son développement ; tandis qu'on ne peut admettre que l'âme, qui est la source, le principe même de la vie, soit susceptible d'être développée, l'action de la nature ne pouvant amplifier ce qui est immatériel, ce qui est antérieur à son existence.

En admettant, dans l'être humain, les deux principes, l'âme pour la vie, et l'esprit pour base du développement de l'organisme et de ses aptitudes, on voit que les deux doctrines dont je viens de parler, peuvent, à certains égards, se concilier, puisqu'il y a tout à la fois immatérialité d'une part, et de l'autre, matérialité, en ce sens que l'esprit est en partie extrait de la matière, et qu'il a seulement, par quelque côté, une affinité avec la nature de l'âme.

La partie idéale du principe idéo-matériel, soit l'aptitude intellectuelle et rationnelle, est bien la base du développement de l'organisme ; mais ce n'est pas elle seule qui cause ce développement, l'organisme y concourt avec ce principe, à mesure qu'il se développe. Il doit y avoir, entre eux, à cet effet, concurrence dans le même but, c'est-à-dire développement de l'organisme par la partie idéale du principe, et entretien des parties, matérielle et idéale, de ce même principe, par l'organisme au moyen de la matière alimentaire qu'il s'assimile par la nutrition. Si donc le principe idéo-matériel, est la base du développement de l'organisme, celui-ci est, à son tour, à mesure que s'opère son développement, la cause de l'entretien de ce principe, comme de son entretien propre, au moyen de la matière qu'il convertit par la nutrition.

Je résume ci-après, en quelques mots, le contenu de ce chapitre :

1° La raison est innée dans l'homme, qui l'apporte, en naissant, à l'état d'aptitude, aptitude dont le développement accompagne naturellement celui de l'intelligence ou la connaissance. Simple, c'est le résultat d'une comparaison. Composée, elle constitue le raisonnement, au moyen duquel on déduit un jugement particulier de deux autres jugements dont le premier est posé comme principe, comme règle générale. C'est pour cela, et aussi à cause de son opération objective, qu'on peut l'appeler faculté des principes.

Le bon sens, c'est la raison, avec prudence et savoir ; c'est la raison justement appliquée.

2° La volonté est l'effet déterminé en nous par la raison ou par une ou plusieurs raisons, quelle que soit leur provenance. C'est ce qui traduit en action la raison ou les raisons qui, dans nos jugements, ont fini par dominer toutes les autres.

3° Le degré, plus ou moins élevé, de liberté morale dépend du plus ou moins d'empire que l'on a acquis sur soi-même, et de l'étendue des connaissances que l'on possède.

4° L'âme et la conscience, peuvent être regardées comme synonymes, en ce sens que l'une suppose l'autre réciproquement. L'âme n'agit pas d'elle-même directement sur l'esprit ni sur la volonté. Elle ne fait que représenter, réfléchir à la pensée ce que celle-ci a projeté ou exécuté. Elle paraît être cause de la réflexion en général. Elle est comme un écho qui renvoie à la pensée tout ce que cette pensée avec les sens, ont produit, d'où résulterait la conscience du sujet, conscience dont le degré de force est par conséquent proportionné à celui des pensées. Toutefois, son idée peut déterminer parfois la volonté, et même devenir son principal mobile.

L'idée de l'âme est un produit de la raison qui, elle-même, repose sur l'ensemble et l'unité des connaissances. Elle est, par conséquent, de même que le principe de la connaissance, inhérente à la nature de l'être humain, qui la conçoit plus ou moins clairement, selon que ses connaissances sont plus ou moins étendues, et dont il a, en tout cas, le sentiment, puisque, sans cela, il n'aurait pas la conscience de sa propre existence.

On a vu, par ce qui précède, l'origine, la nature et le mode d'action de nos principales facultés, en ce qu'il importe d'en connaître, ainsi que les principes de l'organisation naturelle. Je vais montrer, dans le chapitre suivant, comment ces principes s'appliquent au gouvernement des nations, et ce qu'ils produisent, suivant qu'on y a égard ou qu'on les méconnaît en tout ou en partie.

CHAPITRE CINQUIÈME

PRINCIPES DE L'ORGANISATION NATURELLE

APPLIQUÉS AU GOUVERNEMENT DES NATIONS

Ce n'est pas en parcourant le labyrinthe de l'histoire, en en rapprochant les faits dominants, ou en comparant, entres-elles, les différentes institutions qu'ont eues les peuples, et le résultat de leur application, qu'il est possible de parvenir à connaître les vrais principes du gouvernement social. Il faudrait être servi par le hasard pour les découvrir, en procédant de cette manière. C'est plutôt en consultant la nature elle-même, en observant comment elle procède invariablement dans le développement des espèces organisées, et quelles sont les conditions normales de ce développement, que l'on peut y trouver les vrais principes de toute organisation, soit individuelle, soit collective.

C'est donc sur ce point que doit se porter particulièrement l'attention.

On a vu les rapports qui existent, quant à leur mode de développement et d'entretien, entre les espèces soit végétales, soit animales, et les principes qui en sont la base. Je vais reprendre cet exposé et faire l'application de ces principes au gouvernement des sociétés ou nations, dans lesquelles on verra qu'ils existent, également ; mais pas toujours à leur place naturelle. Plus tard, j'entrerai peut-être, en ce qui concerne spécialement l'organisme humain, dans des détails qui, ne feront que donner plus de certitude à ces principes.

J'ai dit, dans le second chapitre, qu'en outre de sa substance (principe vital), l'être organisé présente dans son développement, trois termes ou facteurs fondamentaux qui sont :

Dans la plante: Le nœud vital, la racine avec ses radicelles, et la tige ou le tronc ;

Et dans l'animal : le cerveau (instinct ou esprit), la face avec les sens, et le corps, proprement dit.

Ces facteurs se reproduisent avec un ordre plus ou moins conforme à l'ordre naturel, dans toute organisation, et conséquemment dans toute société ou nation *organisée*. En outre, le principe vital a, dans celles-ci, sa représentation, par cela même qu'elle existe dans l'être humain (l'âme, la conscience), représentation qui manque dans les autres espèces, faute, chez elles, des facultés nécessaires pour avoir l'idée de ce principe. Ces facteurs, dans une nation organisée, sont représentés ainsi qu'il suit :

Le principe vital — par l'Eglise (la religion et le culte) ;

L'esprit — par le gouvernement de la nation (le chef de l'Etat) ;

Les sens — par les agents chargés de l'exécution des ordres ou lois de ce gouvernement ;

Le corps — par le corps même de la nation.

Les sens ont, comme l'on sait, une double affinité ; l'une, avec le cerveau (l'esprit) ; l'autre, avec le corps (la matière). Ils sont des aides presqu'autant de l'un que de l'autre. Par leur nature, leur affinité avec l'esprit semble être moindre qu'avec le corps, parce qu'ils paraissent matériels comme celui-ci ; mais, d'un autre côté, leur principal rôle est d'exécuter les décisions ou volontés de l'esprit. Il y a donc plutôt lieu de les confondre avec ce dernier qu'avec le corps, en sorte que, si l'on opère cette fusion ou jonction des sens avec l'esprit (soit du gouvernement avec ses agents), il ne reste comme facteurs ou éléments fondamentaux de toute organisation politique que trois principes dont les caractères sont ceux qui suivent, savoir :

1° Le *principe vital* (la substance), principe immatériel, durable et invariable, non susceptible, par conséquent, d'être développé. Pour l'*athée*, c'est le néant, c'est l'inconnu ; mais pour toute personne, je ne dirai pas de bon sens, mais seulement ayant le sens commun, c'est le principe souverain de tout ce qui est, c'est-à-dire *Dieu* ; principe fourni par la raison, et qu'on ne peut nier sans détruire la raison elle-même. Comme je viens de le dire, ce principe est représenté dans une nation par la religion, par l'Eglise.

2° Le *principe spirituel* (intellectuel et rationnel), principe de la forme politique et de son action, également invariable de nature, mais susceptible de développement en ce qu'il est partie idéal et partie matériel (esprit et sens). C'est l'esprit, ou l'intelligence et la raison, gouvernant la nation.

3° Le *principe matériel*, également susceptible d'être développé concurremment avec le principe spirituel et matériel. C'est le corps même de la nation.

Le premier principe est la source des deux autres ; et, toutefois, le second procède tant du premier que du troisième en ce qu'il est autant idéal que matériel.

Là où l'un de ces principes manque, l'organisation est incomplète, et conséquemment ne peut durer.

L'un des trois facteurs ne peut prendre de prépondérance excessive qu'au dépens des deux autres, ou du moins de l'un d'eux.

Leur équilibre ou accord est ce qu'il y a de plus favorable à l'existence, à la durée et à la prospérité d'une nation, comme à celles de l'individu lui-même. Il exige une certaine affinité ou homogénéité permanente entre les trois facteurs, c'est-à-dire : affinité du second (l'esprit) avec le premier (principe vital) et avec le troisième (le corps de la nation), et du troisième avec les deux autres (1).

Si le premier facteur domine trop le second et le troisième, le corps de la nation a peu d'ac-

---

(1) Il est à peine besoin de faire remarquer que, dans la plante, la possibilité d'un développement exagéré de l'un des facteurs (nœud vital, racine et tige) n'existe pas, en raison de leur étroite solidarité, et qu'il en est de même dans les animaux, autres que l'homme, chacun de leurs facteurs (cerveau, sens et corps) conservant naturellement sa part normale d'action, et l'être ne commençant à dépérir que lorsque l'équilibre entre ces facteurs se trouve rompu.

tivité ; son développement se fait sûrement, mais très-lentement. Tout reste presque dans le *statu quo*. (Exemples : tout le moyen âge en France et ailleurs, et, encore aujourd'hui, tous les Etats où ce principe a une prépondérance exagérée).

Si c'est le second qui domine exclusivement, il affaiblit le premier, et il appauvrit, il épuise le troisième, soit par des dépenses abusives, soit en engageant la nation dans des luttes interminables à l'extérieur, ou par toute autre cause anormale. (Exemples : les règnes de Louis XIV et de Napoléon Ier).

Si le second et le troisième dominent ensemble, ils affaiblissent le premier et s'isolent de lui. Le corps de la nation surexcité, et par l'esprit et par ses tendances naturellement matérielles, prend une activité qui manque de mesure, n'étant plus suffisamment pondérée, et qui, en se prolongeant, peut aboutir à la négation du premier principe. (Exemple : le règne de Napoléon III).

Si le troisième principe (le corps de la nation) devient prépondérant au point de neutraliser l'action des deux autres (principe vital et principe spirituel), l'organisation commence à se dissoudre. L'activité, l'entraînement du corps de la nation, quelque soit son mobile, n'a plus ni règles, ni frein, ni limites. Elle ressemble alors à un individu en proie à une violente passion ; situation intolérable, et qui ne peut se prolonger, sans amener la désorganisation. Telle a été, pour prendre encore un exemple dans l'histoire, le régime qu'a subi la France, de 1789 à 1794, alors qu'une assemblée sortie du corps de la nation, s'était emparée de tous les pouvoirs de l'Etat, décidait de tout et sur tout, sans égard pour les deux autres principes dont elle avait dispersé ou détruit les représentants. Il est vrai de dire que ce troisième facteur (le corps de la nation) avait eu trop à souffrir des fautes et des abus des précédents gouvernements pour que, en prenant lui-même, au lieu de la recevoir, la part qui lui revient dans la conduite de la vie politique, il pût se montrer modéré, et s'en tenir à cette part. C'est pourquoi, après avoir follement anéanti le second principe, tenté de détruire, puis essayé de modifier le premier, il s'est trouvé obligé de tout faire, lui seul, ce qui, dans la circonstance, exigeait de tels efforts qu'une activité fiévreuse ou plutôt furieuse a pu à peine y suffire. Un pareil gouvernement ne pouvait évidemment pas durer. Aussi, après quelques années de tourmente a-t-il été remplacé par un autre qui toutefois n'en a été à quelque égard que la continuation, sous la forme despotique.

Ce qu'on appelle la révolution de 89, et qui mériterait plutôt le nom de renversement, s'est, en effet, terminée, en s'incarnant dans un seul homme (Napoléon Bonaparte), et cet homme l'a, en quelque sorte, continuée, à l'extérieur, en faisant (sans le savoir, et sous prétexte de gloire et de conquêtes) expier à la France le meurtre de la famille royale et d'une foule d'autres innocents, par le sacrifice, pendant quinze ans de guerre, du plus riche de son sang, finissant par la laisser envahie, humiliée, ruinée et plus amoindrie qu'avant cette révolution. Je sais bien qu'on se récriera contre cette appréciation du caractère d'une époque que l'on nous a habitués à regarder comme glorieuse. Quant à moi, sans vouloir lui contester ce caractère, j'y vois surtout une expiation des crimes qui l'ont précédée, de même que je vois, dans les événements de 89, l'expiation des longs abus de la royauté et de son entourage, sans parler de ceux d'autre part. Si la politique des gouvernements antérieurs avoir été constamment bonne et régulière, ce ne sont pas les provocations de quelques écrivains qui auraient pu, en si peu de temps, porter la nation à de pareilles extrémités. Les attaques, comme les plaintes, auraient été sans objet, et, en tout cas, ne se seraient pas produites dans d'aussi déplorables conditions. Il n'y a, dans tous ces faits, que l'application de lois divines, immuables, inflexibles.

Et, après ces monstrueuses hécatombes humaines, et tous ces désastres, qui a ramené la paix et la prospérité parmi cette même nation ? n'est-ce pas un gouvernement assis sur les vrais principes, c'est-à-dire la monarchie légitime, que de clairvoyants esprits avaient eu le bon sens de rétablir ? Et par qui a-t-elle été de nouveau renversée ? Toujours par la révolte du corps contre l'esprit et l'âme qui ne laissent pas un libre cours à ses entrainements. Si du moins en éloignant du trône le souverain qui représentait alors le second principe, on avait eu la sagesse de maintenir ce principe dans la personne de son héritier légitime, tous les malheurs, qui depuis ont affligé ce pays, auraient été évités. Mais, avec les fausses idées introduites par les révolutions, on ne voit plus, en France, que les qualités ou les défauts personnels. On semble ignorer ce que c'est qu'un principe. On ne fait cas que de ceux qui émanent des hommes, comme si ces derniers avaient le pouvoir d'en créer de durables !

Je ne veux pas prolonger ce hors-de-propos,

en parlant du faux principe monarchique qui a remplacé le vrai pendant dix-huit ans, non sans des troubles sans cesse renaissants, de l'essai démocratique qui l'a renversé, du simulacre d'empire qui, comme le premier, a été la continuation de l'œuvre populaire, toujours sous la forme despotique, enfin, de la nouvelle démocratie qui a renversé aussi ce semblant d'empire, et qui pèse depuis lors sur la France. Ce n'est point ici le lieu d'apprécier cette suite d'événements qui tous ont eu leur raison d'être. On pourra d'ailleurs juger ce que valent ces formes de gouvernement par ce que j'ai déjà dit, et vais dire touchant l'application des principes de l'organisation.

Dans une monarchie absolue, le premier et le second principes dominent exclusivement, et empêchent ou gênent le développement du troisième (le corps de la nation). Non seulement celui-ci n'a pas toute la sécurité nécessaire, mais il est tenu dans une dépendance étroite ; car, n'ayant pas de représentation constituée dans l'Etat, il ne peut se faire entendre que partiellement et accidentellement, et il n'est jamais sûr que le second principe aura égard à ses besoins.

La monarchie tempérée ou constitutionnelle est la forme de gouvernement la plus favorable à l'équilibre des trois facteurs, qui ont alors, chacun, une part convenable dans la direction des intérêts politiques et sociaux, savoir : le premier, par son représentant (l'Eglise), le second, par celui du principe, à la fois intellectuel et matériel (la royauté), et le troisième, par une assemblée permanente et renouvelable, choisie par la royauté dans le corps de la nation, ou librement élue par ce dernier.

Comme, dans l'un ou l'autre cas, cette assemblée serait tôt ou tard entrainée à émettre des prétentions de nature à compromettre l'affinité du troisième facteur (le corps de la nation) avec le second (la royauté), il serait nécessaire que celui-ci fût prémuni contre cette éventualité par la formation d'une autre assemblée, de son choix, qui modère et, au besoin, contienne la première dans ses limites normales. La royauté doit être *héréditaire*. C'est là ce qui établit l'*invariabilité* de la *nature* du principe intellectuel et son affinité constante avec l'*immuabilité* du premier principe (l'Eglise). Avec une souveraineté élective, cette affinité ne pourrait exister qu'accidentellement et par hasard. Quand à son affinité avec le troisième principe, elle s'établit par les relations des ministres et autres agents de la royauté avec les deux assemblées et le corps de nation. Si la première assemblée avait, à l'égal de la royauté, l'initiative des lois, la seconde devrait aussi être héréditaire. Autrement, par suite du renouvellement naturel de ses membres, encore bien qu'il continuât de s'effectuer au choix du souverain, son esprit pourrait finir par se modifier au point de n'être plus, pour le chef de l'Etat, un appui suffisant contre la tendance naturelle de l'assemblée populaire à revendiquer, pour la nation, une liberté entière, liberté inconciliable avec l'existence des deux autres principes.

Une république, gouvernée par une seule assemblée, ne peut durer quelque temps sans troubles intérieurs trop graves, qu'à deux conditions : la première, c'est qu'elle s'inspire constamment, dans ses actes, du principe vital (la religion), d'accord avec ceux qui le représentent dans l'Etat; la seconde, c'est qu'elle ait à poursuivre, au dehors, l'exécution de grandes entreprises, au succès desquelles est attaché le sort même de la nation. Telle a été, par exemple, la situation de la république romaine, pendant le temps où sa principale occupation était d'asservir à sa domination ou de détruire les différents Etats qui lui portaient ombrage. Ce qui ne doit laisser aucun doute sur la nécessité de cette dernière condition, c'est qu'à chaque intervalle de repos ou de paix au dehors, les dissensions intestines se reproduisaient, et mettaient en danger l'organisation de l'Etat. Et cependant, fait remarquable, ce gouvernement de Rome avait encore un grand avantage sur un gouvernement démocratique. Car loin d'avoir ce caractère, il se rapprochait plutôt de la forme monarchique. On sait, en effet, que le Sénat avait pour appui les patriciens (familles issues des premiers sénateurs) et l'ordre des chevaliers, lesquels, ayant tout intérêt à conserver leur position, et s'appuyant sur la religion, employaient tous les moyens possibles pour maintenir dans l'obéissance aux décisions du Sénat, le reste de la nation, qui n'a obtenu qu'assez tard d'avoir des tribuns pris dans son sein, pour défendre ses intérêts. C'était donc plutôt une oligarchie, forte de l'appui des plus puissantes familles de l'Etat, plutôt qu'une vraie démocratie. Un tel gouvernement ne différait d'une monarchie qu'en ce que la souveraineté reposait sur plusieurs têtes (le Sénat) au lieu d'une seule, les patriciens et les chevaliers étant, pour le Sénat, ce que la grande et la petite noblesse sont pour la royauté, dans une monarchie, c'est-à-dire toute à la fois une barrière et un lien entre celle-ci et le corps de la nation. Avec la forme purement démocratique, Rome n'aurait jamais étendu sa puissance sur le monde, et serait, au contraire, devenue la proie de ses voisins.

Faute d'action continue à l'extérieur, une république, gouvernée par une seule assemblée, ne différerait pas, dans ses résultats, d'une monarchie absolue, sans en avoir la stabilité; et si le principe vital (la religion) faisait défaut, cette république aurait une prompte fin. Aucun gouvernement ne pourrait résister à la surexcitation, en sens divers, qu'un pareil état de choses entretiendrait dans toutes les parties du corps social.

Si une république, se montrant hostile envers le premier principe, avait été constituée chez une grande nation, ayant eu jusqu'alors une autre forme de gouvernement, et voulait remplacer ses institutions par des nouveautés préjudiciables aux intérêts moraux ou matériels de certaines classes de cette nation, toute tentative de l'espèce serait le signal d'un temps d'arrêt dans la vie et le développement de celle-ci, y causerait une perturbation capable d'amener le fractionnement du corps de la nation qui, en ce cas, cesserait de contribuer, comme par le passé, à l'entretien de ce gouvernement;

et si celui-ci avait recours à la force pour l'y contraindre, la résistance, en éclatant de divers cotés, pourrait occasionner une guerre civile. Une telle république eût-elle même deux assemblées, avec le pouvoir exécutif confié à un chef éligible, que le résultat ne serait pas différent, si ces assemblées et le chef de l'Etat, également renouvelables, avaient la même origine, c'est-à-dire si leurs éléments avaient tous été tirés du corps de la nation (troisième facteur). Il est évident, en effet, que ce dernier serait seul représenté effectivement, dans l'Etat, (l'esprit, dans un pareil gouvernement, devant être trop variable pour être une représentation sérieuse du second principe), et que les deux assemblées, ayant les mêmes idées, les même vues, n'en feraient, en réalité, qu'une seule, en deux parties. Toutefois, il pourrait se faire que le corps de cette nation fût divisé d'opinions, d'intérêts et de vues, à tel point qu'il en fût de même des représentants qu'il aurait envoyés pour former ces deux assemblées. Dans ce cas, cette division se reproduisant dans celles-ci, il leur serait impossible de rien décider à une majorité assez forte pour faire accepter de notables changements au corps social. De pareils changements, s'ils étaient néanmoins décrétés dans ces conditions, jeteraient dans la nation un trouble dont il serait difficile de calculer les conséquences.

On ne saurait invoquer, avec quelque raison, contre ces appréciations, l'exemple des Etats-Unis d'Amérique. Cette république doit sa durée, tant à sa forme fédérative qu'aux immenses ressources de son sol, à la vaste étendue de son territoire et à sa situation géographique qui la met à l'abri de toute attaque des autres nations, et surtout au respect que la nation, en majorité du moins, professe pour le principe vital (la religion), bien qu'il s'y exprime sous des formes diverses. Ce n'est pas, à vrai dire, une organisation, un Etat, puisqu'il n'y a rien de stable. Ce n'est qu'une sorte d'association de petites républiques, fondée sur des statuts que ceux qui représentent les pouvoirs politiques, ont mission de faire observer. Mais comme ce ne sont pas toujours les mêmes hommes qui sont chargés de ce soin, tant à la direction supérieure de l'Etat, que dans les assemblées, rien ne garantit contre les infractions, et les modifications auxquelles est exposée cette espèce de constitution. On assure même qu'elle a déjà reçu de graves atteintes. Il ne pouvait en être autrement, eu égard à la mobilité naturelle du corps de la nation à qui il appartient, directement ou indirectement, d'élire et renouveler périodiquement les pouvoirs politiques, et même, dans quelques localités, le pouvoir judiciaire. Il est à remarquer qu'avec une pareille forme de gouvernement, comme dans toutes les républiques démocratiques improvisées, l'ordre des trois principes ou facteurs est interverti ou plutôt renversé. En effet, c'est le troisième (le corps de la nation) qui est la source des deux autres : du second (l'esprit), et du premier (le principe vital). Il est impossible qu'un tel ordre, qui est contre nature, puisse subsister longtemps. Il n'a d'ailleurs quelque durée qu'au prix d'une agitation continuelle, et que grâce à la complète sécurité de la nation vis-à-vis des autres puissances. Il doit tendre incessamment à se modifier jusqu'à ce que les trois principes, ou du moins le second et le troisième, aient repris leurs places respectives naturelles. On peut dès lors prévoir que cette république finira par se tranformer, soit en une ou plusieurs monarchies, après avoir passé peut-être par la forme de république unitaire, forme vers laquelle elle tend, dit-on, dès à présent, soit par se diviser en plusieurs Etats républicains, indépendants, et qui dureront ce que peut durer une telle forme de gouvernement.

Une république démocratique que l'on improviserait dans un grand État, précédemment monarchique, serait un travail assez semblable à une énorme pyramide renversée que l'on s'occuperait à relever, non sur sa base, mais sur son sommet. Tant que l'opération se poursuit avec mesure, que l'accord entre les ouvriers n'est pas trop troublé, le monolyte s'élève, et on a des chances d'atteindre au but. Dans cette situation, nul n'est même tenté d'entreprendre de renverser l'œuvre commencée, car on ne songe à renverser que ce qui est debout. Mais une fois élevée, le difficile serait de faire tenir l'équilibre à cette pyramide. Battue par tous les vents, écrasée presque par son énorme poids, qui oserait affirmer qu'elle pourrait résister et se maintenir longtemps dans une position aussi anormale. Evidemment, il ne faudrait pas un grand effort pour la renverser. Il est même à croire que les ouvriers, s'apercevant alors qu'ils ont pris leur œuvre à contre-pied, ne seraient pas les moins empressés à la renverser pour la relever d'une autre façon. Mais de quelle façon ? La question serait bientôt résolue, puisqu'il n'y a qu'une solution possible, laquelle est diamétralement l'opposé de la première.

Continuant ma comparaison, je crois pouvoir dire avec certitude qu'un gouvernement démocratique ne peut avoir quelque durée que dans une nation qui *commence à se fonder*. La pyramide s'élevant alors, par l'accroissement successif de la population, sur une base qui va toujours s'élargissant, à mesure qu'elle même gagne en hauteur, on comprend que le monument achevé doit réunir les conditions de solidité nécessaires pour durer. Mais, une fois la pyramide formée, ce n'est plus alors une démocratie. C'est un vrai monolyte, ne faisant qu'un seul bloc. Chacune de ses assises se trouve fixée à sa place, et toutes offrent, entre elles, des différences de position, de la base au sommet, lequel seul est dominant. A l'exception de la vie qui lui manque, la pyramide est alors assez exactement l'image d'une monarchie, forme de gouvernement par laquelle, du reste, finissent naturellement toutes les républiques, à moins qu'elles ne soient conquises par leurs ennemis qui, dans ce cas, les soumettent à leur domination.

La comparaison que je viens de faire, montre clairement, à mon sens, qu'une république démocratique n'est pas une organisation, et que ce n'est autre chose qu'un simulacre de gouvernement, en d'autre termes, qu'un gouvernement en voie de changer, qui cherche sa forme. C'est en vain qu'elle chercherait cette forme ailleurs que dans les trois principes naturels qui sont la base de toute organisation sérieuse et durable. Tout ce qu'elle fait pour s'organiser, ne peut aboutir qu'à adopter ces principes, ou à rester, plus ou moins de temps, en voie d'organisation ; c'est-à-dire à l'état désorganisé, sans avoir rien de stable, et conséquemment sans direction fixe. La durée d'un État démocratique est donc proportionnée au temps qu'il met ou à s'organiser ou à se dissoudre. S'il parvient à s'organiser, ce n'est plus alors une démocratie. Il est évident, d'ailleurs, qu'un pareil gouvernement ne peut se soutenir, dans cette situation mouvante, qu'au moyen des errements des gouvernements qui l'ont précédé. Du moment où il viendrait à les abandonner, sans les remplacer par une organisation *stable*, la dissolution politique s'accélérerait.

En cet état, une nation est assez semblable à un corps animé, dont une partie malade est en train de se corrompre, pendant que ses autres parties résistent encore à la contagion, et s'efforcent de conserver leur part d'organisation. Si la résistance peut durer jusqu'à la dissolution de la partie malade, les parties restées saines, peuvent alors prolonger leur vie ou en reprendre une nouvelle; mais le corps reste mutilé, réduit. Si le mal finit par gagner ces parties elles-mêmes, la désorganisation devient complète, et le corps entier ne tarde par à entrer en dissolution.

On dira peut-être que c'est là une supposition gratuite; que, sous le régime démocratique, la nation n'est pas nécessairement divisée, et qu'au contraire il peut se faire que toutes ses parties partagent les mêmes idées et sentiments. Je répondrai que, dans ce cas, il n'y a plus de démocratie. Cette forme de gouvernement n'a plus de raison d'être, puisque tout le monde y est d'accord sur toutes choses; que, par conséquent, le gouvernement de la nation doit rester ce qu'il est, sans changement, et que, par l'effet de cette stabilité, il se trouve tranformé soit en une oligarchie, soit en une monarchie plus ou moins absolue ou constitutionnelle. Il n'y aurait, en effet, aucune raison d'établir un système de rénovation des pouvoirs de l'Etat, quand tous les gouvernés seraient, comme on veut le supposer, d'accord entre eux sur les principes et leur application. Ou bien l'organisation serait fixe et stable, et dans ce cas ce n'est plus une démocratie, ou le gouvernement serait inutile, et la nation n'en aurait nul besoin. Il lui suffirait de son administration intérieure; mais alors toute action, toute influence, à l'extérieur, lui serait interdite.

On voit par là que la démocratie suppose nécessairement la division, le désacord, la diversité des vues politiques, ce qui signifie tendance d'une partie de la nation à se dissoudre, à se désorganiser, et tendance de l'autre partie vers le maintien ou l'adoption de l'organisation, c'est-à-dire vers un état politique stable.

La république est, dit-on, un Etat où l'on n'obéit qu'aux lois. C'est très-bien. Mais les lois ne se font pas, et ne s'exécutent pas elles-mêmes, toutes seules. Il faut que des hommes aient mission de les faire; que d'autres soient chargés d'en procurer l'exécution. Si ces hommes sont renouvelés, à courtes périodes, par le seul choix du peuple, que peuvent devenir ces lois et leur application ? Tout n'est-il pas variable comme la volonté mobile du corps de la nation ? Et comment alors respecter ce qui aura été prescrit aujourd'hui comme bon, puis est changé, déclaré faux, le lendemain ? Toute la vertu que suppose *Montesquieu*, comme nécessaire dans une république, ne suffirait pas pour pouvoir se prêter à cette sorte de volte-face continuelle.

Il y a des personnes qui, pour obvier aux inconvénients que présente le gouvernement républicain, sous la forme unitaire, ont pensé à transformer, en une république fédérative, un semblable gouvernement déjà existant. Ces personnes n'ont, sans doute, pas réfléchi aux causes d'impossibilité d'une telle transformation. En effet, en divisant le territoire d'un Etat républicain unique, en plusieurs Etats (soit 4, 5, ou un plus grand nombre), on ôterait la vie au premier, sans pouvoir la donner uniformément aux tronçons entre lesquels on l'aurait divisé. Si même on y parvenait, chacun de ces tronçons ou Etats particuliers n'aurait qu'une vie d'emprunt, incompatible avec la liberté de la gouverner lui-même; et si ces Etats voulaient se donner, eux-mêmes, la vie, c'est-à-dire l'organisation, celle-ci manquerait de l'uniformité nécessaire. Les uns adopteraient telle forme, les autres telle autre forme, en sorte qu'il serait impossible de relier ces Etats entre eux par un lien uniforme et solide. Pour prendre un terme de comparaison, je dirai qu'il en serait alors de même que si l'on voulait partager le corps d'un individu ou organisme vivant, en plusieurs parties. Il est évident que la vie ne se trouverait plus ni dans l'organisme, ni dans aucune de ses parties. A supposer qu'on pût la leur donner, ou que ces tronçons pûssent, d'eux-mêmes, reprendre vie, les conditions n'en pourraient être identiques pour tous. Elles différeraient, autant que diffèrent leurs formes et leur intensité, en sorte qu'il ne serait pas possible de les relier par un seul et même lien, ou bien ce lien se romprait aisément.

Une république ne peut se fonder, à l'état fédéral, que par l'union ou l'adjonction successive et volontaire d'Etats, tous déjà pleins de vie, c'est-à-dire ayant chacun une organisation propre et identique, et pouvant dès lors être unis ensemble par le même lien. Il n'y a pas là, d'ailleurs, je le répète, une organisation. C'est une simple association, ou confédération.

Une république unitaire démocratique formée dans une grande nation, est donc fatalement condamnée, ou à se dissoudre, ou à devenir une monarchie.

Dans une nation où les deux premiers principes feraient défaut (principe vital ou la religion, et principe intellectuel ou souveraineté politique stable), il n'y aurait pas, à proprement parler, d'organisation. La direction et la conduite du corps social seraient livrées au hasard des impressions toujours variables des diverses parties de ce corps. Ce serait un état d'agitation continuelle. Un peuple, ainsi gouverné, serait dans un état fiévreux, et d'ailleurs à la merci des autres nations organisées, qui l'asserviraient facilement, à moins d'efforts surhumains de sa part, efforts qui ne pourraient se produire que par *hasard*, n'étant soutenues et dirigés, ni par le premier, ni par le second principe. Dans un pareil état de choses, il est bien inutile de parler de *constitution*. Il est évident que celle qui serait faite, ne pourrait avoir qu'une durée éphémère. Les exemples en France, depuis 1789, sont là pour l'attester. (Constitution de 1791, 1793, de l'an III, de l'an VIII, de 1848 etc.). Pour qu'une constitution ait des chances de durée, il est nécessaire qu'elle émane d'une souveraineté politique héréditaire, ou du moins stable par sa nature même, (de l'avis, sinon de l'assentiment, des représentants des deux autres principes, préalablement consultés), et non pas uniquement du corps même de la nation, appelé à l'observer. Si c'est ce dernier seul qui l'établit par ses représentants, il peut ensuite non-seulement en décliner l'observation, mais encore la modifier, la remplacer à volonté. C'est à la tête (la raison) à imposer des règles au corps qui en proviént, et non pas au corps à imposer des règles à la tête d'où il est sorti ; si c'est le corps qui fait lui-seul cette tête, comment espérer qu'il se soumette à suivre les règles qu'elle aura établies ; n'est-ce pas le monde renversé ?

Faire accepter et jurer par un prince, ou tout autre personnage, une *constitution* faite par des mandataires de la nation, qui l'auraient appelé au trône, c'est lui lier les mains, tandisque celle-ci les a toujours libres pour enfreindre ou défaire son œuvre. Avec une telle origine, un souverain n'est qu'un instrument que la nation, dans un moment de lassitude, ou de contrariété, peut, sans scrupule, briser pour y substituer autre chose. Il est d'ailleurs bien difficile au chef de l'Etat de ne pas suivre les tendances, bonnes ou mauvaises, de la nation. En cas de résistance de sa part, les conflits sont sans cesse renaissants, et finissent par amener des luttes dont l'issue est, ou la chûte du souverain et une révolution, ou l'avènement du despotisme.

Le gouvernement actuel de la Grande-Bretagne est celui qui semble approcher le plus du type du gouvernement constitutionnel. En effet, le second et le troisième principes y sont à leur place, et il existe entre eux, et avec le premier, une affinité suffisante, je dirais même désirable, si celui-ci, ne manquait d'uniformité. Le chef de l'Etat, représentant le second principe, ne gouverne pas lui-même. Il est là, pour garder la forme du gouvernement, et non pas pour en faire directement et personnellement l'application, de même que, dans l'organisme humain, l'entendement ne se met par directement en relation avec l'extérieur, mais sert principalement à donner leurs formes aux intuitions que lui fournissent les sens. C'est ainsi que le corps de la nation, par sa représentation (le parlement), gouverne, dirige ses intérêts, selon les formes gouvernementales, concurremment avec la seconde assemblée (chambre haute), qui est, dans ce gouvernement, ce que la raison est dans l'être humain. Cette seconde chambre, héréditaire comme le souverain, est pour celui-ci, un soutien naturel, et, pour le corps de la nation, une garantie contre les décisions trop hâtives ou inconsidérées de l'assemblée élective. Ainsi, la haute assemblée supplée en quelque sorte au défaut d'action directe et effective de la part du souverain. Un gouvernement, constitué de cette façon, a dès lors toutes chances d'une longue durée.

La situation du premier principe laisse seule à désirer. Le souverain, bien qu'il en soit le représentant, ne peut que difficilement en faire l'application d'un manière convenable, son principe étant l'esprit uni à la matière, et non pas l'âme, la croyance. Aussi, la religion et par suite le culte, dans ce pays, manquent-ils d'unité ; ce qui fait que les sectes religieuses s'y multiplient en toute liberté. Si, dans cet état de choses, ce principe n'est pas un appui direct pour le souverain, du moins, il ne paraît être ni une gêne, ni un embarras, et son affinité avec le corps de la nation, n'en subsiste pas moins, quoique n'ayant pas une forme unique. Il n'y aurait danger qu'au cas où l'idée religieuse viendrait à se manifester sous des formes tellement nombreuses et variées, qu'elle serait menacée dans son existence même. Ce cas échéant, ce serait la destruction du premier principe (principe vital), auquel il serait difficile de redonner la vie. Toutefois, il est peu probable qu'une nation tout entière en vienne à une pareille extrêmité, le renoncement à une forme religieuse étant presque toujours suivi de l'adoption d'une autre forme, tant ce premier principe est nécessaire. C'est en effet ce principe qui fonde les sociétés, et celles-ci ne se perdent que par son abandon, rien ne pouvant le remplacer.

Dans une Théocratie, le second principe est

comme absorbé par le premier. Il ne fait que de naître. Il a peine à se dégager, et par suite, le troisième ne peut prendre de développement. En cet état, ce second principe est comparable à la racine d'une plante, qui resterait près du nœud vital, au lieu de s'en éloigner, en s'enfonçant dans le sol. On sait que, dans ces conditions, la racine ne recevant pas d'impulsion en ligne directe, agit faiblement, et que par suite la plante ne peut croître. Il en est de même d'une nation sous le régime théocratique. Faute d'excitant et de direction suffisante, elle a trop peu d'activité pour pouvoir se développer.

En Angleterre, le souverain représente, il est vrai, le premier comme le second principe; mais il n'est que la représentation *nominale* de ce second principe, et celui-ci a sa représentation réelle dans les deux assemblées de la nation, ce qui le sépare presque entièrement du premier. C'est pourquoi cela ne gêne en rien l'activité et le développement du troisième.

Il ne peut en être de même, par exemple, dans le gouvernement actuel de la Russie, bien que le souverain y soit également le représentant du premier et du second principe. Ici, le troisième n'a point de représentation constituée. Le pouvoir du souverain est absolu, et par conséquent cet Etat diffère peu de la forme théocratique. La seule différence proviendrait de l'institution de plusieurs conseils près du souverain, pour le renseigner, et prévenir ou faire cesser des conflits dans l'administration intérieure. Ces assemblées étant sans action sur le troisième principe, faute d'affinité, ne sauraient lui imprimer l'activité nécessaire à son développement qui, par suite, ne se fait que fort lentement. Le souverain lui-même ne peut donner qu'une impulsion très-faible, parce que, représentant deux principes en opposition il est tout à la fois poussé par le second et retenu par le premier. Il manque d'ailleurs, d'affinité suffisante avec le troisième, celui-ci n'ayant pas de représentation directe dans l'Etat.

Ce n'est pas seulement au gouvernement des nations que s'appliquent les trois principes. Ils ne sont pas moins nécessaires, par exemple, pour la solide organisation des armées. Quelques mots suffiront pour le faire comprendre.

La première condition, pour une bonne armée, c'est qu'elle ait le premier principe (*principe vital*), c'est-à-dire une âme, une croyance, d'où naît la confiance dans sa force et dans le succès. C'est là son premier soutien, ce qui constitue son moral, la base de sa discipline.

La seconde, qu'elle ait le second principe (*l'esprit*), c'est-à-dire la science et la pratique des moyens employés à la guerre (maniement des armes, manœuvres, tactique, stratégie etc., etc.).

La troisième qu'elle ait le *corps* (troisième principe), c'est-à-dire la force physique, nécessaire pour l'action, pour l'exécution ; force qui, pour le dire en passant, ne s'acquiert que par l'habitude de supporter courageusement la fatigue et les privations.

Une armée où une seule de ces conditions manquerait, serait à moitié vaincue, dans une lutte contre une autre armée qui les réunirait complétement.

Une armée qui n'aurait aucune croyance, n'aurait pas davantage confiance en elle, ni dans ses chefs, et quelque bien commandée qu'elle fût, fondrait comme la neige au soleil, devant une armée ennemie réunissant les qualités nécessaires.

Ce sont là, du reste, des conditions bien connues, et si je les ai rappelées c'est par ce qu'elles confirment la vérité et la nécessité des principes organisateurs que j'ai posés.

Je crois en avoir dit assez, pour que chacun

puisse juger de la justesse de ces principes, et des bases naturelles sur lesquelles ils s'appuient. Qu'on en multiplie l'application, tant que l'on voudra, je ne doute pas que les résultats ne soient constamment les mêmes, selon les cas, dans toute organisation politique quelle que soit sa forme. J'ajouterai seulement les réfléxions ci-après touchant de fausses doctrines politiques qui ont cours dans certains pays.

Nombre de personnes s'imaginent que l'*humanité* est originellement perfectible. Or, c'est là une grâve erreur. Cela pourrait être vrai, et encore jusqu'à un certain point seulement, si l'humanité était *une organisation*, dont l'homme ne fût *qu'une partie;* mais c'est en quoi l'on se trompe. Ce n'est pas l'humanité c'est l'homme qui est une organisation, organisation tellement complète, pour chaque individu, qu'elle n'existerait pas, s'il y manquait un seul des trois principes ou facteurs, dont je viens de parler ou si leur ordre était interverti. Le mot humanité ne signifie pas autre chose que la réunion, sous une seule et même idée, des êtres appartenant à l'espèce humaine, comme l'on applique par exemple, le mot végétal ou végétation à toute plante, et le mot animalité à tout ce qui a la vie animale.

Il n'y a dès lors que l'*homme individuellement*, qui soit *perfectible*, et non pas l'*humanité*, et ce n'est pas en lui attribuant, comme on le prétend, le droit de satisfaire, à son gré, tous ses penchants de nature, qu'on peut le mettre à même d'élever successivement son degré de perfectibilité. C'est bien plutôt, au contraire, en augmentant, en lui, la force de comprimer ces penchants, pour ne les satisfaire que dans des conditions déterminées, qu'il peut arriver à perfectionner ses facultés intellectuelles et morales.

On prétend aussi que tous les hommes naissent *égaux de nature*, c'est-à-dire, avec une égale disposition à la culture de leurs aptitudes ; et l'on ajoute que la perfectibilité humaine est indéfinie.

J'ai déjà démontré, dans le troisième chapitre, l'erreur que renferme la première de ces assertions. Je n'y reviendrai donc pas ici. Quand à cette prétendue perfectibilité humaine, illimitée, elle ne consiste sur cette terre, pour chaque homme, qu'à pouvoir développer un peu plus, ou un peu moins, selon son activité, les aptitudes dont le germe lui a été transmis par ses ascendants, de même que l'arbre ne peut que produire des fruits, plus ou moins volumineux, (suivant la culture), de qualité inhérente à l'espèce ou à la variété à laquelle il apppartient.

Dès que, dans l'un comme dans l'autre cas, le développement a atteint un certain *maximum*, ce maximum ne peut être élevé, ni même seulement maintenu, qu'au dépens de la force soit de l'organisme entier, soit de l'une ou de l'autre de ses parties constitutives. Il en est de l'organisation individuelle absolument de même que de l'organisation politique. Un de ses principes ou facteurs ne peut prendre de développement excessif et soutenu qu'au dépens de l'un des deux autres, et même des deux à la fois. Et, cet excès n'a pas seulement des conséquences pour l'individu, chez lequel l'équilibre des facteurs est ainsi troublé; il en a encore pour sa progéniture. Cela se voit par exemple, dans les enfants de ceux qui ont cultivé à outrance leur intelligence, et ont produit un certain nombre d'œuvres de l'esprit. Ces enfants sont très-rarement doués d'une bonne et forte constitution physique. Presque tous, d'intelligence précoce, il est vrai, sont grêles, chétifs, ne vivent qu'avec peine et peu de temps. Il n'en est autrement que lorsque ces enfants sont nés avant que leur père n'eût concentré toute sa force d'action dans les organes intellectuels, c'est-à-dire avant la rupture de l'équilibre. Dans ce cas, il y a des chances pour que les enfants ne se ressentent par trop des conséquences de cette application outrée des facultés mentales.

Les sociétés humaines ne sont, elles-mêmes, pas plus indéfiniment perfectibles que l'homme. Lorsqu'elles ont atteint un certain maximum de civilisation, elles se replient un instant sur elles-mêmes, puis leur décadence commence ; et je ne vois pas qu'il y ait possibilité de l'empêcher. Seulement je crois qu'elle pourrait être fort retardée, si l'on prenait à temps certaine mesure. Je n'en parlerai pas ici avec les développements que la question comporte. Cela m'entrainerait trop loin. Je me bornerai à dire que cette mesure ne serait pas autre que celle qui consiste dans une sorte de dédoublement de la société, c'est-à-dire dans l'engendrement de nouvelles et jeunes sociétés. La loi de nature qui veut que l'homme se reproduise et se multiplie, n'est pas moins applicable aux sociétés ou nations. Mais, de même que l'homme n'attend pas, pour se procréer, d'être arrivé près du terme de son existence, de même aussi le gouvernement d'une nation ne doit pas attendre que celle-ci soit parvenue à un état de civilisation ou plutôt de corruption, tel qu'elle n'offre plus les éléments nécessaires pour constituer dans d'autres lieux, de nouvelles sociétés. C'est dès l'instant où cet état commence à se révéler qu'il doit être prêt à obvier à ses inconvénients. C'est quand cet état se manifeste par des symptômes certains, comme, par exemple, le goût du luxe dans les classes moyennes, l'encombrement, le parasitisme des fonctions et professions, l'abandon de l'agriculture pour le commerce et l'industrie, ce qui entraine la population des campagnes, vers les grands centres, que le gouvernement doit être en mesure d'attirer dans d'autres lieux, préparés à l'avance, le trop plein de la population, et par ce moyen de redonner en quelque sorte une nouvelle sève, une nouvelle vie à la population restante, de même qu'un arbre auquel on enlève ses rejetons trop multipliés, prend une nouvelle vigueur, et continue à croître et à se développer.

Ce que j'ai dit précédemment des conséquences d'une trop grande perfection partielle de l'organisme humain doit faire comprendre, l'importance qu'il y a de développer simultanément, autant que possible, les sens et le corps avec l'esprit, et, pour cela, d'entretenir l'affinité de ces facteurs avec le principe vital (la religion), affinité qui est d'un très-grand poids pour le maintien d'un équilibre convenable dans ce développement. La seule considération de cet intérêt suffirait déjà pour déterminer à entretenir cette affinité.

Voilà, à mon sens, à quoi se réduit ce progrès, cette prétendue perfectibilité indéfinie que l'on attribue à l'homme et à l'espèce humaine. Après avoir atteint une certaine hauteur, il lui faut descendre, et recommencer le tour dans le même cercle.

Sans doute, la culture de l'aptitude intellectuelle ne doit, sous aucun prétexte, être négligée. Mais l'esprit ne saurait, sans de graves inconvénients, pour les sens et le corps, être exclusivement et constamment appliqué à des études ou à la confection d'œuvres scientifiques ou littéraires. Sous ce rapport, il n'est possible de parvenir qu'à un certain *maximum* qui ne peut être dépassé, et même conservé quelque temps, sans compromettre l'équilibre des principales parties de l'organisme. De même, le corps et les sens ne sauraient être assujetis continuellement à de pénibles travaux qu'au dépens des facultés intellectuelles. Il n'en est pas ainsi de la perfection purement morale. Le développement des bons instincts, des bons sentiments, n'a presque pas de limites. Loin d'être nuisible physiquement, il est, au contraire, favorable au maintien d'un heureux équilibre entre toutes les facultés ; peut-être parce qu'il procure, par le calme des passions, une égalité d'humeurs, qui paraît être une des conditions de force et de santé pour l'ensemble des parties constitutives de l'organisme, non moins que, pour son développement normal.

Il paraît que dans les Etats de l'Union américaine, et sans doute ailleurs, on donne pour principale raison, à l'appui de la doctrine de la *souveraineté du peuple*, que l'homme est indépendant, que, par conséquent, aucune autorité ne peut exister sur lui, si ce n'est de son consentement.

L'homme indépendant ! Il faut fermer volontairement les yeux pour ne pas voir, tout de suite, la fausseté d'une telle assertion. Il faudrait d'abord dire ce qui peut justifier cette opinion, et je crois que ceux qui l'ont avancée, seraient bien embarrassés, si on les obligeait à produire leurs preuves. L'homme est indépendant ; *oui*, s'il renie son origine, s'il rompt tout rapport avec elle. Mais, *non*, s'ils reste attaché, par le moindre lien, à ceux qui lui ont donné la vie, et à la société ou nation au milieu de laquelle il vit avec eux.

Et d'abord, depuis quand l'homme se fait-il lui-même, tout seul pour se dire indépendant ? N'a-t-il pas fallu l'union de son père et de sa mère pour l'engendrer et l'élever, et en quoi y a-il contribué ? Il est absolument dans la dépendance des auteurs de ses jours, depuis sa naissance jusqu'à l'âge où il commence à penser et agir par lui-même. Cela n'est pas douteux. Il peut alors, il est vrai, se dire indépendant, s'il veut ne conserver aucune relation, aucun rapport avec ses père et mère et la société; s'il s'en sépare et les renie absolument. De ce moment, en effet, il est indépendant ; mais c'est à la condition de vivre seul, à l'état sauvage, de renoncer à avoir une postérité dont l'entretien et l'éducation le priveraient déjà d'une partie de son indépendance ; et encore, dans cet état, ne dépendrait-il pas de la nécessité de se procurer la nourriture, un vêtement pour son corps, et un abri contre l'imtempérie des saisons ? Dans cette situation, il serait bien plus dépendant que dans l'état social.

D'ailleurs, qui lui a appris à penser, et à exprimer ses pensées par la parole ? ne sont-ce pas ceux à qui il doit la vie ! Et ces derniers de qui tenaient-ils eux-mêmes cette vie ? n'ont-ils pas une origine de tous points semblable à la sienne ? et qui leur a appris, ainsi qu'à leurs ancêtres, à penser et à parler ? ne sont-ils pas redevables de ces facultés à la société ou nation au milieu de laquelle le sort les a fait naître? C'est l'évidence même. Dès lors, ne doit-il rien à cette société? Il peut, il est vrai, la renier, et s'en séparer pour aller vivre de la façon que je viens d'indiquer. Mais s'il continue à rester au milieu d'elle, n'est-il pas obligé, au moins, toute reconnaissance à part, de se conformer aux règles et usages qu'il y trouve établis. De quel droit prétendrait-il, seul, s'y soustraire ou les changer? Non seulement, il ne saurait en invoquer aucun ; mais son devoir, comme son intérêt, lui commandent de concourir au maintien des règles conservatrices de cette société, à laquelle il doit tout ce qu'il est personnellement, s'il veut qu'elle puisse rendre le même service aux enfants qui lui succèderont.

On le voit. L'homme n'est, nulle part, indépendant, et c'est une grave erreur que de le considérer comme tel. Il ne l'est dans aucune condition, et dans presqu'aucune des circonstances de la vie. Il dépend d'abord, en naissant, de ses père et mère, comme ceux-ci ont dépendu des leurs, et comme tous ensemble dépendent de la société qui les a faits ce qu'ils sont, et à la conservation de laquelle ils ont intérêt, pour eux d'abord, puis, pour assurer les mêmes avantages à leur postérité.

Il es vrai que, les règles ou lois de cette société peuvent avoir besoin, avec le temps, d'amélioration et même de modifications plus ou moins sensibles; mais on ne saurait reconnaître, en principe, ou en fait, ni a quelques uns, ni même à la majorité de ses membres, le droit de les changer, de fond en comble, pour leur en substituer d'autres toutes différentes. Si cela était, il n'y aurait pas de raison pour ne pas attribuer à chaque nouvelle génération le même droit de détruire et remplacer, à sa convenance, l'œuvre de celle qui l'a précédée, ce qui, en fait, ne pourrait avoir lieu, sans les plus graves inconvénients pour la société et ceux qui en font partie; car il est évident que, dans ce cas, les droits et les devoirs de tous se trouveraient être perpétuellement en question. Le trouble, le désordre, serait permanent. D'ailleurs, pour avoir le droit d'agir ainsi, il faudrait le consentement *unanime* des intéressés, unanimité impossible dans une nation de quelque importance.

La doctrine basée sur une prétendue indépendance naturelle de l'homme, est donc aussi fausse que celle qui attribue à tous les hommes un égal degré de perfectibilité, et à l'espèce humaine la possibilité d'une perfectibilité indéfinie dans ce monde.

C'est cependant, en s'étayant sur de pareilles bases, que l'on parvient, dit-on, à maintenir la forme démocratique dans l'Union américaine. Sans doute, cette forme de gouvernement a sa raison d'être pour les Sociétés qui commencent à se fonder, et cela s'explique par les faits qui s'y passent.

Dans les conditions où elles se trouvent alors, la position, les besoins et les occupations de chaque famille sont à peu près semblables. Chacune d'elles forme comme un petit Etat. Presqu'aucune profession ou fonction n'y est spécialement et individuellement exercée. Le même homme doit pouvoir, presque seul, à ses divers besoins matériels, faisant seulement, avec ses voisins, un échange de services en nature. Dès lors, les besoins et les moyens d'y subvenir étant les mêmes pour tous, on conçoit que chacun sait ce qu'ils exigent et ce qui manque pour les satisfaire, soit en ce qui le regarde, soit en ce qui concerne ses concitoyens. Par conséquent, la population tout entière, peu nombreuse d'ailleurs, est à même de se prononcer, en connaissance de causes, sur la forme de gouvernement qu'il convient d'adopter pour diriger la communauté et veiller sur ses intérêts. Tout d'abord, ce soin est confié à ceux d'entre la population, qui se sont fait remarquer par leur intelligence, leur activité et leur adresse. Ces hommes étant naturellement plus avancés dans leur installation, ont un plus grand intérêt que les autres à conserver ce qu'ils ont, et acceptent volontiers la charge du gouvernement de la société, s'offrant même les premiers pour cette tâche que personne ne pourrait mieux remplir, et qu'on ne songe pas à leur disputer.

On ne saurait contester que cette marche ne soit parfaitement logique, et dans la nature même des choses. Ce n'est pas, en effet, aux hommes qui peuvent à peine subvenir à leurs besoins, faute presque toujours de l'intelligence et de l'activité nécessaires à prendre ou accepter la charge de la gestion et la direction des intérêts sociaux, mais bien plutôt à ceux qui déjà sont parvenus à se mettre au dessus de ces mêmes besoins et qui, par suite, sont plus intéressés à ce que les affaires générales de la société soient bien conduites, et sont en outre plus capables de la bien gouverner.

Mais lorsque, plus tard, la population s'est considérablement accrue, que chaque chef de famille, au lieu de tout faire par lui-même, se procure des moyens d'existence, en s'adonnant exclusivement à l'exercice d'un art ou d'un métier spécial ; que, par exemple, les uns ne s'occupent que des vêtements ou de la culture de la terre ou de la construction des bâtiments, les autres du négoce, de l'étude des sciences, des arts, etc. Cette spécialité d'occupations les rend comme étrangers les uns aux autres, et ne leur permet plus de connaître les besoins et les intérêts de tous, soit au point de vue particulier, soit même au point de vue général, si ce n'est sous le rapport de la sûreté et de la sécurité publiques. Ce que peut désirer le tailleur d'habits, par exemple, n'importe nullement ou que très-peu au tailleur de pierres, au maçon, ou au médecin. Dès lors, il n'y a plus possibilité de s'entendre pour organiser un gouvernement capable de donner satisfaction à des besoins et à des intérêts si variés et si divers. Il ne peut plus être question d'ailleurs d'avoir un gouvernement qui intervienne dans la position des gouvernés, et leur procure certaines facilités. Une pareille tâche, au point de développement où est parvenue la société, est évidemment au dessus des forces et moyens d'un gouvernement quelconque.

Dans ce nouvel état de choses, la forme du gouvernement républicain ne peut évidemment plus convenir. Ce qu'il faut alors à la nation, c'est une administration qui dispose et fasse observer certaines règles intéressant l'universalité des citoyens, et, au-dessus d'elle, un gouvernement dont elle émane, qui assure à cette nation la stabilité, l'ordre, la sécurité, et la garantisse contre toute attaque venant du dehors. Il est évident qu'aucun des hommes spécialement attachés à leurs professions respectives, ne sauraient être chargés de ce gouvernement. Ils en seraient incapables, n'ayant pas les connaissances nécessaires.

Que la nation doive alors être appelée, soit à maintenir, soit à changer la forme du gouvernement, c'est là une question qu'il n'est guère possible de résoudre en principe. Sa solution dépend de trop de circonstances pour être examinée à ce point de vue. Je veux supposer le cas le plus naturel, celui où les mêmes hommes conservent le pouvoir, comme étant les plus à même de l'exercer. Dans ce cas, et en raison de l'accroissement et de la variété de leurs travaux, ils se trouvent forcément obligés de diviser leurs attributions, de les répartir entre eux. Puis, cette répartition effectuée, apparait la nécessité d'un lien qui unisse les résultats de tous les travaux faits séparément ; car, sans cela, personne dans le gouvernement ne saurait, au juste, quelle est la situation générale, et s'il est suffisamment pourvu aux besoins des différents services de l'Etat. Il faut aussi que l'action politique, reçoive une seule et même direction. De là, la nécessité, pour cet Etat, d'avoir à sa tête un seul homme, un chef unique, auquel soient subordonnés tous ceux qui, à un titre quelconque, participent au maniement des affaires soit gouvernementales, soit administratives, et qui puisse consacrer tout son temps à diriger, surveiller et relier entre elles les différentes branches du gouvernement, de l'intérieur, comme aussi à entretenir les relations nécessaires avec les autres Etats.

Quand la nation est parvenue à ce point de développement, la forme de gouvernement monarchique devient donc inévitable. Par cela même que tous les métiers et tous les arts, sont spécialisés, ainsi que toutes les professions libérales et les fonctions, la plus haute de ces fonctions doit l'être également, comme une conséquence nécessaire, sous peine, pour la nation, de voir son gouvernement sans direction fixe, et presque toujours entre les mains d'un chef inexpérimenté.

Il faut dire cependant que toutes les nations, à leur commencement, n'ont pas précisément le gouvernement républicain. S'il est naturel que dans les contrées où l'homme est obligé, pour pouvoir vivre, de lutter constamment contre les rigueurs du climat, le soin des intérêts matériels l'occupe de préférence, et que le gouvernement y soit organisé dans ce sens, il n'en est pas de même dans celles où la vie est rendue plus facile par la douceur du climat. Là, l'homme a moins de besoins, et moins de peine à trouver les moyens de les satisfaire. La terre les lui fournit d'elle même en grande partie. Par suite, il a plus de loisirs pour se livrer aux réflexions que lui inspire le spectacle presque continuel d'une nature plus animée, splendide, dont tous les effets sont beaucoup plus sensibles que dans les contrées où règne la monotonie des rudes et longs hivers. Son attention se porte naturellement sur les causes par l'effet desquelles il jouit d'un pareil spectacle et assure si aisément son existence. Or, ces causes, il est hors d'état de les connaître, et ne peut que les supposer, que les attribuer justement à une force, à une puissance bien supérieure à lui. De là, sa croyance en un être suprême, dispensateur de ses biens aux humains, selon sa volonté, et suivant qu'ils s'en rendent dignes. Dans cette disposition de leurs âmes, les hommes sont enclins à se soumettre à ce pouvoir supérieur, et à faire ce qu'ils croient devoir lui être agréable. Ceux d'entre eux qui manifestent cette croyance à un plus haut degré, qui en font le sujet de leur constantes méditations et comprennent le mieux l'existence et les effets de cette puissance souveraine, sont avidement écoutés et bientôt révérés comme étant ses interprètes, et comme les plus capables de bien diriger la nation. Conséquemment, ils en prennent sans difficulté le gouvernement, lequel, dans ce cas, au lieu d'être une république, est ce que l'on nomme une théocratie, forme de gouvernement où le chef est regardé tout à la fois comme souverain du temporel et du spirituel, ou souverain de l'âme et du corps comme de l'esprit.

Du reste, cette autre forme gouvernementale ne dure pas elle-même plus qu'une république, et finit par les mêmes causes. Du moment, en effet, où la nation a pris de l'accroissement, où les diverses industries et le commerce s'y sont multipliés et développés, elle sent le besoin d'avoir deux autorités séparées : l'une, restant chargée du spirituel, l'autre s'occupant uniquement du gouvernement des choses matérielles. Elle n'a pas de peine non plus à reconnaître que ce dernier gouvernement ne peut être confié utilement qu'à un seul chef pouvant s'y dévouer entièrement, et en même temps restant toujours en communauté de sentiments avec l'autorité spirituelle ou religieuse.

Comme on le voit, à mesure que se développe une société, son gouvernement change nécessairement de forme. De la forme soit républicaine, soit théocratique, il arrive à avoir la forme monarchique.

C'est par suite de la méconnaissance ou de l'oubli de cette marche si naturelle et à la fois si logique, que l'assemblée constituante de 89 a été entraînée à adopter inconsidérément, on peut le dire, la célèbre. « Déclaration des droits de l'homme et du citoyen, » déclaration qui, par son contenu, s'applique non-seulement à la France, mais encore à toutes les nations, comme s'il eût appartenu à cette assemblée d'imposer la même forme politique aux États du monde entier. Il n'est peut être pas inutile de rappeler à ceux qui peuvent les avoir oubliés et d'apprendre à ceux qui les ignorent, l'origine et la valeur de cet acte, ainsi que les circonstances dans lesquelles il s'est produit.

Je vais donc terminer le présent chapitre en faisant de cet objet un examen rétrospectif très-sommaire.

On sait que les états généraux de la France, furent convoqués en mai 1789, pour s'occuper des moyens de remédier à la détresse des finances et aux autres causes de malaise qui affectaient le pays. Cette assemblée au lieu de se restreindre à l'objet de cette convocation, se déclara presque tout de suite souveraine, et agit en maître absolu, sans égard pour les droits du pouvoir royal. Ses premiers actes furent de supprimer tous les privilèges existants, de faire disparaître, dans l'État, toutes les inégalités que l'on qualifiait d'iniquités. Il faut reconnaître que l'état des choses nécessitait des modifications, que certaines institutions exigeaient de promptes réformes. Mais était-ce un motif suffisant pour ne plus vouloir d'inégalités, et, en allant si loin, cette assemblée n'a-t-elle pas méconnu complètement les conditions sur lesquelles repose le gouvernement de toute société? Il ne me semble pas douteux qu'elle ne se soit méprise sur ce point essentiel.

Les promoteurs de ce renversement politique et leurs adhérents n'ont pas vu que ce qu'ils faisaient par là n'était autre que la désorganisation de l'État. Ils n'ont pas réfléchi sur ce fait indéniable que l'inégalité des parties de toute production naturelle, comme de toute œuvre humaine, soit politique, soit de l'art, est la condition absolument nécessaire de cette production et de ces œuvres. Là où il n'y a pas inégalité des parties il n'y a pas de tout organisé. On ne peut rien organiser avec des matériaux égaux de tous points. En cet état, c'est la désorganisation permanente, ou tout au plus un semblant d'organisation. C'est la forme de gouvernement que l'on pourrait tout au plus donner à des êtres animés, n'ayant tous qu'un seul et même genre de besoin, et le même moyen de le satisfaire. Mais une pareille forme ne saurait convenir à une grande nation civilisée dans laquelle il existe mille besoins divers, avec mille moyens aussi d'y pourvoir, et où chaque nature de besoin exige l'emploi et le travail d'hommes spéciaux. Toute organisation, et particulièrement celle du gouvernement d'une nation, nécessite la dépendance réciproque des parties qui la constituent, et il ne peut y avoir dépendance entre celles-ci qu'autant qu'elles sont inégales sous quelque rapport.

C'est en partant de cette fausse idée d'égalité que cette assemblée, s'attribuant le rôle de pouvoir constituant, a cru faire merveille en votant le 26 août de la même année, cette fameuse *déclaration des droits de l'homme et du citoyen*, déclaration qui a servi de base à sept ou huit constitutions successives, lesquelles péchant toutes essentiellement par le principe, ne pouvaient avoir, et n'ont eu, en effet, chacune, qu'une durée éphémère. Outre que cette trop célèbre résolution était une flagrante usurpation sur l'autorité légitime, elle renferme presque autant d'erreurs, d'ambiguités ou de contradictions qu'elle contient de dispositions. Il me suffira du court examen que je vais faire ci-après de ses principaux articles, pour le démontrer.

On commence par y proclamer que « les hommes naissent libres et égaux en droits; » ce qui est absolument faux. Il n'y a jamais eu et il n'existera jamais de sociétés humaines où l'homme naisse sans des restrictions plus ou moins étroites à sa liberté.

Ainsi que je l'ai dit précédemment les hommes ne pourraient être libres que s'ils naissaient dans l'état de pure nature, c'est-à-dire à l'état sauvage (à supposer qu'il soit possible; ce qui n'est pas). A cette condition, ils auraient la même liberté et les mêmes droits (droits proportionnés à leur force individuelle), que toutes les espèces animales qui vivent dans cet état. Mais l'homme social, l'homme qui naît dans la société de ses semblables, (et on n'en a jamais connue d'autres), dépend nécessairement des règles et usages qu'il y trouve établis, règles qu'il est tenu d'observer, s'il veut demeurer dans cette société. Il ne lui appartient pas de s'en faire juge, et de chercher lui seul à les réformer, ou à s'y soustraire. Il ne naît donc pas libre. Il n'est qu'une partie, qu'un membre de l'édifice social, c'est-à-dire de la communauté. Il ne serait libre que si, à lui seul, il constituait cet édifice entier. Or, cela ne pourrait être, ainsi que je viens de le dire, que s'il naissait dans l'état de pure nature, comme les animaux sauvages qui vivent en pleine liberté, et qui pourvoient seuls à leurs besoins, ce que l'homme, en cet état, serait incapable de faire.

Quant à l'égalité des droits, elle ne peut pas plus exister, en fait, que la liberté de par la naissance. On a beau la décréter en principe. Ce n'est qu'un leurre. Elle est impossible dans l'application. Peut-on dire, par exemple, que celui qui est sans instruction, sans savoir un art ou un métier, et n'a pour subsister que le travail journalier de ses bras, a des droits égaux à ceux de l'homme qui possède et exploite une propriété rurale, une usine, ou une habitation urbaine. Tous deux ont sans doute un droit égal à être protégés par la loi pour leurs vies, et cela a toujours été. La déclaration n'innove rien à cet égard. Mais le second de ces hommes a, de plus que le premier, droit à cette protection pour sa propriété, sans parler du droit qu'il a de disposer comme il juge convenable, de cette parcelle du sol national, et des produits qu'il en retire. Il n'y a donc pas égalité de droits entre eux. La déclaration constate elle-même cette inégalité des droits, quand elle dit dans son article 6 : « Tous les citoyens sont également admissibles à toutes dignités, places et emplois publics, selon leur capacité, leurs vertus et leurs talents. » Elle reconnaît donc par là que tous les citoyens ne sont pas également capables, et conséquemment n'ont pas un égal droit d'obtenir des dignités, places et emplois publics, puisque, d'après elle, il n'y a que ceux qui ont de la capacité, des vertus et des talents, qui puissent y prétendre. Que devient alors cette égalité des droits qu'elle attribue à tout homme naissant ? Évidemment, elle n'existe pas devant l'inégalité des facultés, devant l'inégalité des moyens d'acquérir la capacité et l'instruction, conditions exigées pour pouvoir obtenir un emploi public, inégalités qui, en fait, ne sont que trop certaines, et subsisteront toujours, quoique l'on fasse, tant qu'il y aura une société humaine.

Il en est de même de la seconde disposition de la déclaration portant que « ces droits sont : la liberté, la propriété, la sûreté et la résistance à l'oppression. »

Que signifient tous ces mots ; car ce ne sont, au fond, que des mots ?

1° L'homme a droit *à la liberté*. Si tous

naissent libres comme le prétend l'article premier, à quoi bon leur donner encore ce droit ? Ils l'ont déjà, en droit et en fait, d'après votre déclaration.

Il faut encore ici répéter que l'homme ne serait libre qu'à la condition de vivre en dehors de la société ; mais qu'il ne l'est pas s'il en fait partie. Dans ce dernier cas, il n'a droit, comme tous ses concitoyens qu'à un degré de liberté compatible avec l'observation des lois ou des règles, *quelles quelles soient*, que cette société a dû s'imposer dans l'intérêt de sa conservation et de celle de tous ses membres. Sa liberté est donc limitée et nécessairement subordonnée à toutes les précautions, soit en usage, soit prescrites ou à prescrire par les lois, afin d'assurer l'existence, la sécurité et la durée de cette société.

2° Il a droit à *la propriété*. Sans doute, il a droit de conserver la propriété qu'il a légalement acquise ; c'est là ce qu'on aura voulu dire ; mais mettre au nombre de ses droits, celui de la propriété à l'égal de la liberté, comme le fait cet article, n'est-ce pas autoriser en quelque sorte ceux qui n'ont point de propriété à revendiquer une part de celle qui appartient légitimement à d'autres. Il est vrai que par son dernier article (17), la résolution déclare que « la propriété est un droit inviolable et sacré... » ; mais alors à quoi bon proclamer ce prétendu droit à la propriété ? Qu'est-ce que cela signifie ?

3° *La sûreté et la résistance à l'oppression.* Quoi ! On veut que la société protège le citoyen, et en même temps on attribue à celui-ci le droit de se protéger lui-même en cas d'oppression, c'est-à-dire en cas d'attentat contre sa liberté et sa sûreté ! N'y a-t-il pas là un singulier mélange de civilisation et de barbarie ? De deux choses l'une : ou le soin de sa sûreté et de sa liberté est un devoir de la société envers lui, ce qui doit lui suffire, ou il doit se protéger lui-même. Les deux modes sont exclusifs l'un de l'autre. Il est évident, en effet, que le dernier serait la négation de la civilisation, l'absence d'une organisation politique assurant une égale sécurité à chaque citoyen, et ne lui permettant pas de se faire justice lui-même, hors seulement le cas où l'on attenterait à sa vie, c'est-à-dire le cas de légitime défense. On voit là l'esprit passionné qui a présidé à la confection de ce document. Son auteur semble craindre que la société ou plutôt la loi, ne protège pas assez et, dans cette supposition, il autorise chaque particulier à le faire lui-même comme l'exercice d'un droit. Cela pourrait mener loin ; car il y a bien des cas de sûreté et d'oppression, selon la disposition d'esprit et les circonstances où l'on se trouve.

Suivant l'article trois, « le principe de toute souveraineté réside dans la nation ; nul corps, nul individu ne peuvent exercer d'autorité qui n'en émane expressément ». C'est là le fameux principe de la souveraineté du peuple, l'origine du suffrage universel. Cela signifie qu'il ne doit y avoir dans l'État (si toutefois il reste quelque chose qui mérite ce nom), d'autres pouvoirs que ceux qui auront été établis par au moins la moitié plus un, de ceux des membres de la nation (soit des électeurs) qui se seront prononcés à cet égard. Conséquemment, c'est cette unité de majorité qui décidera du choix des hommes qui auront entre leurs mains les destinées du pays, unité qui pourra n'être que l'homme le plus ignorant, le plus incapable de la nation.

Après l'adoption d'un pareil principe, qu'était-il besoin de proclamer, deux ans plus tard la déchéance de la royauté ? Elle n'existait plus depuis lors ; il n'en restait que l'ombre. Est-il étonnant aussi qu'en présence d'un telle déclaration les souverains des autres États, auxquels elle s'appliquait également, se soient alors coalisés contre la France.

L'article quatre déclare que « la liberté consiste à pouvoir faire tout ce qui ne nuit pas à autrui. »

Voilà assurément une limite bien fixée à l'exercice de la liberté. Je voudrais bien savoir combien il y a de personnes ayant assez de connaissances, douées d'assez de sagacité et de sentiment de justice, pour deviner les cas où leurs actes ne nuiront jamais à autrui. Je crois qu'il serait encore plus difficile de compter le nombre de celles qui, aveuglées par l'intérêt, prétendent ne commettre que des actes inoffensifs, alors qu'elles donnent lieu aux plaintes fondées des personnes que ces actes ont lésées. N'est-ce pas instituer par là chacun juge dans sa propre cause ? Et cette définition ne laisse-t-elle pas d'ailleurs toute liberté aux attaques soit contre les pouvoirs de l'État, soit contre les gouvernements étrangers, ce qui, le cas échéant, pourrait avoir de graves conséquences.

On peut en dire autant de l'article cinq, portant que « la loi n'a droit de défendre que les actions nuisibles à la société. »

Jolie expression : La loi n'a droit ! Le peuple n'est donc pas souverain ? ou c'est probablement que la loi n'a pas eu, ou n'aura pas toujours droit ! Et que faut-il entendre par ce mot société qui revient si souvent ? On y comprend sans doute chacun de ses membres; mais cette restriction du droit de la loi s'applique-t-elle aussi au gouvernement, aux institutions de cette société ? C'est au moins douteux, et chacun reste libre de provoquer impunément au mépris du gouvernement ainsi que de ceux des États étrangers.

L'article six dispose que « la loi est l'expression de la volonté générale » Il suivrait de cette assertion rapprochée de la précédente, que la nation ne pourra, en aucun cas, défendre autre chose que ce qui est nuisible à la société, c'est-à-dire que ce qui est nuisible à elle-même. Elle n'aura que le droit de se défendre, et jamais celui d'attaquer. Quest-ce alors que cette souveraineté du peuple, cette volonté générale à laquelle on pose des limites? A-t-on entendu lui prescrire à l'avance d'avoir à se conformer aux principes de la déclaration? Si cela est, que devient sa prétendue souveraineté ?

Qui pourrait, d'ailleurs, savoir ce qui est ou n'est pas nuisible à une société ? Cela ne dépend-il pas des mobiles et des buts de cette société, des conditions même de son existence. C'est ce qu'il faudrait déterminer pour connaître ce qui peut-être de nature à lui nuire. Un acte qui serait indifférent, par exemple, pour telle société indienne ou américaine peut, au contraire, être regardé comme nuisible dans tel Etat du continent européen.

Puis, comment peut-on savoir qu'une loi est l'expression de la volonté générale ? Il faudrait pour cela, que chaque loi, après vote du pouvoir délibérant, fût soumise à l'acceptation de la nation tout entière (seul moyen de connaître sa volonté). Mais, dans ce cas, si la minorité seulement se prononçait, ce qui arriverait le plus souvent, que faudrait-il conclure ? La loi alors serait-elle ou ne serait-elle pas l'expression de la volonté générale ? Recommencerait-on l'opération jusqu'à ce qu'elle eût donné un résultat positif et certain ? Ce serait bien long, surtout dans les cas de lois urgentes; et si la majorité persistait à garder le silence, que ferait-on ? On serait bien obligé de considérer les abstentions comme des asquiescements à la loi, d'après la maxime : « qui ne dit rien consent ». Mais serait-ce bien là *l'expression* de la volonté générale ? Il est au moins permis d'en douter.

D'après l'article quinze, « la société a droit de demander compte à tout agent public de son administration. »

Toujours la société ! Qu'entend-on enfin par ce mot ! A-t-on voulu admettre, oui ou non, un gouvernement quelconque, c'est-à-dire des supérieurs et des inférieurs, les premiers ayant droit de faire rendre compte à leurs subordonnés ? Il n'y paraît pas. Est-ce l'assemblée des électeurs, c'est-à-dire de cette moitié, plus un, dont je viens de parler, qui fera comparaître l'agent et lui fera rendre ses comptes ? Ou est-ce un des pouvoirs établis par la nation, et dans ce cas, lequel ? Si c'est un de ces pouvoirs ou tous ensemble, à quoi bon le droit de la société ? Et comment d'ailleurs lui serait-il possible de l'exercer par elle même ?

Tout cela est d'un vague de définition qui permet toutes les conjectures et interprétations. Je sais bien qu'il ne s'agit dans ce document que de principes, et non pas d'une loi à appliquer immédiatement. Il n'en reste pas moins vrai que ces principes, en outre de ce qu'ils ont de faux, manquent de bases précises et certaines ; et sont pour la plupart inapplicables. A part quelques autres articles concernant soit les formes judiciaires en matière pénale, soit la liberté de publier ses opinions, toute la déclaration ou ne renferme que des dispositions douteuses, incomplètes, dangereuses, ou ne sont que la reproduction, sous d'autres formes, de garanties dont la nation était déjà généralement en possession. Ce qu'il y a de clair dans cette déclaration se réduit à substituer, en principe, la souveraineté du peuple aux droits du pouvoir royal ; ce qui équivaut à l'abolition de la royauté, ou du moins à en faire un instrument à la disposition de la nation.

C'est s'abuser étrangement que de croire que l'homme ait des droits autres que ceux de la société, nation ou tribu au milieu de laquelle il est né et où il demeure. C'est en vain que l'on voudrait lui en attribuer de différents. Le général est la condition du particulier. Sans société il n'y aurait pas d'hommes, de même que sans armée il n'y aurait pas de soldats. L'homme ne peut donc avoir d'autres conditions, d'autres droits que ceux de la société à laquelle il appartient. Il n'y a pas qu'une seule nation dans le monde. Il y en a un grand nombre qui toutes sont régies par des lois ou des usages et coutumes offrant entre elles certaines différences que justifient la différence des climats ou d'autres circonstances. Comment alors a-t-on osé prétendre que les hommes naissent libres, et avec des droits égaux, quand notamment on savait qu'il y a des pays où l'esclavage était alors autorisé par les lois mêmes de ces pays. Les promoteurs de pareils principes ont agi comme si le monde entier était à leur discrétion. Est-ce qu'il peut appartenir à quelques membres d'une société de déterminer, en principe, les conditions politiques d'existence de tout homme en général? Que diraient les Français si une assemblée d'indiens ou d'Africains allaient, de son côté, proclamer, pour l'homme, des droits différents de ceux contenus dans la déclaration de 89 ? Sans aucun doute, ils les repousseraient, et dès-lors les auteurs de cette déclaration n'étaient nullement fondés dans leurs prétentions de l'appliquer à l'universalité des sociétés humaines.

D'un autre côté, on se demande quelle valeur peuvent avoir les principes qu'elle contient, autres que celui de la souveraineté du peuple ? Du moment où l'on proclamait la nation souveraine, il fallait être conséquent. Ou elle est réellement souveraine, et dans ce cas la déclaration devait se borner à le dire, et non pas usurper sur son droit absolu, en lui traçant des règles qu'elle peut briser à son gré. Ou elle n'est pas souveraine, et alors tous les pouvoirs que la déclaration lui confère à plaisir sont illusoires et comme sans objet.

On s'explique, du reste, les faux principes que renferme ce document quand on sait d'où il sort. La déclaration des droits de l'homme a été, dit l'histoire, adoptée sur la proposition du marquis de Lafayette. Or, ce personnage en avait, sans nul doute, puisé les éléments dans les diverses Constitutions des Etats de l'Union américaine qu'il avait récemment aidée à fonder, en soutenant avec l'expédition française envoyée à leur secours, la cause de l'indépendance de ces Etats contre l'Angleterre. Ce n'est donc, au moins en grande partie, que la reproduction des principes qui ont servi de base à l'établissement dans ce pays, de la république démocratique, république qui a eu dans le principe, sa raison d'être, mais qui par suite de l'accroissement considérable de la population doit tôt ou tard, finir par se transformer.

Le général Lafayette a donc eu la principale part dans la proclamation de ces principes de 89, principes qui, comme on vient de le voir, sont la négation la plus manifeste du pouvoir royal, c'est-à-dire de la monarchie légitime qui était alors le gouvernement de la France. Il n'est pas difficile, après cela, de comprendre la cause de la répulsion que la Cour, à cette époque, a presque constamment montrée à l'égard de ce personnage politique, et l'impossibilité évidente où se trouvait la royauté de s'entendre sur la direction des affaires de l'Etat avec le promoteur d'une déclaration destructive de ses droits. Aussi, n'est-ce pas sans étonnement qu'on lit dans certaine histoire de ce temps, que le Roi et la Reine eurent tort de ne pas suivre les conseils de Lafayette, de le tenir à l'écart et de se défier de lui. Je voudrais bien savoir s'il existe, et s'il a jamais existé dans le monde, un homme qui consentirait à se concerter, à unir ses vues, ses moyens d'action, avec un autre homme qui aurait commencé par le dépouiller complètement, et lui enlever tous ses droits. Voilà comment on écrit l'histoire, quand on envisage les faits sous un faux point de vue, c'est-à-dire lorsqu'on persiste à ne les considérer que par un seul côté !

Il est assez singulier que dans l'assemblée constituante qui réunissait les hommes les plus éclairés du pays, et dont plusieurs étaient remarquables par leur science et leurs talents politiques et administratifs, il ne s'en soit pas trouvé un certain nombre pour signaler à cette assemblée l'étrange anomalie qu'il y avait à vouloir appliquer à une grande nation, vieille de quatorze siècles d'existence monarchique des principes politiques empruntés à une petite société qui ne faisait que de naître, qui commençait à se fonder, et pour s'efforcer de la dissuader de les adopter. Il était cependant bien évident que de pareils principes applicables à une jeune société qui, comme l'union américaine, comptait alors à peine trois millions d'habitants, disséminés sur un territoire d'une immense étendue, ne pouvaient convenir, sous aucun rapport, à un pays comme la France, dont la population dépassait alors vingt-six millions d'âmes, et dont le gouvernement avait toujours eu la forme monarchique. Ce simple rapprochement aurait certainement frappé les esprits, et aurait fait différer au moins, puis modifier peut-être une résolution tellement grave qu'on peut dire avec raison que la déclaration des droits a été le signal de la rupture entre la nation et la royauté, et comme la plantation du drapeau de la révolution.

C'est ainsi qu'a été imposé à la France, ce principe de la souveraineté du peuple, principe pouvant s'appliquer dans une société naissante, mais qui, dans une grande et vieille nation, est non-seulement tout l'opposé de l'ordre de la nature et des lois de la raison, mais encore est contraire à l'intérêt véritable du peuple et à sa prospérité. On sait, du reste, que le seul avantage que procurent les républiques, fondées plus ou moins, sur ce principe, est d'ouvrir, toute grande, aux ambitieux et aux avides, la porte des emplois publics. Quant au peuple, les promesses et les espérances ne lui manquent pas. Ceux qui le flattent savent trop bien que, comme toute multitude, il ne raisonne pas. De même que l'enfant, il est tout sentiment ; il n'a que des croyances. On n'a qu'à lui présenter, comme propres à modifier avantageusement sa situation, des projets de réforme qui, au fond, ne l'intéressent en rien, ou dont la réalisation lui ferait plus perdre que gagner, pour tout obtenir de lui. C'est d'ailleurs une pure illusion chez un peuple que de croire que l'État qui, dans tous pays, n'a pour fortune que des dettes, et ne vit que de ce que la nation lui donne par les impôts pour faire face à ses divers besoins, ait le pouvoir d'améliorer sensiblement les conditions d'existence de la population. On n'y parviendrait pas, quand même on remanierait de fond en comble le système de ces impôts. Cette charge n'a pas les mêmes bases dans tous les États, et cependant les conditions de l'existence individuelle sont partout semblables. Si le gouvernement d'une nation, quel qu'il fût, était assez insensé pour faire directement une tentative de ce genre, c'est-à-dire pour détourner dans ce but les ressources de l'État de leur affectation normale, la désorganisation sociale, et la misère pour tous, s'ensuivrait infailliblement. Je ne saurais mieux comparer une telle nation, qu'à un homme qui se retournant contre sa mère, ou contre lui-même, voudrait se nourrir de sa chair. Les auteurs de l'idée barbare de la *commune-libre* (nouveau genre de socialisme), n'ont que trop prouvé en France la justesse de cette comparaison.

Je viens de dire que le seul avantage d'une république, fondée sur le principe de la souveraineté populaire, est de faciliter aux ambitieux l'accès des fonctions publiques. J'oubliais qu'elle en a un autre quand elle succède à une monarchie dont on avait à se plaindre, à tort ou à raison. Cet autre avantage est de rendre l'opinion de moins en moins défavorable à la forme de gouvernement monarchique. En effet, cette république, ne peut jamais réaliser les espérances que son avénement avait fait concevoir à la partie de la population qui l'a établie, parce que, pour durer quelque peu, elle est tenue de suivre les mêmes errements que les gouvernements monarchiques qui l'ont précédée, c'est-à-dire de réprimer la licence, et de faire respecter l'ordre et les lois, conditions vitales pour tout gouvernement quel qu'il soit. Dès lors, en voyant ses espérances déçues, cette population abandonne peu à peu l'opinion trop favorable qu'elle s'était faite de cette forme de gouvernement. Par suite, elle devient de plus en plus disposée à la voir sans peine remplacée par une monarchie qui, du moins, procurerait au pays la stabilité nécessaire au développement de sa prospérité ; ce qu'une république, improvisée et assise sur la volonté mobile du corps de la nation, est impuissante à lui donner.

Toutes les belles espérances que l'on a fait concevoir aux peuples, paraissent provenir des fausses idées qui ont pris naissance dans le tourbillon révolutionnaire de 1789. C'est ainsi que le philosophe *Condorcet* publiait alors cette maxime : « Toutes les institutions doivent avoir pour but l'amélioration matérielle, intellectuelle et morale de la classe la plus nombreuse et la plus pauvre. » Et les autres classes ! Elles ne méritent pas, sans doute, qu'on s'occupe d'elles ! Elles sont inutiles dans un État ! Si du moins cet écrivain philosophe s'était borné aux deux dernières espèces d'amélioration, sa maxime aurait pu, jusqu'à un certain point, être admise comme vraie ; mais prétendre que toutes les lois d'un gouvernement doivent tendre à améliorer les conditions d'existence matérielle de la classe pauvre de la nation, c'est évidemment vouloir l'impossible. En quoi, et comment un gouvernement, quel qu'il soit, peut-il procurer cette amélioration d'une manière appréciable ? C'est bientôt fait de poser des maximes ; mais le difficile est d'indiquer les moyens de réaliser effectivement les résultats auxquels elles tendent. L'amélioration matérielle, ne peut être obtenue que par *des efforts individuels*. C'est à chaque membre de la société à s'assurer, par son travail et par sa conduite, les moyens de satisfaire convenablement cette nature de besoins, et c'est une pure illusion que de les attendre d'autre part. La tâche d'un gouvernement se borne à veiller à ce que rien n'empêche ni ne gêne l'essor individuel, en tant qu'il se produit légalement. A mon sens, on serait plus dans le vrai en remplaçant la maxime ci-dessus par celle-ci, qui pourrait s'appliquer aussi bien à la vie individuelle qu'à la vie sociale : « Les institutions administratives d'un gouvernement doivent tendre à faciliter, autant que possible, le développement simultané des aptitudes morales, intellectuelles et matérielles de la population, afin que ces besoins puissent être satisfaits dans une mesure qui maintienne entre eux un juste et constant équilibre. »

Une simple supposition :

Je voudrais bien savoir ce qu'aurait logiquement à répondre les chefs ou les membres d'un gouvernement républicain, fondé sur la souveraineté du peuple, si la moitié plus un des électeurs allaient leur signifier d'avoir à se retirer, en déclarant vouloir faire, par eux-mêmes, les affaires de la nation. Sans doute, ils objecteraient que ce n'est pas ainsi que l'on peut procéder, et que l'on doit se conformer à la constitution et aux formes qu'elle a établies ; mais on leur répondrait ; qui a établi cette constitution ? qui a nommé les représentants par qui elle a été faite ? n'est-ce pas la majorité du corps électoral ? cela est certain. Or, nous sommes cette majorité ; et ce qu'elle a eu droit de faire elle a le droit de le défaire. Elle est aussi maîtresse absolue de la forme que du fond. La majorité d'aujourd'hui ne veut plus ni de vous ni de représentants. Elle veut tout faire elle-même par les moyens et de la manière quelle jugera convenir. A cela, les gouvernants objecteraient encore qu'il faut tenir compte des précédents, c'est-à-dire de ce qui a été fait par les précédentes majorités ; mais cette objection ne tiendrait pas contre l'argument *ad hominem* qu'on y opposerait, et qui est celui-ci : quand vous, ou les vôtres, avez changé violemment la forme du gouvernement, avez-vous tenu compte des précédents ? Non, n'est-ce pas ? Dès lors, vous n'êtes pas fondés à vous plaindre que l'on ne fasse pas plus de cas de votre ouvrage que vous n'en avez fait de celui de vos prédécesseurs. Ce gouvernement ne serait-il pas forcé de s'incliner devant cette manifestation du pouvoir souverain du peuple, et de céder la place à cette nouvelle majorité ?

Un peu plus tard, une autre majorité, s'étant formée dans un sens différent, viendrait tenir le même langage à la première, et, en vertu d'un raisonnement semblable, l'obligerait, à son tour, à déguerpir, pour lui céder la place, et ainsi de suite.

Voilà cependant ce qu'est, au fond, l'application du principe de la souveraineté du peuple, c'est-à-dire l'*instabilité* même gouvernant la nation, l'absence de tout principe, la désorganisation en permanence, un semblant de gouvernement, qui ne vit en réalité que par l'œuvre de ceux qui l'ont précédé, et ne se soutient qu'en promettant d'accomoder cette œuvre au gout variable d'une partie de la nation, qu'il sera toujours dans l'impossibilité de satisfaire.

Il semble que dans de pareilles conditions, ceux qui, successivement et par hasard, occupent le pouvoir, devraient du moins, dans l'intérêt même de leur doctrine, s'efforcer de maintenir l'affinité du corps de la nation avec le principe vital, ce qui aurait pour effet, en contenant les impatiences, d'y ramener le calme et la paix. Loin de là, on cherche à détruire toute croyance dans ce premier principe. On tend à l'exclure de l'éducation publique. Il est même des écrivains qui vont juspu'à contester que l'on connaisse une vraie morale. C'est ainsi que je trouve, dans un récent ouvrage philosophique, répandu à bas prix, cette conclusion : « La morale attend tout encore de la science et de la liberté. » Je ne comprends pas que l'auteur de ce livre, qui, du reste, y fait preuve d'érudition, ait pu se méprendre au point de dire qu'on ne connait pas encore de vraie morale. Le monde aurait vécu ainsi plus de soixante siècles, dans l'ignorance de ces principes, et il faudrait aujourd'hui s'appliquer à leur recherche, comme si les législateurs et les moralistes de tous les temps s'étaient trompés, et ne nous avaient transmis que de fausses notions sur ce sujet. Puisque nous voici arrivés à une ère de science et de liberté, cet auteur aurait bien dû compléter son œuvre, en exposant les nouveaux préceptes de morale qu'il y aurait lieu de substituer à ceux qui président, à tort depuis si longtemps, à la conduite de la vie individuelle comme à celle des sociétés. Si le désir lui venait un jour de le faire, je l'engagerais à relire préalablement le décalogue et les commandements ou instructions de l'Eglise, ou seulement le simple catéchisme ; car ce que l'on sait des principes de morale et de leur mise en pratique s'y trouve, et il pourrait remplacer le tout, sans en rien omettre, par sa nouvelle morale.

Je résume en quelques mots les appréciations qui précèdent.

La théocratie est la vie de l'âme ; c'est l'âme qui gouverne et l'esprit et le corps.

La monarchie absolue est la vie de l'esprit et de l'âme, mais principalement de l'esprit ; et il en est à peu près de même de l'oligarchie, forme de gouvernement qui, par sa nature même, ne peut être que provisoire.

La république démocratique est la vie du corps. C'est le corps qui gouverne, et n'étant ni retenu par l'idée de l'âme, ni réglé par l'esprit, il ne cherche qu'à se satisfaire en toute liberté, et plus il obtient, plus il exige, jusqu'à son extinction. En d'autres termes, c'est la désorganisation, la dissolution de l'organisation politique qui est en voie de s'effectuer.

Il est dès lors évident qu'aucune de ces formes de gouvernement ne convient à une nation civilisée, puisque, avec l'une comme avec l'autre, deux des trois facteurs y sont toujours plus ou moins sacrifiés à un seul, et même disparaissent entièrement dans la dernière.

Le problème à résoudre est de trouver une forme de gouvernement pouvant satisfaire, dans une mesure convenable, les besoins respectifs de ces trois parties, qui constituent aussi bien l'organisation politique que l'organisme individuel.

Jusqu'à présent, et d'après l'expérience, la monarchie constitutionnelle ou représentative est la forme de gouvernement qui semble être la plus propre à remplir cette triple condition, les trois principes ayant alors chacun leur représentation assurée dans l'Etat, ainsi que leur sphère d'action déterminée.

Je m'arrête ici, remettant la fin de cette œuvre à une publication plus ou moins prochaine, où seront examinées, entre autres, les questions concernant la source matérielle de certaines idées, sujet que je n'ai fait qu'effleurer, le but rationel de l'homme et des Sociétés humaines, et qui contiendra de nouvelles considérations à l'appui des principes de l'organisation dont on vient de voir l'exposé dans ce premier volume.

FIN

TABLE DES MATIÈRES

	Pages
Réalité des phénomènes de la nature	1
Principes des espèces organisées	65
Origine des idées	159
Formes des idées et des jugements	197
Valeur des idées et des jugements	215
De la raison	231
De la volonté	238
De la liberté morale	248
De l'âme	264
Principes de l'organisation naturelle appliqués au gouvernement des nations	289

LONS-LE-SAUNIER. — Imp. J. MAYET et Cie.

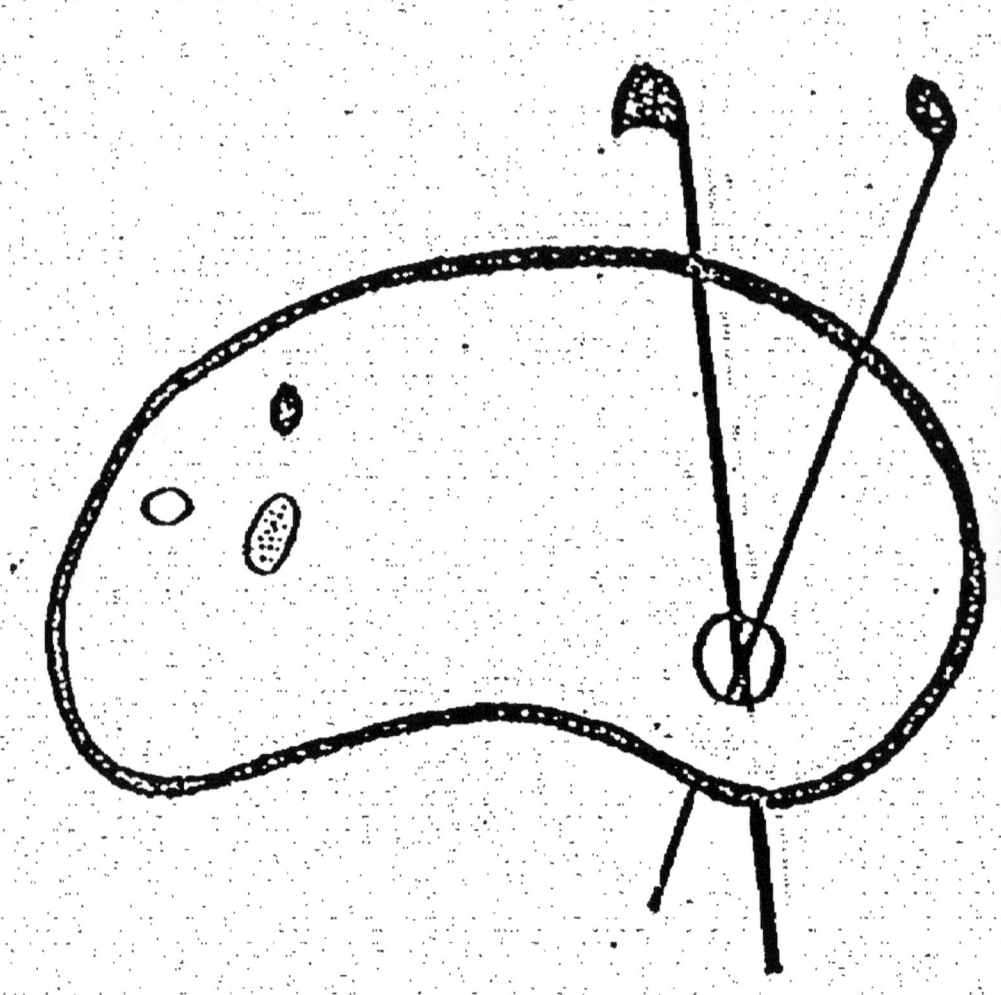

www.ingramcontent.com/pod-product-compliance
Lightning Source LLC
Chambersburg PA
CBHW050439170426
43201CB00008B/737